The End of Bias

無意識のバイアスを克服する
個人・組織・社会を変えるアプローチ

ジェシカ・ノーデル　高橋璃子 訳

A Beginning

河出書房新社

Jessica Nordell

無意識の
バイアスを
克服する

個人・組織・
社会を変える
アプローチ

目次

はじめに　007

PART I　バイアスを理解する　025

第1章　バイアスの追跡者　027

第2章　脳は違いをどう見るか　056

第3章　微小なバイアスの重大な帰結　095

PART II　思考を書き換える　117

第4章　習慣を断ち切る　119

第5章　生死を分ける瞬間　142

第6章　ロス市警のジグソーパズル　184

PART III　新たな場所にとどまる　221
第7章　不完全な人間のためのデザイン　223
第8章　多様性の存在証明　253
第9章　インクルーシブな環境をつくる　287
第10章　社会の傷を修復する　318
おわりに　345
訳者あとがき　355
謝辞、原注は河出書房新社のホームページ
www.kawade.co.jp/np/isbn/9784309231334/ に掲載しました。

無意識のバイアスを克服する

個人・組織・社会を変えるアプローチ

……いま起き上がり
つくりだす
つくりだす
彼らのリズムで
それはなにか引き
裂かれたもの
あたらしいもの

——カマウ・ブラスウェイト『The Arrivants』より

はじめに

何年も前、乳がんの治療を受けていたとき、ベン・バレスは医師にこう頼んだ。

どうせ切除するなら、もう片方の乳房も取っていただけませんか？

がんになりやすい家系だったこともあり、医師はその申し出に応じてくれた。ただ実をいうと、バレスはがんを心配していたのではなく、乳房をなくしたいだけだった。

女の子の名前をつけられ、女性として育てられたけれど、バレスは女性というアイデンティティに一度もなじめなかった。４歳の頃にはすでに、自分が男の子だと感じていた。思春期の変化は不快だった。大人になり、結婚式の介添人としてドレスとハイヒールに体を押し込んだときも、苦痛でしかなかった。

当時はまだ１９９５年。ラヴァーン・コックスのようなトランスジェンダーの有名人が出てくるよりもずっと前の話だ。グーグルで「トランスジェンダー」と検索すれば情報が出てくる時代ではない。そもそもグーグルさえ、この世に存在しなかった。

自分の体験していることが何なのかはよくわからなかったけれど、とにかく乳房を取り除いたおかげで、気持ちがずいぶん軽くなった。それから1年後、トランスジェンダー男性についての新聞記事を目にした。これだったのか、と思った。[1]

バレスはすぐにでもホルモン治療を始めたかった。ただ、ひとつ大きな懸念があった。仕事だ。

彼はそのとき43歳で、スタンフォード大学で神経生物学の研究をしていた。すでに実績があり、最近大きな発見をしたところだった。脳のグリア細胞と呼ばれる細胞が、それまで考えられていたよりも重要な役割を果たしているという発見だ。そんなわけで科学者のコミュニティでは、バレスは女性として名前を知られていた。今からホルモン治療を開始したら、他の研究者にどう思われるのだろう。学生は自分の研究室に入ってこなくなるだろうか。学会にも呼ばれなくなったらどうしよう？[2]

周囲の反応は、ちょっと意外なものだった。

性別移行を終えたあと、彼がトランスジェンダーだと知らない研究者たちは、ベンの話を以前よりも真剣に聞くようになった。会議のとき、中年の白人男性である彼の話をさえぎる人はいない。みんな彼の議論を好意的に解釈してくれた。買い物のときでさえ、店員のサービスが以前よりも良くなった。あるカンファレンスで、ベンの移行を知らない研究者がこう言っているのを耳にしたこともある。「ベンの発表、すばらしかったね。彼のお姉さんだっけ、あのバレスさんの研究よりもずっといい」[3]

ベン・バレスは驚いた。移行する前、彼は性差別の存在をほとんど感じていなかった。おかしな扱いを受けても、それを差別だと意識していなかったのだ。

たとえばMIT（マサチューセッツ工科大学）での学部生時代、数学の難問にクラスで1人だけ正解したとき、教授に「どうせ彼氏に解いてもらったんだろう」と言われた。もちろん傷ついた。解いたのは自分だし、そもそも彼氏なんかいない。それでも、教授の発言を女性差別だとは感じていなかった。女性差別なんてとっくに終わっているはずだし、仮にまだ存在していたとしても、自分は女性差別を受けるほど女性らしくないはずだ。だから彼は、差別に対してではなく、誤解されたことに対して腹を立てた。移行前のバレスは、自分がみんなと同じ扱いを受けていると思い込んでいた。[4]

ところが、性別移行してみると、けっしてそうではないことがわかった。まるで科学の対照実験のようだった。同じ学歴、同じスキル、同じ経験、同じ能力。違うのはただひとつ、女性か男性かという点だけだ。これまで見えなかった現実が、目が痛いほど鮮明に立ち現れた。日々のやりとりも、科学者としてのキャリアも、自分の人生も、すべて他人から見たジェンダーに縛られていたのだ。移行前は彼のアイデアも、実績も、影響力も、実際より軽視されていた。露骨な形ではなかったけれど、ひとたびそれが消えてみると、不利な扱いを受けていたのは明らかだった。

男性と女性で、周囲の態度はこんなに違う。まるで紫外線カメラで花弁を撮影したように、隠れていた模様がくっきりと浮かび上がってきた。

2005年に、ハーバード大学の学長だったローレンス・サマーズが差別的な発言をして物議を醸した。科学分野に女性が少ないのは、男性と女性の能力に本質的な差があるからではないか、という発言だ。それを聞いて、バレスは黙っていられなかった。ネイチャー誌に意見記事を投稿し、どうか科学界はバイアスの存在に目を向けてほしいと訴えた。[5]

「バイアスのせいで、女性は研究職に参入しづらいのです」と彼は言う。「問題は子育てや家事だけではありません」。男性として働きだしてからというもの、バレスは数えきれないほど感じてきた。

「今のほうが、話をまともに聞いてもらえる」[6]

性別移行前の彼が、仕事上の障壁やバイアスにぶつからなかったわけではない。

「ただ、見えていなかっただけなんです」[7]

ひょっとして差別的な扱いを受けたのではないか、と微妙な気持ちになったことがある人は多いと思う。だがバレスのように周囲の目ががらりと変わる経験でもないかぎり、あやふやなまま受け流してしまうことが大半ではないだろうか。急激に体重が増減したり、目に見える障害を負ったりしたなら、周囲の態度の変化を明確に感じられるかもしれない。肌の色に対する見方が異なる国に行けば、扱いの変化に驚くこともあるだろう。私の知る黒人の学生は、イタリアに旅行したとき、買い物をしていても店員に不審な目で見られないのが奇妙な感じだったという。あるいは異性と結婚していて、配偶者が性別移行をした場合、それまで異性愛者としてどれほど生きやすい環境にいたかという事実に気づかされるかもしれない。[8]やがて歳をとれば、年齢による差別や不利益を実感することにもなるだろう。しかし日々の暮らしのなかで、バイアスの働きを正確に見抜くのは簡単ではない。

特定のやりとりにバイアスがどの程度の影響を与えているかは測定しづらいが、それでも最近になって、数多くの研究が社会におけるバイアスの働きを明らかにしつつある。実にさまざまな集団が不利な扱いを受けており、その影響は生活のあらゆる側面に及んでいることがわかってきた。そうした研究では、できるだけ同じ条件下で、アイデンティティに関する属性をひとつだけ変更したときに何が起こるかを検証する。たとえば大学院に応募するとき、まったく同じ経歴でも名前がインド系や中国系、ラテン系、黒人、女性を思わせる場合、白人男性的な名前よりも返信をもらえる率が低くなる。同性婚のカップルは住宅ローンを断られやすかったり、不利な条件を押しつけられたりする。ある研究では、犯罪歴のある白人が犯罪歴のある黒人よりも企業の書類選考に受かりやすいだけでなく、犯罪歴のある白人のほうが犯罪歴のない黒人とくらべても有利であることがわかった。[9]

似たような例はいくらでもある。ラテン系や黒人の患者は、白人とくらべて鎮痛剤を処方してもらうのが難しい。長引く外傷や手術をともなう場合でさえ、黒人はなかなか鎮痛剤を与えてもらえない。また、学校の教師は肥満の子どもより、ほっそりした子どものほうが頭がいいと考えがちだ。裕福な育ちを連想させるような趣味や活動に参加している学生は、貧しい育ちを連想させる人よりも、法律事務所の書類選考を通過しやすい（ただし女性は、裕福な育ちだと逆に仕事熱心でないという評価を受けてしまう）。黒人の生徒は、同じ行動をしていても白人の生徒より問題児扱いされやすい。バスケットボール選手の場合、肌の色が薄い選手は実況でメンタル面に言及されることが多く、肌の色が濃い選手だと肉体面に多く言及される。女性は病気の症状を訴えても、まともにとりあってもらえない。女性が理系の研究職に応募すると、まったく同じ履歴書の男性よりも能力を低く見積もられ、給与が低く提示される。また博士研究員への採用されやすさを調べた有名な研究によると、女性が研究員に採用されるためには、男性の2・5倍の業績を挙げる必要がある。[10]

多くの非白人にとって、バイアスは命に関わる問題だ。警察官の発砲による死亡事件600件以上を分析した調査によると、黒人の場合、ほぼ無抵抗で射殺される率が白人の3倍にもなる。

2014年7月17日、ニューヨークに住む43歳の黒人男性エリック・ガーナーは、違法にタバコを販売した疑いをかけられて警察の取り調べを受けた。警察官は禁止されている絞め技を使い、背後からガーナーの首を押さえつけた。ガーナーは1時間後に死亡した。検死官はガーナーの死について、頸部の圧迫に起因する他殺であると述べた。[11]

警察側は適切な行動だったと主張するが、暴力が不均等に行使される様子は別の事実を告げている。警察官に殺された黒人たち——父親であり元庭師だったエリック・ガーナー、ミズーリ州で武器を持たないのに射殺されたマイケル・ブラウン、ミネソタ州でモンテッソーリ学校の食堂責任者をしていたフィランド・カスティール、テキサス州の医学部進学課程を修了した女性アタティアナ・ジェファーソン、オハイオ州の12歳の少年タミル・ライス、ほかにも本当に多くの人たち——、そんな彼らがもしも白人だったなら、警察の行動は違っていたのではないかということだ。

いま現在の世界で、もしも私が女性であなたが男性だとしたら、私の言葉はあなたが書いた言葉とは違ったふうに受けとられるだろう。もしも私が白人であなたが黒人だとしたら、周囲の扱いはそれぞれ異なるものになるだろう。ただ文化的に、私たちの身体が違った意味を与えられているという理由で。その意味は透明な膜のように私たちにぴたりと貼りつき、剝がれない。

なかには過激な白人ナショナリストのように、意図的に特定のグループの人たちを軽視し、侮辱する人もいる。あからさまな偏見を抱き、わざと他人を傷つける人もいる。トランス男性の感じる生きやすさは、トランスジェンダーである事実が周囲に知られたとたんに消え失せることも多い。現在トランスジェンダーの人たちは、異常に高い割合で身体的・性的暴行の被害に遭い、医療の場でハラスメントを受け、仕事仲間や家族からの拒絶を経験している。とりわけ非白人のトランス女性は、トランスに対する偏見、ミソジニー、レイシズムの重なり合った地点で苦しめられている。むきだしの暴力は、まぎれもない現実だ。たとえばミネアポリスの警察官に首を踏みつけられ、じわじわと苦しみながら死んでいったジョージ・フロイド。2020年に起こったこの事件は、黒人の命を何とも思わない残忍さで世界を震撼させた。

とはいえ、ほとんどの人は、他人を傷つけようとか不平等な扱いをしてやろうと思って生きているわけではない。それでも意図に反して、ときに差別的な言動をしてしまう。公正でありたいという気持ちと、現に起こっている差別との落差を言い表すために生まれたのが、「無意識のバイアス」という言葉だ（「アンコンシャス・バイアス」や「潜在的バイアス」とも呼ばれる）。

たとえ悪意がなくても、公平に接しているつもりでも、人を差別してしまうことはある。

本書の目的は、そんな無意識のバイアスに終止符を打つことだ。

私が子ども時代を過ごしたのは1980年代から90年代で、バイアスを意識しなくてすむ環境で育った。町の人は大半が白人で、私も白人に分類されていた。ユダヤ系ではあったのだけれど、クリスマスの演し物で「私にとってイエス・キリストとは」と語る程度にはマジョリティに同化していた。だから人種については、ほとんどの白人と同じような感覚だった。おくるみに包まれた赤ちゃんのように、人種の闘争から守られ、考えたくなければレイシズムのことなど忘れていられる立場。

ジェンダーバイアスについても、学歴社会のおかげでそれほど気にしなくてすんだ。高校は小さなカトリック校で、私が数学のテストで抜群の成績をとっているのは周知の事実だった。だから学校行事をさぼって大麻くさい人たちとくつろいでいても、とくに文句は言われなかった。女の子だから窮屈だとも感じなかった。「成績がいい」という属性が「女性」という属性を覆い隠し、性差別から守ってくれたのだと思う。大学では物理を専攻した。真剣な質問がまともに取り合ってもらえなかったりもしたけれど、バレスと同じく、それを性差別に結びつける発想はあまりなかった。もちろん「女性はこういうものだ」というメッセージはつねにあったし、幼い頃からそれを内面化して育ったのは事実だ。でもジェンダーバイアスは自分にとって、やかましいサイレンというよりも、邪魔にならない環境音のようなものだった。

＊　＊　＊

しかし、いつまでもそれが続いたわけではない。大学を卒業して何年か経ち、私はジャーナリズムの世界に参入するべく苦闘していた。雑誌の編集者に企画をプレゼンしても、返ってくるのは冷たい沈黙だけだ。何度も拒絶されたあと、ためしに男性のふりをして記事を送ってみることにした。ふと思いついた実験だった。メールアドレスを変更し、以前と同じ記事をＪ・Ｄというイニシャルで送付する。ほんの数時間で、メールボックスに返信が届いた。採用だった。まったく同じ文章をジェシカという女性的な名前で売り込もうとして、何か月も苦戦していたのに。Ｊ・Ｄに変えたとたん、１日で成功だ。

それをきっかけに、私のキャリアは前進しはじめた。Ｊ・Ｄになってからというもの、営業がうまくいくだけでなく、以前より楽に自分を表現できるようになっていた。留保なく、率直に文章が書ける。メールは1行あればいい。言い訳も正当化もしない。

こうして私は、バイアスの働きを間近で見ることになった。

バイアスは、有利な方向にも不利な方向にも強く作用する。生活のすみずみにまで浸透し、外的な条件だけでなく、バイアスを受ける人の内面にも影響を与える。男性のふりをして周囲の対応が変わると、私自身も変わっていった。ただ、嘘をつくのが苦手な自分には、複数のアイデンティティを使い分けるのは負担が大きすぎた。3年ほどそうやって働いたあと、やはり仮面を脱ぎ捨てることにした。そしてバイアスについての文章を書きはじめた。その過程でたくさんの企業で働き、職場のジェンダーバイアスをざっと一通り経験してきた。自分のアイデアが別の人の功績にされたり、成果を挙げても運がいいだけだと言われたり。

自分自身が傷ついた経験は、人が差別や偏見について考えるための入り口になる。私にその扉を開いてくれたのはジェンダーバイアスだった。でも学んでいくうちに、ジェンダーバイアスはそれよりもずっと大きくて複雑に絡み合った現象の一部にすぎないことがわかってきた。個々のバイアスは文脈も過酷さもあまりに異なっているため、うっかりすると関連を見落としてしまう。バルバドス出身の作家ジョージ・ラミングも、１９５６年の第1回黒人作家芸術家会議でそのことについて述べている。自分の人生がひとつの抑圧によって強く影響されているときには、「自分自身に襲いかかる悲惨な状況と、それが明らかな実例として表象するより広い文脈」とのつながりを見落としやすいのだ[12]。

無意識のバイアスは実にさまざまな形で表に出てくるため、それぞれの宗教や人種、民族、障害、性的指向、ジェンダーによってその経験は大きく異なる。それでも、通底するのは同じ暴力のメカニズムだ。バイアスに基づいて行動する人は、現実ではなく「こうあるはず」という期待を見ている。その期待は、さまざまな文化的要素によって構築される。ニュースの見出し、歴史の本、社会通念、統計、現実または想像上のやりとり、思い込みを強化するように解釈されたできごと。バイアスを通して見えるのは個々の人間ではなく、人間の形をした白昼夢だ。

バイアスは魂への暴力だといえるかもしれない。人生の選択肢や可能性を潰すだけでなく、バイアスを受けた人の自己意識を深く傷つけるからだ。魂への暴力を浮き彫りにした有名な例として、「クラークの人形実験」がある。１９５４年にブラウン対教育委員会裁判の証拠として提出され、学校における人種分離撤廃のために重要な役割を果たした心理学の実験だ。

心理学者マミー・クラークとケネス・クラークは、黒人の子どもたちに2種類の人形を見せた。ひとつは黒人、もうひとつは白人に見える人形だ。素敵な人形を選んでください、と指示すると、黒人の子どもたちの大半が白人の人形を選んだ。嫌な人形を選んでください、と指示すると、ほとんどの子は黒人の人形を選んだ。そのうえで「どちらが自分と似ていますか?」と尋ねたところ、子どもたちが選んだのは黒人の人形だった。なかにはその質問に取り乱し、泣きだしたり部屋から逃げだしてしまう子もいた。のちにケネス・クラークは当時を振り返り、あまりに心苦しい実験結果であったため、論文の公開を決意するのに2年の歳月が必要だったと語っている[13]。

人種をめぐる状況はたしかに改善されてきたが、現代のレイシズムはより狡猾になっている、とクラークは付け加える。あからさまであれ見えにくい形であれ、人種的バイアスは人の内面に入り込み、その人の経験を歪めている。詩人ドーン・ランディ・マーティンの言葉を借りるなら、抑圧は「存在を忘れるほどに、すっかり自分の一部になる……警察の車が通りかかると心拍数が上がり、そのまま角を曲がってくれると思わず安堵する」[14]。

冷たい海流が流れ込むように、バイアスは外界から心の奥深くへと浸透していく。

問題を知れば知るほど、状況をなんとかしたいという思いが高まった。バイアスを受ける側へのアドバイスは色々と言われている（女性は職場で自己主張を控えめにしましょう、柔らかい印象の着こなしをしましょう、黒人男性は免許証を見えるところに置いておきましょう）。しかしそれらは問題の解決ではなく、責任を弱者に転嫁しているだけだ。女性がリーダーを目指そうという「リーン・イン」型のアドバイスによって、職場のジェンダー格差が女性のせいだと捉えられがちになったという研究結果もある[15]。女性が出世できないのは、単に努力が足りないからだというのだ。だが自己責任論のアドバイスに従ったところで、状況はよくならない。どんなに笑顔をふりまいても、控えめな服装をしても、あるいは免許証をつねに見せていても、相手の不適切な認識が変わるわけではない。

では、誰がどうすればバイアスはなくなるのだろう。差別的な認識そのものを減らすために、何かできることはないのだろうか？

私たちジャーナリストの仕事は普通、問題を発見し、調査することだ。明るい未来を描くことではない。でもバイアスの問題は、すでに発見され、実証されている。だから私は、問題よりも解決策を探すことにした。バイアスを終わらせる方法を掘り起こすために、さまざまな場所を訪れ、人種やジェンダー、障害その他のバイアスを減らすための取り組みについて取材した。幼稚園から病院、警察まで幅広い現場を取材し、1000件を超える実験や調査に目を通した。何百人もの研究者や医師、一般の人たちにインタビューし、地域や手法の偏りがないように、できるだけ広い範囲をカバーするよう心がけた。認識だけでなく行動を変容させるようなやり方を探し、統制された研究室の中だけでなく、実際に雑多な人が生活している職場や学校や街角で、バイアスの軽減に成功した事例を探した。外科医を追いまわし、警察の訓練プログラムに参加し、社会心理学者や神経科学者と話をするうちに、隠れた地形図がゆっくりと浮かび上がってきた。まだ断片の寄せ集めのようなものではあるけれど、そこではたしかに独創的な組織や人々が、好奇心と創造性を駆使し、試行錯誤を繰り返して、差別をなくす取り組みを成功させていた。入念な計画に基づくアプローチだけでなく、まったくの偶然でうまくいった場合もあった。プロセスを改善しようとしたら、思いがけずバイアスが減った、というようなケースだ。

もちろん、困難もあった。科学的に何かが正しいと示すためには、数多くの証拠が必要になる。たとえば重力の存在やペニシリンの効果を私たちが知っているのは、否定できない数の証拠があるからだ。しかし無意識のレイシズムやセクシズムに立ち向かおうとする研究は歴史が浅いため、本書で紹介する介入手法もまだ充分に再現されているとはいえない。それぞれの手法は有望だが、確実ではないことをご理解いただきたい。

偏見に関する研究を牽引してきたのは、ジェンダーや人種に関する分野だ。そのため本書でも、それらの分野を中心に話を進めていく。社会階層や障害、年齢などのバイアスについては、残念ながらそれほど情報が得られなかった。またジェンダーバイアスの研究は男性・女性のバイナリーな前提に基づくものが多く、米国での人種バイアスの研究は黒人に対する偏見を扱うものが多い。ますます増えているマルチレイシャルの人たちや、複数のアイデンティティが組み合わさって別の差別が生まれるようなケースについては、厳密なデータが不足している。
過去のジェンダーバイアスの研究はおもに白人女性を対象にし、人種バイアスの研究はおもに黒人男性を対象にしてきた。だが現実はもっと複雑だ。黒人女性は白人女性とくらべて、またどんな人種の男性とくらべても、職場でのハラスメントを受けやすく、失敗をより厳しく罰せられ、昇進で大きな壁に突き当たる。一方で、黒人女性が職場で強い物言いをした場合、同じ状況の白人女性ほどには反感を買わないという一面もある。ちなみに黒人男性の場合には、強い物言いをすると白人男性よりもネガティブに受けとられやすい。冒頭で紹介したベン・バレスは男性に移行したおかげで有利になる経験をしたが、これは白人でかつ大学教授という立場や、男性的な外見などの恵まれた条件のおかげだ。けっして世の中のトランス男性一般の経験ではない。たとえば黒人の場合は男性に移行すると、警察による嫌がらせなど、黒人男性特有の差別を受けやすくなる。ある黒人のトランス男性は移行後、職場の研修で容疑者の役ばかりやらされるようになったと語る。「嫌な黒人女性」から「怖い黒人男性」へと周囲の目が変化したのだ。まわりの人から「威嚇的」に見えるとたびたび言われたという人もいる。[16]
バイアスの重なりは単純な足し算ではなく、交差する点に特有の経験を生む。ちょうど青と黄色のガラスが重なる場所に、まったく違った色が生まれるように。
知識の偏りは重大な問題だ。先住民系やアジア系の人に対するバイアスの研究の不足と、彼らの存在が世の中の関心から置き去りにされていることは、けっして無関係ではない。トゥラリップ民族の心理学者ステファニー・フライバーグが指摘するように、偏見を正しく理解するためには、「何がなされるか」だけでなく「何がなされないか」にも目を向ける必要がある。たとえばネイティブアメリカンに対する差別は、まったく考慮に入れてもらえないという形で表れることが多い。これも一種のバイアスだ。数に入れてもらえないもの、存在を認識すらされないものは、人々の関心や配慮の対象から外れてしまう。偏見の研究それ自体も、そうした見落としから自由ではなかった。白人の研究者による発見とされているものが、実は何十年も前に、大学に所属しない黒人女性によって書き記されていた例もめずらしくはない。正しいツールや組織にアクセスできる立場がなければ「発見」にならないのだ。詩人アドリエンヌ・リッチが言うように、あらゆる沈黙には意味がある。[17]

この本を書く過程で、自分自身が見落としているものに何度も直面した。自分が何を知っているかによって、微妙なニュアンスに気づけるかどうかが変わる。うまく質問できることもあれば、質問自体が頭に浮かばないこともある。そこにはバイアスという問題につきまとう困難が映しだされていた。マジョリティ集団に属する人とマイノリティ集団に属する人とでは、そもそも現実の見え方が違うのだ。社会心理学者のエヴリン・カーターによれば、文化的マジョリティに属する人は意図的なバイアス行動しか認識できないが、マイノリティに属する人は意図しないバイアスをも認識できるという。明らかに人種差別的な言動であれば、白人でも容易に気づくだろう。しかし非白人はもっと微妙な行為から差別意識を感じとっている。たとえばバスに乗って、それとなく物理的に距離をとられた経験。白人のほうは、自分が体を引いた事実に気づいてすらいない。[18]

バイアスが文化に織り込まれた様子は、布地に織り込まれた1本の銀糸にたとえることができるかもしれない。光の角度によって、ひときわ目立って見えることもあれば、ほとんど識別できないこともある。あなたの立っている位置が変われば、その糸の見え方も変わる。

もちろん差別は、個々人のばらばらな行動で説明できるほど単純なものではない。差別は制度的・構造的であり、過去から現在へと染み込んでくるものだ。ある集団に対しては抑圧や偏見が正当化され、別の恵まれた集団には富や資源がどんどん集まっていく。個々のバイアス行動は、広範囲にちりばめられた長年の負の遺産が集積した結果だといえるだろう。ちょうど光線がレンズを通って収斂《しゅうれん》し、発火点をつくりだすように。

社会の不公正や不平等を減らそうと思うなら、法律や制度の変革も必要になってくる。とはいえ法律や制度も、けっして天から降ってきたわけではない。人々が特定の考えを支持し、法律や制度を立案し、それを議会で可決し、施行してきたのだ。心理学者ジェニファー・エバーハートらが示しているように、人々が抱いているバイアスを見れば、彼らがどんな制度を支持するかを予測できる。ある刑務所の黒人率が高ければ高いほど、白人有権者がより受刑者に厳しい法改正に賛成したという実験結果もある。さらにいえば、法律はガードレールのようなものであり、その囲いの内部で起こることには介入できない。人権派弁護士コニー・ライスの言葉を借りるなら、法律は差別の最悪のラインを規定しているだけなのだ。[19] 人と人との微妙で捉えがたいやりとりに法律は関与しない。法律は床を形づくるが、天井を決めるのは人間だ。

床と天井のあいだで起こる日々のやりとりを軽視するわけにはいかない。それらが積み重なると、人や社会が危険にさらされるからだ。

たとえば教育現場でのバイアスは、学生の学びの足かせになる。医療提供者のバイアスは患者の予後に影響するし、警察官のバイアスは無実の人の命を奪う可能性がある。こうしたバイアスの蓄積が人々から仕事のチャンスを奪い、健康を損ない、家族や地域の安全を脅かしていく。バイアスは個人の未来を台無しにするだけでなく、世の中の才能やアイデアの芽をつぶし、社会の進歩を妨げる。科学の躍進、美術や文学の叡智、政治の洞察を阻害する。

一部の人の口をふさぐことによって、バイアスはどんな問いが問われるべきかを規定し、人類の知識を狭い範囲に押し込める。バイアスは個人のポテンシャルに蓋をすると同時に、社会全体の才能やリソースを蝕《むしば》むものなのだ。

＊＊＊

性別移行のあと、ベン・バレスは強い憤りを覚えた。自分が受けていた仕打ちだけではない。理不尽な妨害にさらされるすべての人たちのために彼は憤った。たとえば、バレスの所属する大学に雇用されながら、たった3年ほどで辞めてしまった黒人の研究者のために。「自分たちのせいです。本当に優秀な人たちなのに、われわれがそれを潰してしまうんです[20]」

「科学者になるために何年も自分を犠牲にしてきて、いざ研究の仕事で活躍しようとすると、壁にぶち当たるわけです」とバレスは言う。「すばらしい才能の半数をそんなふうに潰してしまうなんて、正気の沙汰とは思えません」

誰もがバレスのような特権を手に入れられるわけではないにせよ、多くのトランス男性が男女の扱いの違いに驚き、憤りを感じているようだ。社会学者クリステン・シルトがトランス男性を対象におこなったインタビュー調査でも、周囲からの扱いが変わったと答えた人が多い。「なんだか以前よりずっと優秀になったみたいです」と語る人もいれば、アドバイスを求められる機会が増えたり、仕事のサポートを得やすくなったという人もいる。あるトランス男性は、会議で意見を言ったとき、みんながそれを書き留めるようになったと語る。移行前は欠点だと思っていた性格が、急に長所に変わることもある。「以前は気が強すぎるといって非難されたのですが、今では『リーダーシップがあるね』と褒められます[21]」

一方、トランスジェンダーの女性は、バレスとは正反対の体験をすることが多い。白人で生物学者のジョーン・ラフガーデンは50代になってから性別移行したが、数学的なモデルに異論を唱えるたびに、こいつは数学が理解できないのだという目で見られるようになった。男性として働いていたときにはけっしてなかったことだ。同様に、カウンセラーのポーラ・ストーン・ウィリアムズは60代で移行を始めたが、急にプロとして信用されなくなったという。周囲の不信を突きつけられると、みずからの自信も揺らいだ。

「このカウンセラーは何もわかっちゃいない、という扱いを受けているうちに、だんだん自分でも能力が足りないような気がしてきますよ[22]」

他人のバイアスを突きつけられるのはつらい。そして自分自身のバイアスに気づかされるのもまた、心がかき乱される体験だ。本書を書く過程で、私自身の誤った思い込みや不適切な反応が徐々に視界に入ってきた。まるで見えないインクで書かれた文字が炙《あぶ》りだされるようだった。

はじめはそれを認めたくなかった。自分の書いた記事にパターナリズムな想定があると指摘されると、そんなはずがないと否定した。怒りを感じ、自分を正当化しようとした。「そもそもあのインタビューが拒否されたから、推測するしかなかっただけだ」。否認、怒り、交渉――それは悲哀の過程として知られるものにそっくりだった。私は何を悲しんでいたのだろう。罪のない自分を喪失したことだろうか。エリザベス・キューブラー゠ロスが悲哀の5段階のモデルを最初に提示したときに意図されていたのは、誰かの死を受容する過程ではなく、患者が自分の病を受け入れる過程だった。社会の病理にどっぷりと浸かっていた私は、その病とようやく対峙《たいじ》することになったのだ。作家クローディア・ランキンが言うように、自分たちの持つイメージが過去の誤った考えに毒されている事実を頭では理解できても、心で受け入れるのは難しい。本書に取りかかる前の私は、理解はしていても腹落ちしていなかったのだと思う。[23]

この数年のあいだに、私のなかの感情は怒りから好奇心へ、好奇心から謙虚さへ、そして切実な希望へと変化した。バイアスは変えられる、という事実を目の当たりにしてきたからだ。

本書には、他者への誤った接し方を変えた人たちや、より公正であるためにやり方を変えた組織が出てくる。バイアス行動がどの程度減ったかを示すデータもある。私自身も、いったん立ち止まって自分の言動に気づき、それを光にかざすことができるようになった。またバイアスについて深く知った人たちが、バイアスをなくすための運動に駆り立てられる様子も見てきた。ベン・バレスは2017年に亡くなるまで、科学界のバイアスと闘いつづけた。科学者の評価や助成金における差別を減らすように国立衛生研究所（NIH）やハワード・ヒューズ医療研究所に働きかけ、研究環境と科学の健全な進歩のために力を尽くした。

生態学に、境界（エッジ）という概念がある。異なる生態系が接する場所のことだ。海と陸が接する塩性湿地や、峡谷を流れる川の河岸地帯。そこは豊かで繁殖に適した場所だ。境界は魚の産卵地となり、渡り鳥の中継地となる。[24] そして人と人が出会う場所にも、一種の境界が生まれる。境界はバイアスが発現する場所であり、危害の可能性に満ちている。しかし同時に、そこはバイアスを阻止できる場所でもある。それまでの思い込みとは異なる見方、行動、関わり方が可能になる場所だ。ふつふつと沸き立つ領域で、何か新しいものが育まれる。洞察、敬意、あまりにも長く顧みられずにいた人間相互の関わりあい。

リスクは大きい。強い反発もあるだろう。でも問題は解決可能だ。できることはいくらでもある。

本書は、そのための最初の一歩だ。

PART Ⅰ

How Bias Works

バイアスを理解する

第1章　The Chase　バイアスの追跡者

おかしい、こんなはずじゃない。

パトリシア・ディヴァインは手狭な研究室の机にかがみ込み、1枚の紙を見つめていた。机にどかっと肘をつき、両手のひらに顎をのせる。目を細めて、紙に印刷された2つのグラフをじっと睨みつける。でも、だめだ。何も見えてこない。

「まったく意味がわからない」と彼女は同室の友人にこぼす。

もう何週間も、彼女はこのグラフと格闘していた。穴があくほど見つめ、まばたきをし、近くのウエンディーズまで軽食を買いに行き、歩いて戻ってきて、またグラフを見つめる。日々はグラフとチキンフィレバーガーのなかに溶けていき、変化といえば、大学のエアロビクス教室にときどき顔を出すくらいだ。正直なところ、かなり追い詰められていた。

「どうしてこんなデータが?」彼女は自問した。「いったいどこで間違えたんだろう」

時は1985年3月。当時25歳のディヴァインは、8月に博士論文の口頭試問を控えていた。それが終わればすぐに研究者として働きはじめる予定だった。ところが、実験の結果が思わしくない。あれだけ念入りに計画を立てて実行し、論文の肝となるデータがとれるはずだったのに、完全に裏切られた。しかも今回の実験は、初めて単独でおこなったプロジェクトだ。指導教官には、やめたほうがいいんじゃないかと言われていた。新しいツールが必要だし、失敗のリスクが大きい。しかも指導教官の専門分野から離れすぎている。それでもディヴァインは指導教官を説得して、計画を進めてきたのだった。

「やっぱり先生が正しかったのかもしれない」ディヴァインはうなだれた。「やっぱり私、研究に向いてないのかも」[1]

しかしこの実験こそが、偏見についての理解を大きく広げるきっかけとなった。ディヴァインの実験は、まもなく、社会科学の風景を一変させることになる。

実験の目的は、レイシズムに反対を表明する白人が、嘘をついているのかどうかを調べることだった。80年代半ば当時の心理学者は「偏見のパラドックス」とでも呼べる現象に頭を悩ませていた。アメリカの白人の大多数は、人種的偏見に反対している。尋ねられれば、偏見などまったくないと答えるだろう。ところがその一方で、多くの白人がいまだに人種差別的な行動をとっていた。実験室でも、外の世界でもそうだった。当時の著名な心理学者たちはこの矛盾について、世間体のために本心を隠しているからだろうと考えていた。偏見がないと言いながら、内心では差別的な考えを持っているのだ。[2]

でも本当にそうだろうか、とディヴァインは疑問に思った。これまでいろんな人と接してきた経験からいって、そんなふうには思えないのだ。反レイシズム運動に参加している白人はどうだろう。彼らも本当は差別的なのか？　ディヴァイン自身も白人だが、心からレイシズムをなくしたいと思っている。白人みんなが口裏を合わせたように嘘をついているということがあるだろうか。

本当は何か、別のことが起こっているのではないか。

人種的偏見についての研究は歴史が浅く、データもそれほど古くは遡れない。19世紀や20世紀初頭の欧米の科学者たちは、白人の優位性に疑いを持たなかったからだ。その時代の人類学や医学の研究者がやっていたことといえば（そのほとんどがアングロサクソン系の白人男性だったわけだが）、人種間の優劣を科学的に証明しようという研究だったりした。人種ごとの脳の大きさを比較するために、頭蓋骨に水銀や胡椒の粒を詰めて脳体積を量るという奇抜な実験もおこなわれた。19世紀末には心理学者がそこに加わり、白人の偉大さを示す怪しげな証拠をあれこれと発表した。たとえば１８９５年のサイコロジカル・レビュー誌に掲載されたある論文は、黒人やネイティブアメリカンの被験者が白人よりも反射が素早かったというわずかなデータをもとに、これが前者の「原始的な体質」を示す確たる証拠であると主張している。[3]ちなみに同じ論文のなかで、男性が女性よりも素早い反射を見せたという結果も出ているが、これは男性のほうが「脳の発達」がすぐれているからだそうだ。２つの矛盾する結論がどう両立するのかは、どうやら読者の考察に任されているらしい。

　黒人の知識人は古くからそのような研究を糾弾してきた（フレデリック・ダグラスは１８５４年に、白人の優位性を示す研究が「不完全で浅はかで、人類の幸福を破壊する試みであり、神の叡智を侮辱するものだ」と述べている）。W・E・B・デュボイスやフランツ・ボアズ、ウィリアム・アイザック・トマスといった黒人および白人の社会科学者も、科学的人種主義と呼ばれるようになるそうした態度を当時から強く批判している。しかし研究資金も権力も、科学界の出版基準も、白人至上主義を推しすすめる方向に大きく傾いていた。白人以外の人々が自然の序列のなかで決定的に、遺伝的に「劣っている」ことを示すのがまっとうな研究とされたのだ。ちなみに「白人」のカテゴリー自体も作られたものであって、その意味は時とともに変化し、その範囲を広げたり縮めたりしてきた（南欧系の人よりも北欧系の人のほうが高度に進化していると主張し、それによって「白人の知的優位が示された」と述べている論文もある）[4]。とにかく全体としていえば、20世紀前半まで、人種的偏見は偏見ではなく真実と考えられていたのだった。

やがて1920年代から30年代に入ると、心理学の流れが変わりはじめた。白人の優秀さを示す「証拠」の綻びが見えてきたのだ。たとえば第一次世界大戦の徴集兵を対象にした「知能検査」の結果を分析すると、アメリカ北部出身の黒人のほうが、南部出身の白人よりも平均点が高かった。軍の知能検査をもとに白人の優秀さを主張していた心理学者カール・ブリガムも、1930年にはその判断を「根拠を欠く」として撤回した（すでに移民制限や優生学に利用された後ではあったけれど）。アメリカにおける黒人の公民権運動や、世界的な反植民地運動の高まりも、そうした動きに拍車をかけた。心理学者はこれまでの態度を見直さざるをえなくなった。白人至上主義は偏見であり、その偏見をこそ研究すべきだと考えられるようになったのだ。変化を後押しした要因として、ユダヤ系やアジア系を含む民族的マイノリティが心理学の世界に参入してきたこともあるかもしれない。ヒトラーによる「人種科学」の悪用も大きな危機感をもたらした。以前は北欧系の知的優位を持ち上げていた研究者でさえ、「人種間の平等仮説」について「検討する用意がある」と言うようになった。いまや解明すべきは白人優位の証拠ではなく、そうした不合理で非倫理的な見方がどこから出てきたのかだった[5]。

たとえるなら、月をチーズだと思って凝乳《ぎょうにゅう》や乳清を分離しようと長年奮闘してきた天文学者たちが、急に手のひらを返して「なぜ多くの人は月をチーズだと思い込むのか」と言いだしたようなものだった。心理学者で歴史学者のフランツ・サメルソンが指摘するように、研究者らは自分自身の「優れた合理性」を疑おうとはしなかったようだ[6]。

第二次世界大戦が始まると、米国政府も国民の人種意識に関心を持ちはじめた。といっても倫理的な理由ではなく、レイシズムが戦争の邪魔になるからだった。1942年にはクー・クラックス・クラン（KKK）をはじめとする白人団体がデトロイトで暴動を起こし、軍需工場で働く黒人のための住宅建設を妨害した。そのころデトロイトには、弾丸やボールベアリングや爆撃機の製造のために、南部から多くの黒人が移り住んできていたのだ。翌年には工場で働く白人労働者2万5千人が、黒人と並んで働くのが不満だとしてストライキを起こした。歴史学者ハーバート・シャピロが指摘するように、デトロイトの軍需産業はアメリカが戦争に勝つために不可欠な存在だった。このままレイシズムを放置すれば、戦争に負けてしまうかもしれない。[7]

もうひとつ、理念としての問題もあった。第二次世界大戦の連合国側はナチスの人種イデオロギーに対抗して戦っていたわけだが、その戦争に従軍するアメリカの黒人たちは自国で日々レイシズムにさらされ、劣った存在として扱われていた。全米黒人地位向上協会（NAACP）の機関誌『クライシス』は次のような論説を載せている。「欧州でおこなわれている残虐行為、血が流され命が奪われている現状を本誌は憂う。だが欧州に民主主義を、と叫ぶ米国人には鼻白む思いがする。我々はアラバマに、アーカンソーに、ミシシッピに、ミシガンに民主主義を求める……」

ナチスの人種差別とアメリカの黒人差別は実際、無関係ではない。ナチスの法律家は反ユダヤ主義の制度を作るにあたって、アメリカの人種政策を綿密に調べ上げた。1934年に開かれた刑法改正委員会の議事録によると、「民族集団から外国人種の分子を一掃する」方法に関する話し合いのなかで、ヒトラー政権の司法大臣をはじめとする面々はアメリカのジム・クロウ法の利点に何度も言及している。会議に出席していた司法次官は、ユダヤ人さえ対象に含まれていれば、アメリカの法体系は「われわれにぴったりだ」と断言した。[8]

黒人の若者たちが徴兵カードをびりびりと破ってデトロイトの警察署に投げつけるようになると、

米国政府も焦りはじめた。創設されたばかりの戦時情報局によって、白人および黒人の人種意識調査が開始された。この種の調査が大規模におこなわれるのは初めてだった。そして調査の結果、黒人は「アメリカの理念に深く共鳴しているが、そうした理念を黒人についても実現してほしいと願っている」ことがわかった。また同じ調査で、制度的なレイシズムがアメリカの白人の意識に浸透していることも統計的に示された（学校教育における黒人と白人の分離が違憲とされるのは、それから10年後の話だ）。１９４２年と１９４４年の調査で、白人回答者のほとんどは黒人が自分たちと同じ雇用機会を持つべきではないと答えた。彼らは人種による居住区の分離を肯定し、異なる人種間での結婚には否定的だった。学校は人種別に隔離されているのが最善だ、と多くの人が考えていた。[9]

　これらの調査は、全国世論調査センターやギャラップが業務を請け負うかたちで、その後50年にわたって続けられた。やがて人種分離が違憲とされ、公民権法で人種差別が禁止されると、１９８０年代の後半には回答の数字が逆転した。白人のほとんどが居住区の分離や住宅差別に反対し、黒人に白人同等の雇用機会を与えるべきだと考えるようになった。学校の隔離については賛成する人がほぼいないため、質問自体が廃止された。社会学者ローレンス・ボボによれば、アメリカの白人のあいだで法的な差別を支持する風潮はすっかり廃れ、21世紀初頭までには、少なくとも表向きは「平等な待遇、人種の共存、寛容の推進に対する幅広い支持」に置き換わった。[10]

　ところが調査結果とは裏腹に、１９８０年代になっても人種差別は消えなかった。差別は相変わらず蔓延していた。たとえば黒人は部屋の賃貸契約を断られたり、住宅購入の審査で落とされる率がとても高かった。求職活動でも、同じスキルを持つ白人に比べて黒人は書類選考を通過しづらく、雇用されるのが難しかった。仕事を見つけても白人ほどいいポジションには就《つ》けなかった。ローンを借りようとしても断られた。実際に裁判で争われたケースもある。１９８５年には、ニューヨーク州ヨンカーズ市を相手取った訴訟で、市が黒人住民を1平方マイル内の居住地に故意に押し込めている事実が明らかになった。１９９３年には、レストランチェーンのショーニーズが黒人従業員を低賃金の職種に追いやったとして、1億３５００万ドルの支払いを命じられた。１９９９年には、農務省が黒人の農場経営者に対するローンを10年以上にわたって数千件も不当に却下してきた事実が判明し、農務省は1億ドル以上の賠償金を支払うことになった。[11]

こうした言葉と行動のギャップは、個人のレベルでも存在していた。口では偏見がないと言いながら、実際に観察してみると、地味にあらゆる種類の差別的行動をしている。心理学の実験でも、白人は黒人に敵対的な態度をとりがちで、物理的にもそれとなく距離を置こうとすることが示された。現在では倫理的に問題のある実験だが、相手の人種によって電気ショックの強さが変わるかどうかを調べた例もある。白人男性の被験者に電気ショックの操作スイッチ（偽物）を握らせ、懲罰が人の学習に与える影響を調べるためだと説明して、任意の強さのショックを与えてもらう。その結果、相手を黒人だと思っているときのほうが、白人男性はより強い電気ショックを与える傾向があった。[12]

アンケート調査に対しては差別反対と回答するのに、実際は差別的な行動をとる。こうした断絶を見た社会科学者たちは、体裁のいい調査結果など信用ならないという結論に至った。白人は嘘をついている。そうでなければ、主張と行動がこれほど食いちがうはずがない。差別反対など、建前にすぎなかったのだ。

ちなみに研究者のほうもバイアスから自由ではなかった。心理学者のニコール・シェルトンが指摘するように、偏見を調べる実験といいながら、優位に立っているのはいつも白人だ。研究対象はあくまでも白人の行動であって、黒人は主体性を持たない背景にされている。たまに黒人の心理が研究されることがあっても、たいてい差別を受ける体験だけに的が絞られている。同じことは黒人だけでなく、ほかの被差別属性を持つ人たちにも言える。偏見の研究は、昔も今も、差別的な想定から逃れられていない。[13]

＊＊＊

ディヴァインはニューヨーク州の白人が多い地域で育った。

家族はカトリックで、彼女は8人きょうだいの5番目だった。父親が仕事を転々としていたので、しょっちゅう引っ越しをした。ディヴァインはなるべく目立たないように、勉強に集中しようとした。でもテストの点数はいつも悪く、文字を書くのは大の苦手だった。あるとき兄とボクシングしているのを母親に見つかり、家に引きずり込まれて「I am a girl」（私は女の子です）と500回書かされたことがある。ディヴァインはおとなしく従ったが、ひとつ残らずスペルを間違えて「I am a gril」と書いていた。[14]

大学はさんざんだった。気の合う友人は見つからないし、哲学の授業で質問をすると「こんな低レベルな質問は初めてだ」と馬鹿にされる。どうしたらいいかわからなかった。もう大学を辞めてしまおうかと思っていたとき、心理学部のロイ・マルパス教授から実験の手伝いを頼まれた。教授はディヴァインのなかに何か、真剣さを見てとったのだろう。マルパス教授は犯罪の目撃証言を研究していた。そのために偽の犯罪現場を仕立て上げる必要があり、ディヴァインはその手伝いをすることになった。ひさしぶりにわくわくした。ある実験では、学生350人が集まった大講義室で犯罪計画を実行した。犯人役（実験のために雇った高校のレスリング選手）が機材の棚をなぎ倒し、講義中の教官に向かって卑猥な言葉を叫んだ。そして部屋から逃げだし、逃走用の車に飛び乗った。その車を運転していたのがディヴァインだ。[15]

実験の目的は、質問の仕方によって目撃証言の内容が変わるかどうかを調べることだった。警察の面通し〔目撃者に容疑者の顔を見せて犯人かどうかを確認する作業〕の際、当時の捜査では、「ここに並んだ容疑者のなかから犯人を選んでください」というふうに指示されるのが一般的だった。しかしこの聞き方は公平ではない。犯人がそのなかに必ずいると匂わせているからだ。マルパスが知りたかったのは、そのなかに犯人が「いるかもしれないし、いないかもしれない」と伝えた場合に、誤って犯人だと証言する率が変化するかどうかだった。講義室にいた学生の一部は、「このなかから選んでください」というバイアスのかかった指示をされた。残りの学生には「このなかに犯人はいないかもしれない」と伝えたうえで、犯人がいるかどうかを確認してもらった。

データが集まると、ディヴァインは研究室の黒板に結果をざっと書いていった。そこにマルパス教授が入ってきた。教授の瞳がぱっと輝くのがわかった。実験の結果は、公平な指示をされたほうが証言の正確性が上がることを示していた。無実の人に罪を着せる率が減っただけでなく、実際の犯人を正しく認識する率も上がった。[16] 人はいつでも他人を正確に認識できるわけではない。でも注意深く考えるように促されれば、認識の精度は上がるのだ。

心理学っておもしろい、とディヴァインは思った。人間の行動を予測し、ちょっとした舞台を作ってそれを検証できる。そこから新しいことを学べる。自分にとって新しいだけでなく、世界にとって新しい情報だ。彼女はすっかり魅了された。意気揚々とオハイオ州立大学の大学院に進み、何かやりがいのある研究テーマはないかと探しはじめた。

そのころ、人種的偏見についての研究ができる大学は多くなかった。心理学者のジェームズ・ジョーンズが『偏見とレイシズム』（Prejudice and Racism）という草分け的な本を出してから、まだそれほど時間が経っていなかった。『偏見とレイシズム』は異なるレベルのレイシズム（個人的、制度的、文化的）が互いに影響しあう様子を記述し、たとえ個々人が意図していなくても、慣習やルールを通じて制度的・文化的な差別が起こりうると論じたものだ。[17] ディヴァインの進んだオハイオ州立大学には「人種間の関係性」という講座はあったものの、偏見そのものを扱った講座はなかった。

ディヴァインはしだいに、偏見のパラドックスの謎を解きたいと思うようになった。白人がみんな嘘をついて自分の偏見をごまかしているというのは、レイシズムを憂慮する人たちの実状と合わないのではないか。ディヴァインは全国の研究者に頼んで、関連する論文のコピーを片っ端から集めはじめた。

同じ時期に、心理学で新たに発見された「プライミング」という手法を知った。人の心に何らかの考えをそれとなく植えつけて、その人の知覚や感じ方に影響を与える手法だ。たとえば「軽率」という単語を見せてからカヤックで急流下りをする人の話をすると、被験者はカヤックする人を無分別だと感じがちになる。逆に「自主性」「自信」といった単語を見せたあとでは、カヤックする人を勇敢だと評価する人が増える。ある概念がいったん心の舞台にのぼると、しばらく舞台袖にとどまって類似の概念をどんどん呼び込んでいるようなのだ。

意識に上らないほど小さな刺激であっても、プライミング効果は起こる。たとえば「敵意」という単語をわずか数マイクロ秒見せただけで、相手のあいまいな行動を攻撃的だと解釈するようになる。その単語を見たことに気づいてさえいなくても、そうなるのだ。単語の像が網膜に映り、視神経を通って脳に届き、敵意に関わる思考を活性化させる。すると自分でも知らないうちに、周囲のできごとが敵対的に見えてくる。[18]

プライミングは人々の反応を方向づけるだけでなく、知識がどのように頭のなかに格納されているかを知る手がかりにもなりそうだった。「パン」という単語を見せたあとで単語を探す課題をやってもらうと、「バター」のほうが「椅子」よりもすばやく見つけられる。「パン」と「バター」が頭のなかで強く結びついているということだ。どうやら知識は一種のネットワークのようなもので、ひとつひとつの概念が無数の糸でほかの概念とつながっているらしい。ある概念にそっと触れると、まわりの概念にも衝撃が伝わっていく。ぴんと張り巡らされた網の中の糸を1本はじくと、網全体がふわりと震えるように。[19]

これらを考え合わせると、プライミングは人の心をこっそりと探るための絶好の道具になりそうだった。ディヴァインは他の研究者たちの論文を読みながら、人種についての白人の本心を調べる方法を構想していった。パンのように具体的なものを指す言葉ではなく、「白人」や「黒人」という社会的カテゴリーをプライミングに使えないだろうか。もしも白人が本当にレイシストなのだとしたら、黒人という概念が差別的な考えやステレオタイプと強く結びついているはずだ。黒人という概念でプライミングをすれば、頭のなかのネットワークが響き合い、任意のできごとを差別的なニュアンスで解釈するようになるだろう。意識に上らないレベルのプライミングなら、ごまかしでない本当の反応が得られる。そもそも人種差別についての実験だとわからなければ、嘘をつくチャンスもないはずだ。[20]

一方で、偏見のない人々の場合は「黒人」というカテゴリーと差別的な概念の結びつきは存在しないだろう、とディヴァインは考えた。だから黒人に関する言葉を見せられても、ステレオタイプやネガティブな解釈にはつながらないはずだ。真空でマッチを擦っても火はつかない。偏見のない人をプライミングしても、差別的な反応が出てくるわけがない。これなら本心かどうかを疑うことなく、偏見の有無をありのままに調べられる。プライミングは、人々の本心を引き出す自白剤になりうる。

指導教官は首を横に振った。閾下プライミングの手法自体がまだ出てきたばかりで、リスクが高い。

適切なスキルを身につけるにも時間が必要だ。今からそんなことをしていたら、博士論文に間に合わないじゃないか。でもディヴァインはあきらめなかった。ついには教官を説き伏せ、計画を認めてもらった。[21]

1985年の春、ディヴァインは実験を開始した。まず、白人の学生129人を対象に質問紙調査をおこなった。政治やジェンダーなどさまざまな質問のなかに、現代的レイシズム尺度（Modern Racism Scale）の質問を埋め込んでおく。これは人種的偏見を測るための標準的質問で、ちょうど数年前に開発されたばかりだった。「アメリカに住む黒人の怒りはよく理解できる」とか「黒人に対する差別はすでに米国では解消されている」といった文に対して、どの程度同意するかを答えてもらう。[22]その回答をもとに、ディヴァインは被験者を偏見が強いグループと弱いグループに振り分けた。

数週間後、同じ学生たちを実験室に呼びだして、視覚に関する実験をすると伝えた。タキストスコープ（瞬間露出器）の前に座って、台にあごを乗せてもらう。タキストスコープは単語や画像をほんの一瞬だけ見せることができる装置だ。被験者はおでこを上部のバンドに当ててゴーグルをのぞき込み、スクリーンの中央を見つめる。光が何度かチカチカしますよ、とディヴァインが言う。この「光」が瞬くときに、実はプライミングのための単語が表示されている。一部は「ブラック」「アフリカ系」「ハーレム」といった黒人を思わせる単語で、その他は「もの」「水」などの中立的な単語だ。一部の学生は、おもに黒人に関する単語を見せられた。残りの学生は、中立的な単語を見せられた。表示される時間が非常に短いため、学生は光が見えたことは認識できても、単語を見たことには気づかない。[23]

短い休憩を挟んで、学生たちは2つめの課題を与えられた。これは人の印象形成についての実験で、最初の視覚実験とは無関係であると伝えられた。ドナルドという架空の人物についての短い文章を読むのだが、ドナルドの人種が推測できるような情報はあえて排除されている。日常を描いた文章のなかで、ドナルドは大家がアパートの内装を修繕してくれるまで家賃を払わないと言い、別の場面では買い物をしたあとで払い戻しを依頼している。

ディヴァインは学生たちに、ドナルドにどんな印象を抱いたかと尋ねた。信頼できるか、不親切か、つまらないか、おもしろいか。優しいか、うぬぼれているか、攻撃的か。先行研究によると、「攻撃的」(hostile)というのはアメリカの白人が黒人に対して抱きがちなステレオタイプだ。偏見の強いグループの学生(現代的レイシズム尺度のスコアが高かったグループ)では、おそらくプライミングによってそうしたステレオタイプが出てくるだろうとディヴァインは予測した。彼らは黒人に関する単語を見せられたあとで、ドナルドが攻撃的だという印象を抱きやすくなるはずだ。

逆に偏見の弱いグループでは、黒人を思わせる単語でプライミングされていても、それほど攻撃的だという印象は持たないだろう。ディヴァインはそのように仮説を立てた。そもそも差別的な考えを持っていないのだから、「黒人」という概念はネガティブなステレオタイプを呼び起こさない。これが実験のデータで示されれば、白人は建前だけで差別反対を唱えているのではなく、本当に人種的偏見を持っていないことがわかるはずだ。

ところが、結果はまったく予想外のものだった。

期待していたのは、次ページの右側のデータだ［図1］。

でも実際に出てきたのは、左側のデータだった［図2］。

このグラフが示しているのは、要するに、すべての被験者が同じくらいプライミングの影響を受け

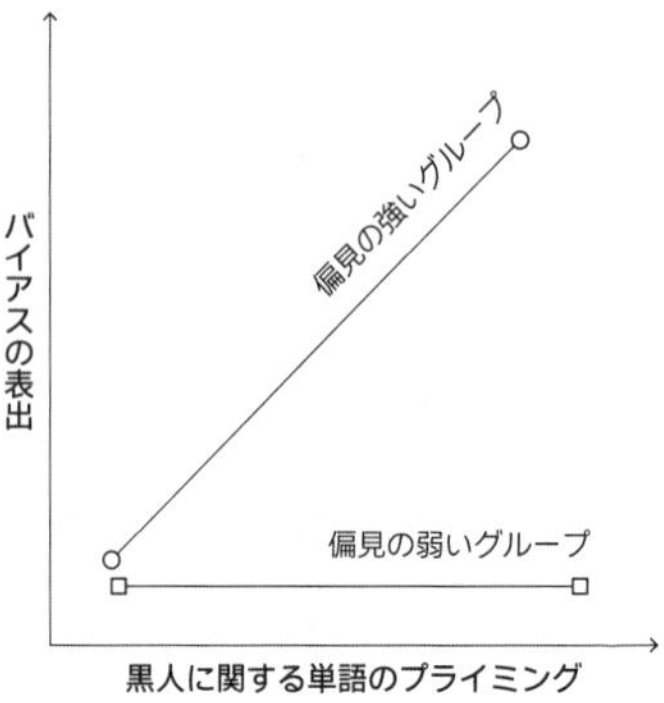

［図1］

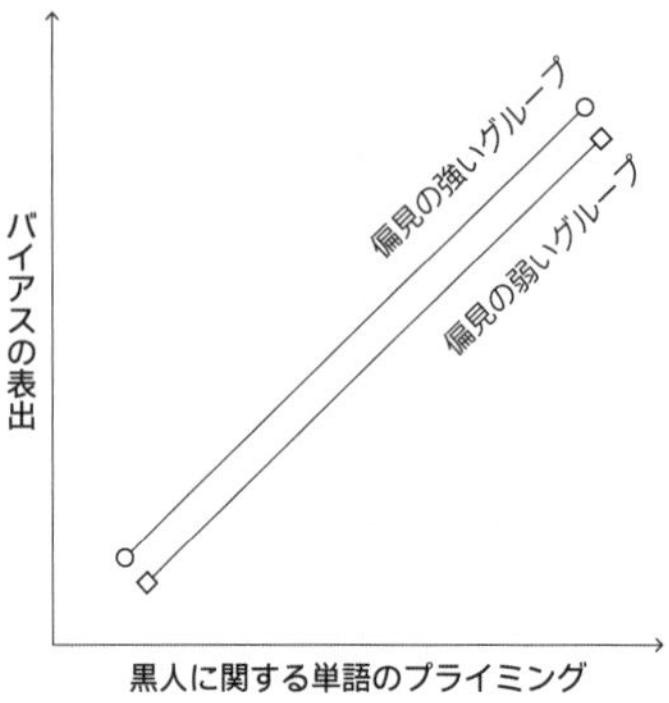

［図2］

たということだ。偏見が強いグループも弱いグループも関係なく、黒人に関する単語でプライミングされた人は、みんなドナルドを攻撃的だと認識していた。単にネガティブな印象を持ったという話ではない。不親切だとか、つまらないといった評価にはとくに変化がない。「攻撃的」という人種的ステレオタイプに関してだけ、はっきりとプライミングの効果が表れていた。

　意味がわからなかった。なぜ偏見が弱いはずの人まで同じようにバイアスを示しているのだろう？　プライミングは既存の偏見を呼び起こす刺激であって、偏見のない人には何の影響も与えないはずだったのに。

「どうしよう、完全に失敗だ」ディヴァインは頭を抱えた。「実験のデザインすらまともにできないなんて」

　いや、それとも実験の不備ではないのだろうか。ほかの心理学者が言うように、みんな内心はレイシストなのか？[24]

　やがて絶望のなかから、いくつかのアイデアがちらちらと浮かび上がってきた。ひとつは認知心理学の知見に関するものだ。認知心理学の研究によると、人の思考には2種類のモードがあるらしい。努力を要する遅い思考と、直感的な速い思考だ。注意が必要な行動をしているとき、人は遅い思考を活用する。たとえば初めて自転車に乗るときや、難しい議論をしているときだ。それに対して、すっかり慣れた行動をしているときには、直感的な速い思考が前面に出てくる。100回目に自転車に乗るときや、キーボードをブラインドタッチしているときがそうだ。同じ思考や行動を何度も繰り返すうちに、いちいち考えなくても習慣でできるようになってくる。

速い思考と遅い思考は、それぞれ別々に働いているらしい。両者が完全に矛盾することもある。とっさに何かをしたあと、やはりあれは良くなかったなと思い直して反省するのはそのためだ[25]。人の思考は一枚岩ではなく、自動的な速い思考と意図的な遅い思考がときに対立しながらせめぎあっている。

ディヴァインの頭のなかでグラフの意味がゆっくりと形をとりはじめ、やがて一気に像を結んだ。「すべてがつながった感じがしましたね」。ウィスコンシン州マディソンの大学で、ディヴァインは私にそう語った。彼女は現在、そこで心理学の教授をしている。「自動的な思考が人を失敗させるのだとわかりました。公平でありたいのにうまくいかない理由はそこにあったんです。そしてふと気づきました。偏見は考え方の癖なのかもしれないと[26]」

頭では偏見をなくそうとしていても、癖でうっかりバイアスが出てくるのだ。ディヴァインはそう推測した。意識的に選んだ行動については注意できても、無意識の連想に引きずられた反応は注意をすり抜けてしまう。それは思考の癖であって、自分でも知らずにやってしまうことなのだ。気づいたら爪がぼろぼろになるまで噛んでしまう癖のように。

ステレオタイプが心の奥の隠された場所からこっそり出てくることを見抜いたのは、ディヴァインが最初ではない。ミネソタ州で初の黒人女性弁護士となったレナ・オリーブ・スミスは、それより100年近く前に同じ現象を正確に説明していた。1928年の文章から引用しよう。

「よく知られているように、感情が心の奥深くに埋もれて潜在意識の領域にあるために、本人もそれにまったく気づかないことがあります。しかし相応の刺激が与えられると、これが意識の表面に出てきます。このとき多くの人は、それを正義の声だと勘違いしてしまうのです。実際のところはただの偏見であり、正義や公正さから目をくらませるものなのですが」

またディヴァインの発見より数年前に、ほかの研究者も同様の現象を指摘していた。自分で認識したり直視できない偏見というのは存在していて、心の奥深くに組み込まれたステレオタイプが人の行動に影響している可能性がある。心理学者のジョン・ドヴィディオやサム・ガートナーらが観察したところによると、「自分は差別をしない」と心から思っている人でも、自分と異なる人種の人に不快感などネガティブな反応を感じることがあるようだった。[27]

ディヴァインの議論のポイントは、偏見のパラドックスを理解する際に、白人が嘘をついていると考える必要はないということだ。人の心には、自分が正しいと思っている意識的な考えと、そうではない連想やステレオタイプが共存しうる。自分の意見は選べても、勝手に浮かんでくるイメージは選べない。後者はまわりの環境によってすり込まれるものだからだ。文化的に作られたイメージは、本人が同意するかどうかにかかわらず、こっそりと心のなかに忍び込んでくる。たとえるなら、前者は意図的に購読しているニュースレターで、後者は勝手に送りつけられるスパムメールのようなものだ。誰もスパムメールなんて欲しくないし、メールアドレスを登録した覚えもないのに、なぜかどんどんメールボックスに溜まっていって、解除する方法もわからない。それでいえば、差別的な考えを公然とひけらかす人は、隠れたステレオタイプを喜んで受け入れている、つまりスパムメールをわざわざ購読している人だといえるかもしれない。

こうした気づきをもとに生まれたのが、潜在的バイアス（implicit bias）という概念だ。この概念は差別の理解に新たな光をもたらした。差別的な言動は、心の奥深くのイメージにもとづく思考の癖から出てくるのだ。

意識的な考えも無意識の連想も、どちらも心のなかに存在していて、他者への接し方に影響する。私たちの言葉と行動が食いちがうのは、自分にとって大事な価値観とそうでないステレオタイプが、時としてぶつかり合うからだ。そしてステレオタイプは、本人にそのつもりがなくても行動に現れることがある。ちょうど車でいつもの道を帰宅するとき、どこの角でどちらに曲がるかをいっさい意識しないのと同じように。差別は意図しなくても、意識すらしなくても起こりうる。文化の影響は、私たちの行動のすみずみにまで染み込んでいる。

ディヴァインは１９８９年に研究の成果を発表した。偏見がないつもりの人たちでも「ステレオタイプが喚起されて自動的な影響を引き起こし、それは意識的に制御されないかぎり偏見を持っているかのような行動につながる」のだ。同じ研究室のマーザリン・バナージはディヴァインの発見について、「心の暗黒面を露わにしちゃったね」と言った。でもディヴァインはそうは思わなかった。バイアスのかかったイメージを持っているからといって、その人が悪人だというわけではない。社会のなかで生きていれば、当然そうなるだけなのだ[28]。

潜在的バイアスの考え方によれば、バイアスは徐々に強化される回路のようなものだ。まず「文化的な知識」が外界からインプットされる。家族や友達、近所の人やメディアなど、あらゆるところから特定の集団に関する情報が浴びせられる。なかには正しい情報もある。たとえば統計的にいって、男性は女性よりも平均身長が高い。一方で、まちがった情報もある。男の子は女の子より数学ができる、というような誤解だ。こうした情報は徐々に私たちの心の奥底に入り込み、さまざまなイメージやステレオタイプを作りあげる。そしてある集団の人や、それを思わせる事物に出会うと、心のなかのイメージが活性化されて私たちの反応に影響を与える。ステレオタイプにもとづく行動や言葉、感じ方が引き起こされるのだ。そうして出てきた差別的な言動はときに現実の格差を押し広げ、文化的な知識を強化して、それがまた人々にインプットされるというループを作りだす。ちなみにある集団の人を見るとき、私たちはアイデンティティのひとつの面だけを見ているわけではない。複数のカテゴリー、たとえば人種やジェンダーや年齢といったものが同時にやってきて、それぞれが心のなかのイメージの連鎖に組み込まれていく。[29]

潜在的バイアスの考え方を使えば、現実に起こっているさまざまなできごとが説明できる。JJという4歳の男の子を例に挙げよう。JJは賢くて人懐っこい子どもだった。4歳ですでに自分の名前を書けたし、弟の名前だって書くことができた。学校ごっこが好きで、いつもお行儀がよかった。ところが幼稚園に入って、変化が起こった。ネブラスカ州オマハの幼稚園に入園したJJは、たびたび問題行動を起こすようになり、そのたびに母親のトゥネット・パウエルが電話で呼びだされた。あるときは別の園児に唾を垂らして、出席停止処分になった。別のときは椅子を投げて、さらに別のときは昼寝時間に言うことをきかなかったので出席停止になった。パウエルは信じられなかった。あの明るくて聡明な子が、なぜ？

インタビューのなかで、彼女はそのときの困惑を語っている。「ああどうしよう、育て方を間違えたのかな、と思いましたよ」[30]

でもある日、同じクラスの子の誕生日パーティーで保護者たちと話すうちに、何かがおかしいと気づいた。ある母親は、息子が同級生を殴って病院送りにしてしまったエピソードを話した。その子はしかし、出席停止にされていなかった。ただ電話がかかってきただけだ。ほかの保護者も、子どもの問題行動をいろいろと語った。誰も出席停止処分は受けていなかった。そもそも幼稚園に出席停止という罰則があることさえ、みんな知らないようだった。ＪＪだけが3回も処分を受けていた。ＪＪとほかの子どもの違いといえば、パウエルの見るかぎり、ＪＪが黒人でそれ以外の子が白人であることだけだった。

このような経験をしたのはパウエルだけではない。

テキサス州で、学校の指導記録を数百万件集めた調査がおこなわれた。そこには２０００年から２００2年のあいだに7年生〔中学1年生〕になった全生徒の成績が含まれ、生徒が遅刻や服装の乱れなどによって罰を受けた履歴も記録されていた。記録によると、罰則はかなり恣意的に適用されているようだった。教師の気まぐれで罰が決まるといっていい。そして分析の結果、黒人の生徒は初回の違反で出席停止になる率が、白人生徒の2倍だった。

同様の傾向は数々の研究で確認されている。心理学者フィリップ・アティバ・ゴフのチームは、男の子が反社会的な行動をするストーリーを被験者に示し、その行動を評価してもらう実験をおこなった。ちょっとした非行から犯罪行為までさまざまな行動が提示され、被験者はその子にどれくらい責任があるか、どんな意図で行動しているかを回答する。その結果、まったく同じ行動でも、黒人の子どものほうが白人の子どもよりも罪が重いと評価された。さらに年齢について、黒人では責任をとるべきだとされた年齢が白人より4歳も低かった。13歳半の子どもが、法的に責任のある大人だと認識されたのだ。また、黒人の子どもでは非行よりも犯罪のほうが責任が重いと評価されたが、白人の子どもではむしろ逆だった。白人の場合は犯罪の程度が重いほど、その子の責任ではないと擁護されたのだ。別の研究では、問題行動を2度起こした生徒の記録を教師に見せて、その子に対する印象を聞いた。その結果、黒人生徒のほうが「問題児」と見なされやすく、さらに2度目の問題行動をその子の一般的な傾向として拡大解釈されやすいことがわかった[31]。

潜在的バイアスの観点から見ると、JJを出席停止処分にした教員は、黒人の子どもに対するステレオタイプを内面化していたといえる。白人だったら昼寝を拒んでも無害なわがままだと感じたかもしれないが、JJが黒人であるために教員のなかのステレオタイプが刺激され、より反抗的で悪い行動だという印象につながった。そしてこのような悪い子には、しっかりと罰を与えねばならない、という思考になったのだ。

コンピューターサイエンス専攻の学生フィリップ・グオの場合、バイアスはむしろ有利な方向にはたらいた。グオは中国系アメリカ人で、家族はみんな文系人間だった。小学校6年生のときにプログラミング言語のBASICを独学で学んでみようとしたけれど、難しすぎて挫折した。高校に入って情報学の授業をひとつとったものの、教師もまったくの素人で、なんとか教材を読んで授業らしいものをしているという感じだった。それでもプログラミングへの興味は高まり、2001年に晴れて大学に入学したわけだが、プログラミングについてはほとんど何の前知識もない状態だった。まわりには、新入生ですでにプログラミング歴10年というような人がいくらでもいた。グオはコンピューターサイエンスの入門科目をとり、夏にはインターンシップに応募した。インターンで働きはじめてみて、何か妙だな、と彼は思った。

「ミーティングのとき、みんな僕がいろいろわかっているような感じで話をするんです[32]」

実はさっぱりわかっていなかった。話についていけなくて黙っているのだが、先輩たちはグオが物静かに状況を熟考しているのだろうと思い込んでいた。

大学2年生になると、グオは大学の研究室のバイトに応募するようになった。仕事は次々と見つかった。まったくスキルが足りない仕事でも、簡単に採用された。なんだか優秀そうだというイメージのおかげで、給料をもらいながらスキルを積み上げることができた。「僕と同じようなレベルの学生は、普通そんなにチャンスを与えてもらえなかったみたいです」とグオは言う。

教授たちも、アジア系の男性であるグオに対して、優秀な技術者というステレオタイプを抱いていた。授業の問題がわからなくて的外れな発言をしても、教授はグオの言葉を好意的に解釈した。ただ黙っているだけでも、ほかの学生より賢そうだと思われているようだった。

こうしたグオの体験は、バイアスの大事な一面を教えてくれる。バイアスは悪い方向だけでなく、良い方向にも働くということだ。ある集団に属する人が、有利なステレオタイプと不利なステレオタイプの両方を受けることがある。ときには同じステレオタイプが、メリットとデメリットの双方向に作用する。たとえばアジア系アメリカ人には勤勉でおとなしい「モデル・マイノリティ」のイメージがあるけれど、それは好意的な反応を引きだす反面、アジア系の人が受けているハラスメントやレイシズム、貧困、暴力、差別の問題を見えにくくする。そしてステレオタイプから外れた人のニーズを覆い隠してしまう。学校の勉強についていけなくて困っていても、誰にも気づいてもらえなかったりするのだ。そして良いステレオタイプがあるからといって、対等な人間として扱ってもらえるとはかぎらない。ハーバード大学の入学審査の記録を分析した結果、アジア系の志願者は審査項目のうち「人格」の点数が一様に低く付けられていたという報告もある。[33]

前章で紹介したベン・バレスの場合、性別移行の前と後でステレオタイプの向きがくるりと変わった。移行前のバレスは、「女性は理系の能力が低い」というステレオタイプで見られていた。生物学者としての才能や実力は実際より低く評価されていたし、発言が途中でさえぎられたり、能力を疑われたり、専門性を否定されたりした。ところが移行後は、何もかもがスムーズに進みはじめた。有能で、博識で、権威ある男性の学者と見られるようになったのだ。途中で話をさえぎる人はもういない。

ただし、もしもバレスが白人でなかったり、障害があったりしたなら、移行前の経験も移行後の経験も違うものになっていただろう[34]。

2015年に公開されたある映像は、バイアスが人の言動に表れる様子をリアルタイムで見せてくれる。シリコンバレー最大手のベンチャーキャピタルの会長が、ブルームバーグテレビジョンのインタビューに答える映像だ。なぜ御社の役員に女性がいないのか、と尋ねられると、彼は間髪容れずに「我々もよくそれについて考えます」と言った。「私が思うに、これは心から信じているんですけどね、我々は相手の性別など見ないんです」。そして最近スタンフォード出身の若い女性を雇ったという話に進んだ。「彼女は何から何まで、ええと、同僚と同じくらい優秀です。彼女のような女性がいるなら雇いますよ」。そして付け加えた。「つまり我々としてはただ、採用基準を下げたくないわけです」

この失言は業界の笑いぐさになったが、私から見ればバイアスのお手本のような受け答えだった。この会長は最近雇った女性が「同僚と同じくらい優秀」だとわざわざ説明し、会社の採用基準を下げたくないのだと主張する。ただ女性について尋ねられただけなのに。女性の雇用について話すときに採用基準を下げるという発想になるなら、それはすなわち、彼は女性の能力が総じて低いと考えているわけだ。弁明しようとして、うっかり内心のバイアスを露呈している。

インタビューの続きの部分も、自分のバイアスに気づくのがいかに難しいかを実演するようなやりとりだった。この会長は、科学技術を学ぶ女性が少ないのが問題だと指摘し、「テクノロジーに本当に興味のある女性」がいるならぜひ採用したいと熱弁する。でも彼はそれより前の質問で、自分がテクノロジーなどまったく知らずに、何の経験もなく業界に入ってきたと語ったばかりだ。彼の専攻は歴史学で、はじめは雑誌記者の仕事をしていた。ベンチャーキャピタルに入ったのは、創業者が「リスク覚悟で」採用してくれたからだ。彼自身は、テクノロジーに興味もなければスキルも実績もなかったのだった。[35]

実際、こんなデータもある。IT企業幹部のスキンダー・シン・カシディが一流のベンチャー投資家を対象におこなった分析によると、女性投資家の80％はSTEM分野〔科学・技術・工学・数学〕での学位を持っているのに対し、男性で同分野の学位があるのはたった61％だった。つまりあの会長がすべての女性候補者に求めていた経歴は、男性の4割が欠いている経歴だったわけだ。それでも彼は、問題が女性にあると信じて疑わなかった。[36]

潜在的バイアスの考え方は、悪意や強い偏見がなくても差別が起こりうることを示している。もちろん公然と人種差別や性差別をする人もいなくはない。でも多くの人は、公平でありたいと思いながら有害な行動をしてしまっているのだ。心理学者マーザリン・バナージ（ディヴァインの元同僚）とアンソニー・グリーンワルドは、こうした現象を潜在的レイシズムと名づけた。悪い行動が悪い人間から出てくるわけではないという考え方は、レイシズムの新たな説明として大きな注目を集めた。

その一方で、差別を説明する別の考え方も出てきていた。そのひとつが社会的支配理論だ。社会的支配理論によれば、世の中のバイアスが維持されるのは、あらゆる社会に集団間の地位の格差があるからだ。ある集団がほかの集団を支配し、資源を不当に多く確保する。個々人のレベルではそうした階層的な関係を嫌う人もいるだろうが、もっと広い視野で見れば、集団間の格差は権力構造を維持するための社会秩序の一部として私たちの生活に組み込まれている。そう考えるなら、潜在的バイアスやステレオタイプは集団間の不平等を維持するための数ある装置のひとつにすぎない。インドのカースト制度を見ればわかるように、人の世はいつだって集団間の格差を作りだし、何千年にもわたって維持してきた。そして社会的支配理論に従うなら、人々が互いをどう見るかは問題の本質ではない。

そうではなく、どの集団が支配的な力を持っているか、そして人々がどの程度そうした集団間の不平等を維持したいと思っているかが問題なのだ。差別や抑圧はなくならない。ただ程度を弱めることができるだけだ。この理論の提唱者のひとりであるジェームズ・シダニウスにいわせれば、ディヴァインは「楽観主義のクイーン」であり、シダニウス自身は「暗黒のプリンス」である、らしい。[37]

1990年代後半、アンソニー・グリーンワルドらが、隠れたバイアスを炙りだすツールを開発した。IAT（潜在的連合テスト）と呼ばれるものだ。IATを使えば、ある社会的アイデンティティと特定のイメージやステレオタイプが頭のなかでどれくらい強く結びついているかを測定できる。

IATでは画面に単語がひとつずつ提示され、それぞれの単語を2つのカテゴリーのどちらかに分類していく。たとえば同性愛者に対する偏見を調べるテストでは、「微笑み」「腐敗」「同性愛」といった単語が出てくる。それを「〈同性愛〉または〈悪い〉」のカテゴリーと「〈異性愛〉または〈良い〉」のカテゴリーにすばやく分類する。たとえば「微笑み」は良い単語なので「〈異性愛〉または〈良い〉」に分類できるし、「腐敗」であれば悪い単語なので「〈同性愛〉または〈悪い〉」に分類できる。それが終わると、別の単語リストで同じことをやるように指示されるのだが、今度は分類するカテゴリーが「〈同性愛〉または〈良い〉」と「〈異性愛〉または〈悪い〉」に変更される。このとき「〈同性愛〉または〈良い〉」に単語を分類するよりも、「〈同性愛〉または〈悪い〉」に単語を分類するほうが、すばやく実行できたとしよう。その場合、あなたの頭のなかでは〈同性愛〉と〈良い〉の結びつきよりも、〈同性愛〉と〈悪い〉の結びつきのほうが強いと考えられる。自分では偏見がないと思っていても、無意識のレベルでネガティブな結びつきがあることが明らかになるのだ。[38]

250万件を超える試行の結果、IATを受けた人（そのうち85％はアメリカ在住者）のほとんどが同性愛者よりも異性愛者に好意的であり、障害者よりも健常者、高齢者よりも若い人にポジティブなイメージを持っていることがわかった。また多くの場合、偏見の対象となるグループに属する人たち自身も、やはり同様にマジョリティのほうに好意的なイメージを持っていた。たとえば肥満の人は、肥満に対してネガティブなバイアスを示した。人種についていえば、白人、ネイティブアメリカン、アジア系、ラテン系、マルチレイシャルのすべてのグループで、白人を好意的に見るバイアスが示された。ただし黒人だけは、白人に好意的なバイアスを示さなかった。歴史的黒人大学〔古くから黒人の学生を中心に受け入れてきた大学〕に通う黒人では、黒人のほうに好意的なバイアスが示されたという結果も出ている。[39]

ジェンダーに関するIATでは、〈男性－仕事〉〈女性－家庭〉の結びつきや、〈男性－理系〉〈女性－文系〉の結びつきがほとんどの人で確認された。また黒人を含むすべての人種グループで、白人よりも黒人のほうが武器のイメージと強く結びついていた。心理学者のフィリップ・アティバ・ゴフとジェニファー・エバーハートらがおこなった実験では、白人が黒人を類人猿に結びつけるという潜在的バイアスも確認された。アフリカ系の人を動物になぞらえるタイプの非人間化は18世紀ヨーロッパの文献によく見られ、19世紀を通じて医療や学問の世界でも堂々と広められていた。これほど誤った考えがいまだに白人の意識にこびりついているという事実は、偏見がどれほど強力に推進されてきたかを示す証拠だといえるだろう。もちろんその事実を認めたくない人もいる。エバーハートは著書『無意識のバイアス――人はなぜ人種差別をするのか』のなかで、研究者仲間でさえこの現象が人種ステレオタイプであることを信じようとせず、「カラーマッチング」〔色が似ているから〕などの理屈づけをしようとしたと述べている。[40]

IATは当初、潜在的バイアスを解明するための最終兵器だと思われていた。これを使えばバイアス行動の源をピンポイントで突きとめられる、と。しかし話はそう簡単ではなかった。IATにもいくつか欠点はあり、とくに大きな問題が2点あった。まず、科学用語でいうところの「再検査信頼性」が低い。つまり、同じ人が同じテストを複数回受けたときに、違う結果になりやすいということだ（体重計の数値が昨日は95キロだったのに今日は85キロだったら、その体重計は信用しないほうがいい）。そしてもうひとつ、ＩＡＴのスコアとその人の実際の行動のあいだに、あまり強い相関が見られないという問題もある。バイアスの値が高かったからといってその人が差別的な行動をとるとはかぎらないし、逆にバイアスの値が低かったからといって、その人の行動が公正であるともかぎらないのだ。[*41]

ただ、こうしたＩＡＴの弱点は、むしろ潜在的なイメージの働きをより細やかに理解するためのヒントになるかもしれない。ＩＡＴのスコアが変化するのは、イメージの結びつきが永続的なものではなく、そのときの気分や考えごとによって揺れ動くものであることを示している可能性もある。実際、料理の味に注目するよう促された人は高カロリーの食べ物にポジティブなバイアスを示し、健康に注目するよう促された人は高カロリーの食べ物にネガティブなバイアスを示したという研究結果も出ている。情報の文脈もイメージの想起に影響するだろう。[43] たとえば大柄な男性がナイフを持っている姿を見たとき、その人が暗い路地にいるのか、舞台の上か、それとも手術台に向かっているのかで心の反応は違ってくる。そう考えれば、イメージの結びつきが検査のたびに変わるのは自然なことではないだろうか。

ＩＡＴのスコアから差別的行動を完璧に予測できない点についていえば、意識的に表明された考えだってそれより役立つわけではない。人の行動は、心のひとつの側面だけで決まるものではないからだ。社会的規範、自分の目標、他人の視線、そうしたものが組み合わさって人の行動を左右する。ＩＡＴなどのテストで測られる潜在的な連想は、個人の態度というよりも、広く社会の様子を反映したものだと考えたほうが有効かもしれない。ある社会的集団に対するバイアスがほとんどの被験者で同じように出てくるなら、それは社会的な傾向の表れだ。個人ではなく集団として見るとき、ＩＡＴの結果はある社会のなかで生きる人たちがどれくらい特定の知に影響されているかを教えてくれる。社会のステレオタイプの形が見えてくるのだ。時系列で比較すれば、社会全体の考え方が時とともに変化する様子も知ることができる。最近の研究によると、人種や性的指向に対する潜在的バイアスはここ10年で大きく減少しているらしい。同じ10年でも、高齢者や肥満の人に対するネガティブなバイアスにはとくに変化がない[44]。

ただし、潜在的バイアスは偏見のパラドックスを説明できる唯一の枠組みというわけではない。意識的な考えと潜在的な連想を分ける必要はないという説もある。それによると、人の本当の考え（たとえばマイノリティ集団に対する偏見）は心の奥深くに埋まっていて、適切な条件が揃ったときだけ表に出てくる。心理学者ラス・ファジオは、本当の考えが表に出てくるかどうかは動機づけと機会があるかどうかで決まると説明する。ＩＡＴのテストで女性と無能さを結びつけたなら、それは本当の態度を隠すための動機やチャンスがなかったからだ[45]。現にストレスや疲労、時間制限などで脳に負荷がかかっているときは、潜在的なステレオタイプがそのまま行動に表れやすい。それに対して、じっくり考えるための動機や脳のリソースが充分にあるときには、自覚的な考えに合わせて行動しやすくなる。

では結局、みんな嘘をついているのか？　いや、必ずしもそうではない。自分の本心をよくわかっていないだけだという可能性もある。とくに自分の価値観と心の奥の考えがぶつかるときにはそうなりやすい。ディヴァインが最初におこなった実験では、被験者を偏見の強い人と弱い人のグループに

＊　ＩＡＴの測定しているものが潜在的な結びつきだけなのかどうかという疑問もある。たとえば人は加齢とともに自己制御が難しくなることが知られている。年齢の高い人は若い人よりもＩＡＴでバイアスを示しやすいが、これはテストに対する反応を制御するのが難しいからかもしれない[42]。

分けていた。でも最初の質問紙に回答する時点では、心の奥の差別的な考えを充分に検討できていなかった可能性もある。自分でも気づかないままそうした考えを抱き、それが後の実験で呼び起こされてグラフに表れたのではないか。

偏見のパラドックスが起こるのは人が嘘をついているからではなく、みんな自分の内心をそこまで正確に知らないからなのかもしれない。そうだとしたら、衝突しているのはその人の公正な本心と困った癖ではなく、よく検討されていない本心と意識的な倫理観なのだという捉え方もできる。

潜在的バイアスという概念は偏見の有無をはっきり分けて考えるけれど、実際はそれほど明確に線を引けるとはかぎらない。そもそも自動的な速い思考と意図的な遅い思考という考え方自体、まだ議論が続いているところだ。2つのプロセスという見方はあまりに単純すぎると指摘する心理学者もいる。何らかの刺激を受けてからそれに反応するまでには――たとえば単語を見てからボタンを押すまで、あるいは女性の履歴書を見てからその人の能力を値踏みするまでには――、頭のなかで多数のプロセスが同時に展開されているはずだ。自動的なプロセス、意図的なプロセス、そしてその中間のさまざまな組み合わせが絡み合い、私たちの行動を決定しているのではないだろうか[46]。

人の行動はさらに、誰とやりとりするかによっても変わってくる。心理学者のニコール・シェルトンは、個人を対象にして偏見や差別を調べること自体に限界があるのではないかと指摘する。バイアスは人と人とのあいだで、動的に起こるできごとだからだ。人は誰かに対して一方的にステレオタイプを投げかけるわけではない。どちらも相手の行動に反応する。さまざまな誤解や感じ方がその場で行動を変化させることもある。人と人が接するときには、双方から力がかかっているのだ[47]。

「潜在的バイアス」という言葉を使わないようにしている研究者もいる。潜在的バイアスとは実際

「潜在的に測定された」バイアスなのであって、人の心というよりも測り方の違いなのではないかという意見もある。ディヴァインは「意図しないバイアス」という言い方を好むし、その人の価値観に照らして検討されていないという意味で「未検討のバイアス」と呼ばれることもある。こうしたバイアスとあからさまな偏見との違いは、ざっくりと捉えるなら、ある人が意図したことと別の人が体験したことのあいだに大きな落差があるかどうかだ。

善意の人がバイアス行動をとってしまうときに頭のなかで何が起こっているのか、その正確な仕組みはまだ論争の渦中にある。ひとつ言えるのは、意図しない連想や充分に自覚していない考えが何らかの形で組み合わさり、異なるジェンダーや人種、民族、宗教、年齢、能力、性的指向の人々に対して、たとえ平等な価値観を持つ人であっても差別的な行動をとる場合があるということだ。そうした行動は、自分自身の価値観とぶつかりあう。これが実は大事なところだ。自分の言動が人を傷つけてしまったと気づいたとき、私たちは居心地の悪さや罪悪感を覚える。内なる良心のささやきと言ってもいい。そこにこそ、バイアス行動を変えていくための突破口がある。[48]

続く各章では、バイアスに介入するためのさまざまな道筋を見ていきたい。

そのためにまず、人の思考の内側をのぞいてみよう。

第2章 Inside the Biased Brain 脳は違いをどう見るか

もしもあなたが2015年4月にフェイスブックを眺めていたなら、映画『ストレイト・アウタ・コンプトン』の広告を目にしたことがあるかもしれない。ギャングスタ・ラップの火付け役となった伝説的ヒップホップ・グループN.W.A.を描いた伝記的音楽映画だ。バナーをクリックすると、N.W.A.のメンバーが地元をドライブしているドキュメンタリー映像が流れだす。車に乗っているのは初期メンバーのドクター・ドレーとアイス・キューブ。ドレーは自分たちの音楽を非暴力の抵抗であると表現し、次の世代をインスパイアしたいと語る。

「全部音楽にぶちこんでる。フラストレーションも。怒りも」

2人が地元の若者たちとハグしあう映像が流れる。

「すごく感謝してるよ」と理髪店にいる男性は言う。「この炎を絶やさないようにしたい」

そして場面は変わり、ミュージシャンたちの録音風景が映しだされ、白人のマネージャーが彼らの荒ぶる才能について語る。街の映像に重ねて、大きく映しだされるコピー。

〈アメリカでもっとも危険な場所で、彼らの声は世界を変えた〉[1]

少なくとも、あなたが黒人なら、そんな映像を目にしたはずだ。

あなたが白人だとすると、広告をクリックして流れだしたのは、まったく異なる映像だっただろう。映像が始まって20秒ほどで、黒人女性が銃を振りかざす。パトカーのサイレンと点滅するライト。バーで強い酒をあおる黒人男性。警察官がアイス・キューブに手錠をかけ、上半身を車のボンネットに叩きつける。「金はどこだ?」とイージー・Eが尋ね、タンクトップ姿の黒人男性が「マジで容赦ねえ奴だな」と言う。ダッフルバッグからショットガンを取りだすイージー・E。道路にうつぶせに押さえつけられる黒人たち。白人マネージャーが「私のクライアントに手を出すな!」と警察に抗議している。[2]

『ストレイト・アウタ・コンプトン』は、ユニバーサル・ピクチャーズがフェイスブックの「民族親和性」による分類を利用してターゲティング広告を打つ初めての試みだった。つまり人種によって異なる映像を見せて、訴求力を高めようという戦略だ。フェイスブックがあなたを白人と分類していれば白人向けの映像に、黒人その他と分類していれば黒人向けの映像に誘導される。ジャーナリストで作家のアナリー・ニューイッツが指摘するように、それらは「まったく別の映画の予告編みたいに見える」。[3]

この映画は全世界で2億ドルの興収を叩きだした。ユニバーサルのマーケティング責任者ダグ・ニールは、人種ターゲティングが成功の一因であったとコメントしている。驚きの成功だった、と彼は言い、それからこう訂正する。「驚いたという言い方はだめですね。とにかく大ヒットでした」[4]

なぜうまくいったのだろう。なぜ白人は、黒人のステレオタイプを並べ立てた映像に魅了されたのだろう？

ひとつの可能性として、ステレオタイプに合致するものを見ると気分がいい、という理由が考えられる。この不確かな世界で、ステレオタイプは偽のわかりやすさを与えてくれる。そしてステレオタイプに合ったものを見ると、人は安心する。音楽を聴くような、あるいはジグソーパズルのピースがぴたりと嵌《は》まるような快感を、ステレオタイプは与えてくれるのだ。[5]

音楽もパズルも、一種の予測をともなう体験だ。音楽を聴くとき、私たちは次に来る音を予測し、期待どおりの音が聞こえると気持ちよさを感じる。ジグソーパズルも同じだ。あるピースがどこに嵌まるかを予測し、そのとおりにぴったり嵌まるとうれしくなる。どちらの場合も、あらかじめ結果が確定していないからこそ喜びがある。研究によると私たちの脳は、不確実な状況で結果を正しく予測できたときに、気持ちいいと感じるらしい。

ステレオタイプも同じように、不確かな状況で結果を予測する行為だ。たとえば女性を見て「数学が苦手そうだ」と予測する。そして本当に数学が苦手だったら、思ったとおりだ、とうれしくなる。自分が損をする状況でさえ、予測が当たるのは気持ちいいものだ。いつも時間を守らない友人が約束に1時間遅れてくると「やっぱりな！」と笑ってしまう。腹立たしいのに、どこか小気味よい。自分の予想が当たったからだ。まるで脳がつねに次に起こりそうなことを映画のように上映していて、現実がそのとおりに進むかどうかをチェックしているかのようだ。予測と現実がぴたりと一致すると、脳はひそかに悦に入る。

私たちの脳は「自分が正しい」と思うのが好きなのだ。

そして私たちは、間違えるのが嫌いだ。だからステレオタイプが裏切られると、苛立ったり脅威を感じたりする。心理学者ウェンディ・ベリー・メンデスによる一連の実験はそれを見事に示している。

メンデスは白人とアジア系の学生を集めて、ラテン系の学生たちと共同作業をしてもらった。ラテン系の学生は実験のために雇われた役者だ。ラテン系の学生の一部には、社会経済的に「ステータスの高い」役が割り当てられた。父親が弁護士で、母親が慈善家や大学教授で、夏休みにはボランティア活動をしたりヨーロッパを旅して回るような人たちだ。残りのラテン系の学生は「ステータスの低い」役だった。親が失業中で、夏休みはウェイトレスのバイトに明け暮れているといった設定だ。実験の参加者は、力を合わせてパズルを解くように指示された。そのときの状態を測定した結果、ステータスの高いラテン系、つまりアメリカ人のステレオタイプを裏切るようなラテン系の人と一緒に作業をしているとき、参加者たちは脅威に直面しているような生理的反応を示した。血管が収縮し、心拍数が上昇した。さらに彼らは、ステレオタイプに反するラテン系の学生を、好感度が低いと評価した。こうしたネガティブな反応が起こるのは、ラテン系にかぎらなかった。たとえばアジア系アメリカ人の女性が強い南部訛りの英語を話す場合（実際は発音のトレーニングを受けてもらった役者）にも、同様の結果が出ている。[6]

ステレオタイプから外れたせいで嫌われるのは、とくに女性によくある経験だ。物腰が柔らかくて親切という女性のステレオタイプを裏切ると、感じの悪い人という評価を受ける。「こうあるはず」というステレオタイプは、容易に「こうあるべき」に成り代わる。一見ポジティブなステレオタイプも、それに従わなければ非難されるという意味で、ネガティブな効果につながりやすい。ジェンダー平等の動きに対してバックラッシュ（揺り戻し、反動）の現象が起こるのも、神経科学的な理由によるのかもしれない。脳が期待どおりの報酬を得られず、怒りの抗議をしているのだ。

『ストレイト・アウタ・コンプトン』の「白人向け」予告編映像は、黒人に対するステレオタイプで飾り立てられていた。銃、ドラッグ、パトカーのサイレン。黒人男性を犯罪と結びつける典型的なイメージだ。おまけに「白人の救世主」というアメリカ映画にありがちなキャラまで、黒人を救う白人マネージャーとして登場している。予告編を見た白人の脳は期待どおりのステレオタイプに快感を覚え、映画館に引き寄せられたのだろう。

ステレオタイプに合うものを見たときの快感は、予測がつねに当たるわけではないという事実によってさらに強化される。当たるかどうか不確実な状況のなかで不規則に当たりが来ると、脳の報酬系が刺激されてやめられなくなるのだ。メッセージが来ていないかと何度も画面を更新したり、さっき閉じたアプリをまた開いてしまうのもそのせいだ。この現象は心理学用語で「間欠強化」と呼ばれる。心理学者ウィル・コックスは、これがステレオタイプにも当てはまると論じている。ステレオタイプは正しいこともあれば、まちがっていることもある。いつもではないけれど不規則に当たるから、ステレオタイプによる予測をやめられなくなるのだ。神経系のレベルでいえば、ステレオタイプで世の中を見てしまうのは、一種の依存状態なのかもしれない。メディア研究者のトラヴィス・ディクソンも「ステレオタイプな思考は依存症みたいなものだ」と述べている。[7]

でも、ステレオタイプ的な予測はそもそもどこからやってきたのだろう。どのようにして私たちは、ステレオタイプによる快感を覚えたのだろうか？

それを知るためには、実際にステレオタイプの形成が起こる過程をリアルタイムで見るのがいちばんだ。つまり、ステレオタイプを持たない人が、だんだんステレオタイプを持つようになる様子を観察するのだ。

バイアスのない状態からある状態へ。この変化を解明するためには、子どもたちに目を向ける必要がある。

＊　＊　＊

２０１０年の春の日、レベッカ・ビグラーはテキサス州オースティンにある私立小学校の正門をくぐった。ある実験の進み具合をチェックするためだ。ビグラーはテキサス大学オースティン校で発達心理学の教授をしていて、もう20年近く偏見についての研究を続けていた。彼女の目標は、バイアスがどのようにして始まるかを理解することだ。そのために小学校と提携して研究を進めていた。今回の実験はいつもよりも子どもたちの年齢が低く、3歳から4歳の子に参加してもらっていた〔アメリカの小学校には幼稚園相当の学年（Pre-K）も併設されていることがある〕。そのせいで、実験は思いがけない展開になった。

その日、ビグラーが校舎に入ると、実験に協力してくれている教員があわてて廊下を走ってきた。「もう実験は中止しましょう」と教員は言った。「このままじゃ、子どもたちがモンスターになってしまう」[8]

ビグラーがこの学校でおこなっていたのは、人為的に子どもたちのジェンダーバイアスを強める実験だった。偏見を強めたり弱めたりする要因を特定するプロジェクトの一環としておこなったものだ。教室内でさまざまな条件を変更し、子どもたちの態度や行動がどう変化するかを確認する。まるで植物学者が土壌や光や肥料を調整して植物の育ち方を調べるように、ビグラーは環境を体系的に変更しながら子どもたちの行動を観察していた。

学校は偏見を調べるのに格好の場所だった。バイアスは人生の早い段階で始まるからだ。子どもは一般に、3歳や4歳で早くもジェンダーバイアスを見せはじめる。6歳か7歳になると、女の子は自分たちの優秀さに対する自信をなくし、「すごく賢い子」だけが参加できると言われたゲームから遠ざかっていく。肌の色にもとづく差別が始まるのは5歳から6歳とされるが、最近の研究によると白人の子どもは4歳ですでに人種とジェンダーの交差的なバイアスを身につけているらしい。白人の男の子および女の子や黒人の女の子よりも、黒人の男の子に対してとくに否定的な反応を見せるのだ。[9]

生まれた時点では、誰も偏見など持っていない。でも子どもたちは、見たものをカテゴリーに分類するのが大好きだ。そして分類するのがとてもうまい。まだ赤ちゃんの頃から犬という概念を覚え、写真でもイラストでも正しく「犬」を見分けられるようになる。しかも同じように4本脚でふわふわで肉球があって尻尾がゆれる動物なのに、犬と猫は別々のカテゴリーだとわかっているようだ。

この才能は、生きるうえで役に立つ。カテゴライズするというのは、つまりごちゃ混ぜの感覚データをグループごとに整理して、意味のある情報に加工することだ。そのおかげでヒトは世界を認識し、何が起こるかを予測し、危険を逃れて生き延びてきた。草原にライオンが現れたら逃げなくてはならないが、逃げるためにはまず、それがライオンなのかおばあちゃんなのかを正しく見分ける必要がある。カテゴリーは命に関わるのだ。

カテゴリーは日々の生活を通じて強化される。ビグラーは研究のために訪れた学校で、それを何度も目にしてきた。小学校の教師は一日中、子どもを男女に分類している。「女子はこっちに並んで」「男子と女子で交互に座りましょう」「男子、走っちゃだめだよ」といった具合に。１９８２年にビグラー自身がミネソタ州の高校を卒業したときも、女子は白のガウン、男子は青のガウンを着せられた。「とにかくジェンダーの目印をつけたいみたいですね」とビグラーは言う。「そうする理由はどこにもないのに」[10]

このような日々のラベリングは深刻な結果をもたらしているのではないか、とビグラーは考えた。

もともとはジェンダーの心理学的研究の先駆者サンドラ・ベムが指摘した問題だ。ビグラーはこの問題を掘り下げたいと思った。

１９９０年代初頭、ビグラーは地元のサマースクールの教師と保護者を説得して、ある実験に参加してもらった。学校を２つのグループに分けて、片方のグループに属するクラスでは教師が男女別のカテゴリーをあらゆるところで使うようにした。たとえば教室の半分に女子の席を並べ、反対側に男子の席を並べた。男子と女子で違う色の名札をつけさせた。男子を先に座らせたり、女子を先に並ばせたりした。自画像を描く授業では、男子の自画像をひとつの掲示板に、女子の自画像を別の掲示板に張りだした。ちなみに教師はどちらの性別もひいきしないように指示されていた。ただ男女の区別を強調するだけだ。一方、対照群となるグループに属するクラスでは、教師は子どもの性別を強調しないように指示された。

実験を始める前に、すべての子どもにジェンダーステレオタイプを測るテストを受けてもらった。具体的には、家事代行や配管工といった特定の職業がどれくらい「男性向け」か「女性向け」かを選んでもらうテストだ。どちらのグループに属する子どもも、この時点では同じ程度のステレオタイプを示していた。これが日々の男女別ラベリングでどう変わるかを見るのが実験の目的だ。

４週間後、男女のカテゴリーを強調されたグループの子どもたちは、対照群よりもずっと強いジェンダーステレオタイプを示すようになっていた。より多くの職業を「男性向け」「女性向け」と認識するようになり、さらに女の子と男の子についての一般的なステレオタイプも強化されていた。女の子のことを優しい、清潔、泣き虫などと表現し、男の子のことは勇敢、算数が得意、運動神経がいい、などと表現した。

肝心なのは、こうしたステレオタイプの内容までは実験に含まれていなかったことだ。教師は男子と女子を分けて扱っただけで、それ以外の情報は与えていない。男女の性格の違いだとか、どの職業が男性向け・女性向けかというようなことは何も言わなかった。ただひたすら、ジェンダーを意識するように促しただけだ。それでも、ジェンダーをつねに意識させたせいで、子どもたちの中にあったステレオタイプの芽は急激に膨らんだようだった[11]。

その後の20年間、ビグラーはカテゴリーの強調によるバイアスの生成についてさらに研究を進めていった。先の実験で足りなかったところも見えてきた。たとえば、実験に参加した子どもたちは、開始時点ですでにある程度のジェンダーステレオタイプを持っていた。まっさらな状態ではなかったわけだ。ステレオタイプを強めたり弱めたりできることはわかったけれど、そもそもどうやってステレオタイプが生まれるのかは、あの実験からはわからない。発生の瞬間を捉えるためには、今まで存在しなかったカテゴリーを新たに作るしかない。そこでビグラーは、キッズサイズのTシャツを何箱も注文し、バイアスをゼロから作りだす一連の実験に乗りだした。

ビグラーはサマースクールの子どもたちに、黄色または青色のTシャツを割り当てた。子どもたちは毎朝登校すると、決まった色のTシャツに着替えてから1日を過ごす。そのTシャツは毎晩ビグラーとアシスタントたちでせっせと洗濯した。

いくつかのクラスでは、教師がシャツの色にけっして言及しないようにした。残りのクラスでは、シャツの色で子どもたちを分けて扱った。青色の子はこっち、黄色の子はこっち。並び順や授業の手伝いの内容を色によって決めたり、青色と黄色で席を分けたりした。授業で作った作品も青色と黄色で別々の掲示板に張りだされた。子どもたちをまとめて呼ぶときは「青色のみんな、黄色のみんな」と声をかけた。

そうするうちに子どもたちは、青色と黄色について異なるイメージを持ちはじめた。ただし教師が色に言及しないクラスでは何も起こらなかった。変化が起こったのは、教師がTシャツの色を強調していたクラスだけだ。黄色と青色で別々に扱われた結果、黄色の子は黄色のほうが賢いと思い、青色の子は青色のほうが賢いと思うようになった。つまりビグラーは、色による「内集団」を作りだすことに成功したといえる。内集団とは心理学の用語で、自分が所属感を抱いている集団のことだ。内集団のメンバーはそうでない人（外集団）よりも好ましく感じられる傾向がある。色のカテゴリー分けが意味を持つ世界で生活した子どもたちだけが、黄色や青色を内集団だと感じ、そのメンバーを他より良いと感じはじめたのだ。[12]

もちろん現実の世の中では、集団間の関係はけっしてニュートラルではない。社会的な地位が違うからだ。ある集団は別の集団よりも大きな家に住んでいる。ある集団には別の集団よりも大きな権力がある。そして子どもたちはその違いを敏感に察知している。作家ジェイムズ・ボールドウィンが言うように、「世界はありとあらゆる手段でこの違いを思い知らせ、恐れさせる」[13]。

続く実験で、ビグラーはそうした現実世界の要素をTシャツの設定に取り入れることにした。一方の色に高い地位を与えたのだ。すべての教室に、黄色が成功者であるというイメージの写真を張りだした。スペリング大会の優勝者、生徒会のリーダー、運動会で活躍した子、みんな黄色のTシャツを着ている。それ以外は、以前と同じように実験を進めていった。一部のクラスでは教師がTシャツの色を折にふれて強調し、別のクラスではTシャツの色にまったく言及しない。でもすべてのクラスで、黄色の優秀さを表すイメージは明確に示されている。

教師が色分けを強調したクラスでは、子どもたちのあいだで色のステレオタイプが生まれただけでなく、黄色のグループが自分たちの優越性をとりわけ強く確信するようになった。黄色が優秀だというイメージに取り囲まれ、色による区別は重要だと教えられた結果、地位の高いグループが低いグループに対して幼い偏見を持つようになったのだ。色分けを強調しなかったクラスでは、同じイメージに囲まれていたにもかかわらず、そのような偏見は見られなかった。つまりステレオタイプが生まれたのは、グループの区別に着目するよう促された場合だけだということになる。集団間の違いに関する環境的な情報は、カテゴリーを意識しなさいという大人のプレッシャーと組み合わさってはじめて、偏見として練り固められていったのだ。[14]

どうやら偏見の基礎となるのは、見てわかる違いそのものではなく、「その違いは重要だ」という周囲からのメッセージであるらしい。ジェンダーを扱った最初の実験で、ビグラーはステレオタイプの強化に成功した。そしてTシャツの色の実験では、それまで存在しなかったステレオタイプの創造に成功した。さらに黄色のTシャツのほうが地位が高いという文化を演出し、黄色が偉いという意識を子どもたちに植えつけることができた。忘れてならないのは、黄色と青色の子どもたちのあいだに、もともと何の違いもなかった事実だ。ランダムに色を割り当てただけで、そこには意味が生まれていった。

倫理的な理由により、ビグラーは現実世界のある重要な要素を実験から省いていた。日々の生活のなかで、子どもたちは一部の集団が裕福で有力だと学ぶだけではなく、別の集団が貧しかったり、無力だったり、より多く刑務所に入れられていたりすることを学習する。さすがに実験のなかで、青色の子どもがみじめな状態にあるイメージを教室中に張りだすわけにはいかなかった。しかしもちろん、実生活ではそういう情報もしっかりと吸収される。[15]

先にふれた私立小学校の実験は、初めて就学前年齢の子どもたちに参加してもらったジェンダーバイアス実験だった。この実験はうまくいった。というか、危険なまでに効果が出すぎていた。

男女の区別が強調されたクラスでは、子どもたちがどんどん険悪になり、手がつけられない状態だった。教室は性別によって完全に分断され、男子は男子と、女子は女子としか絶対に遊ぼうとしなかった。これは実験をしている場合ではないということで、ビグラーは教室に乗り込み、なんとか実験の効果を取り消して子どもたちを元の状態に戻すために奮闘した。
数週間の予定で始めた実験は、たった3日で強制終了になった。

でもどうして、女子と男子、あるいは黄色と青色という区別に注目させるだけで、ステレオタイプが生まれるのだろう？

これはどうやら、脳がカテゴリーを扱うやり方に関係しているらしい。カテゴリーで物事を見るとき、脳のなかで差別に直結する数々の現象が起こりやすくなるのだ。[16]

相手を特定のグループの一員として捉えるとき、そのグループには何か根本的な、生物学的な共通点があるような気がしてくる。たとえば犬が犬であり、猫が猫であるのは、そこに何か見えざる本質があるからにちがいない。きっと人の集団もそうだ。ある人が何らかの集団に属していて、その分類が大事な意味を持つのだとしたら、その集団の人たちは本質的なものを共有しているにちがいない——そのように、私たちは相手を本質化する。カテゴリーが強調されればされるほど、その中の人たちが1本の見えない糸でまとまっているように思えてくる。カテゴリーがとくに強調されるのは、たとえばグループによって空間が分離されているときだ。北アイルランドでは、キリスト教の宗派によって学校が分かれていることが多い。そして宗派別の学校に通う子どもは、統合された学校に通う子どもよりも、カトリックとプロテスタントの人が本質的に異なっていると考えやすい傾向がある。[17]

本質化からステレオタイプまでは一直線だ。ある集団のメンバーがみんな本質的な共通点を持つのだとしたら、その集団に属しているだけで相手を決めつけ、扱いを変えるのも容易になる。カテゴリー化から本質化へ、本質化からステレオタイプへ。この流れは世界中のさまざまな研究で確認されている。[18]

本質化の影響は、たとえばメンタルヘルスの問題について生物学的な基盤を強調する最近の精神医学の流れのなかにも見ることができる。25件の研究をメタ分析した報告によると、精神疾患が神経生物学的な要素に由来すると考える場合――つまり精神疾患がある人とない人に本質的な違いがあると考える場合――、人は精神疾患のある人をより危険だと認識し、避けようとする傾向が強まることがわかった。さらに精神疾患からの回復をより困難だと評価する傾向も見られた。メンタルヘルスの問題を心ではなく脳に結びつける流れは、精神疾患が糖尿病などと同じく生理学的な疾患であるという認識を広め、患者さんに対する偏見をなくす方向に働くはずだった。ところが実際には、逆にスティグマが悪化している。[19]

本質化は分類好きな脳のひとつの罠だが、カテゴリーを見るときに陥りがちな錯覚はそれだけではない。2つのカテゴリーがあるとき、私たちはそのカテゴリー間の違いを過大に評価する傾向がある。するとカテゴリーの内部での違いが見えにくくなり、その集団内のメンバーがみんな同じような人に見えてくる。さらに私たちは、自分が属するグループは多様性に満ちているけれど、それ以外のグループは画一的だと考えがちだ。これは心理学用語で「外集団同質性効果」と呼ばれている。アメリカのメディアが暴力を報道する様子はその好例だ。白人のキリスト教徒がヘイトクライムをおこした場合、メディアはその行動を犯人の心理的背景に結びつけて、あくまでも個人の問題行動として扱おうとする。一方、ムスリムの人が犯罪を起こすと、個人の心理的背景ではなくムスリムというアイデンティティに注目が集まりやすい。つまりマイノリティ集団に属する人の暴力は、その人が属する集団の暴力と同一視されるのだ。「Black on Black crime」（黒人同士の犯罪）という言葉はあるのに「White on

White crime」（白人同士の犯罪）という言葉が存在しない事実は、その非対称性をよく表している。実際には白人の殺人被害者の80%は白人によって殺されているのだが、アメリカ人の文化的なイメージのなかでは、「白人の」加害者と「白人の」被害者というカテゴリー分けがあまり意味を持たないらしい。哲学者ジョージ・ヤンシーが言うように、白人は単に「人間」だからだ。[20]

私たちの社会は、日々あらゆるところで子どもたちにカテゴリー分けの仕方を教えている。ある集団の人たちが特定の職業に就いていたり、街の一部の地域に固まって住んでいたりするのを見るたびに、子どもはその分類に意味があるのだと学習する。ジェンダーや人種、民族、宗教、年齢といったくくりで区別を示すとき——それが言葉であれ、注意の向け方であれ、地域的な隔離であれ——私たちはそのカテゴリーの大切さを喧伝し、その背後にある本質的な違いを示唆しているのだ。学校の教師が「男子、女子」と呼びかけるたびに、子どもたちは男子と女子の区別が重要だと学んでいく。

そういう学習はたいてい気づかないうちに起こるのだけれど、私は高校生のときに、新しいカテゴリーについて一から学んだ体験を今でも覚えている。交換留学でフランスに行ったときのことだった。ドイツとの国境に近いロレーヌ地方でホームステイをしながら、私はフランス人のふるまい方を学んでいった。夕食のあとにチーズをつまみ、ひと口サイズのカップでコーヒーを飲み、昼休みには家に帰って昼食を食べる。平日はホスト先の高校生について学校《リセ》へ行き、並んで授業を受けていた。そんなある日、休憩時間に一人でいると、フランス人生徒のグループに手招きされた。留学生の私に興味津々の様子で、フランスの印象や好きな音楽、好きな映画を尋ねてくる。中庭の芝生に並んで寝転び、一面のタバコの煙の下で笑いながら、おたがいに相手の言葉をたどたどしく話した。やがて休憩時間が終わると、その子たちに手を振って教室に戻った。

そのあとだった。ホストファミリーの子が顔をぐっと寄せてきて、あの子たちアラブ人だよ、とささやいた。さっき中庭で話した生徒たちは、モロッコやアルジェリアからやってきた移民の子どもだったようだ。でもフランスの政治的・社会的状況に無知だった私には、同じようにフランス語を話す生徒たちのあいだの違いがわからなかった。私が育ったのはウィスコンシン州の北東部、カトリックの白人が多く住む町で、アラブ人というカテゴリーに日常生活でふれることは当時ほとんどなかった。だからアラブ人に対するステレオタイプはなく、隠れた偏見もなく、何よりアラブ人をほかの生徒から区別する情報に何ひとつ気づかなかった。アラブ人というカテゴリーを示す特徴があったとしても、私の注意からは全部すり抜けていた。

単に気づかなかったのではなく、見えなかったと言ったほうがいいだろう。研究によると、私たちの目に見えるものは文化によって左右される。文化的にすり込まれたカテゴリーや関連づけが、視覚情報の処理に影響を与えるということだ。たとえば心理学者のエイミー・クロッシュらの実験によると、アメリカの白人はみずからが脅かされていると感じているときほど黒人の肌をより黒いと感じやすく、また人種的にあいまいな顔を「黒人」に分類しやすい傾向がある。同様に、アラブ人に危険なイメージを持っている白人は、みずからが脅かされていると感じているときほどアラブ人の顔を怒りの表情として認識しやすい。また心理学者のジェニファー・エバーハートは、閾下プライミングで「黒人」カテゴリーの先行刺激を与えたときに、ものの見え方がどう変化するかを実験した。その結果、黒人の顔を一瞬見せられた被験者は、ぼんやりした画像の中から銃を見分けるスピードが通常より速かった。さらに、犯罪に関連する画像（銃や手錠）を一瞬見せられると、白人の顔よりも黒人の顔に注目しやすくなるという結果も出ている。[21]

アラブ人というカテゴリーを教えられたあと、フランスに滞在していた10代の私の目には、それまで見えなかった要素がだんだんと見えてきた。髪の毛や肌の色のトーンの違い、アラブ人の子がたいてい集団で行動していること。私の視覚は、アラブ人をうまく見分けられるように調整されていった。それは子どもがカテゴリーを学ぶのと同じようなプロセスだった。アラブ人というカテゴリーを知り、それが重要だと教えられた私は、それまで目に入らなかった属性に鋭く注意を払うようになったのだ。

物事をカテゴリー化しようとする傾向は普遍的だが、カテゴリーの線引きは一様ではない。集団をどのように分けるか、そこに誰を含めるかは、それぞれの時代や地域によって変わってくる。ジェンダーを男女２つに分けるのも、けっして普遍的なやり方ではない。歴史を振り返れば、ネイティブアメリカンの無数の文化圏に、男性でも女性でもない第３のジェンダーが存在していた。後に「トゥースピリット」と呼ばれるようになる人たちだ。この人たちは昔から、男女の性別に規定されない役割を受け持ってきた。トゥースピリットの男性が機織《はたお》りに熟練していることもあれば、トゥースピリットの女性が戦士として活躍することもあった。さらにインドネシアの南スラウェシ州に住むブギスという民族には、伝統的に５つのジェンダーが存在している。男性に生まれて男性的な役割を受け持つ人、女性に生まれて女性的な役割を受け持つ人、男性に生まれて女性的な役割を受け持つ人、女性に生まれて男性的な役割を受け持つ人、さらに「ビス」と呼ばれる第５のジェンダーの人たち。ビスの性は物質に縛られず、その人たちはジェンダーを超越すると考えられている。ビスは祭司やシャーマン、治療師といった重要な役目を果たしてきた。南アジアの土着信仰によれば神は男性と女性の統一体であり、そのため男性と女性の両方を体現した人たちは神に近い存在であると考えられたのだ。ちなみに現代のアメリカの文化圏でも、男女二元論に縛られないジェンダー観が広まってきている。[22]

人種や民族の境界線もまた変化する。民族（エスニシティ）という言葉は共通の祖先を持つ人をまとめる概念として使われることも多いけれど、考古学者によると、古代エジプトではその人の出自はとくに問題にされなかったらしい。同じ言葉を話し、同じ信仰を持ち、エジプト人らしい服装をしていれば、その人は「民族的にエジプト人」であると考えられていた。あなたがどこから来たにせよ、同じエジプト人としてエジプト社会の恩恵を受けることができたわけだ。現在のレバノンのあたりから来た肌色の薄いカナン系の人であっても、スーダンのあたりから来た肌色の濃いヌビア系の人であっても、その扱いに差はなかった[23]。

民族的な区別は古くから認識されていたけれど、人種という概念――遺伝的・生物学的な心身の違いによって、人間をいくつかのタイプに分類できるという考え方――ができたのは比較的最近の話だ。その起源は16世紀から17世紀の黒人奴隷貿易の時代に見いだすことができる。それより古い時代、ヨーロッパにおける奴隷はジョージア（グルジア）やアルメニア、チェルケス系の人が多かった。Slave（奴隷）という単語の語源はsclavus、つまりスラブ系の人を指すラテン語だ。しかし1453年にオスマン帝国がコンスタンティノープルを制圧すると、この地方からの奴隷の供給が途絶え、かわりにサハラ以南のアフリカから奴隷が輸入されるようになった。黒人という「人種」が生まれたのはそのときだ。

歴史学者のイブラム・X・ケンディによると、黒人をひとつの集団とみなす考えを最初に提唱したのは、ポルトガルの年代記作者ゴメス・デ・ズラーラだった。ズラーラは1453年の文章のなかで、ポルトガルでおこなわれたアフリカ系奴隷の競売の様子を詳しく記述している。売られていた奴隷にはさまざまな民族の人が含まれていた。「肌がそれなりに白く、見た目も悪くない」人もいれば、「エチオピア人のように黒い」人もいた。でも全員が「みじめな人種」としてひとくくりにされた。まさに奴隷制こそが反黒人的なレイシズムを作りだしたのだ、と歴史学者のデイヴィッド・ブライオン・デイヴィスも述べている。「古代から奴隷や農奴に向けられてきた否定的なステレオタイプが、やがてその民族性にかかわらず、黒人奴隷全体のうえに移し替えられた。そして奴隷制以降、アフリカ系のほとんどの人がもっぱら黒人という枠に閉じ込められることになった[24]」

ヨーロッパの思想家は人種という概念を嬉々として追求し、あれこれの分類を作っては書き換えてきた。たとえば1684年、フランスの医師フランソワ・ベルニエは人種を次の4つに分ける分類法を提唱している。（1）アメリカ先住民および、北アフリカやインド、アジアの一部出身の人、そして「モスクワ大公国を除く」ヨーロッパ出身の人。（2）サハラ以南のアフリカ出身の人。（3）アジアのその他の地域および「ユーフラテス川からアレッポにかけての地域を含む」中東出身の人。（4）「熊によく似た」風貌を持つフィンランド出身のラップ人（サーミ）。

一方、アメリカ大陸の植民地では、人種化された奴隷制の帰結として「白色人種」という概念が形をとりつつあった。人類学者のダニエル・シーガルが言うように、『アフリカ人』をまとめて単一の人種にするということは、ヨーロッパからの入植者もまた単一の人種になることを意味していた」。1600年代の終わりにかけて、アメリカ各地に移住したヨーロッパ系入植者は広く「白人」と呼ばれるようになっていった[25]。

白色人種を指すコーカシアンという言葉は、1785年にドイツ人哲学者クリストフ・マイナースによって使われはじめた。マイナースは人間がコーカシアンとモンゴリアンの2種類に大別できると考えていた。ちなみに彼の言うコーカシアンとは、ケルト人またはスラブ人のことだ（なかでもケルト人のほうが高潔だとマイナースは考えていた）。ヨーロッパ系ユダヤ人は、マイナースにいわせれば、コーカシアンではなくアジア人だった。それから10年後、ドイツ人医師ブルーメンバッハが人種を5つに分ける考え方を提唱した。コーカシアン（白色人種）、モンゴリアン（黄色人種）、エチオピアン（黒色人種）、マラヤン（褐色人種）、アメリカン（赤色人種）の5種類だ。ブルーメンバッハは人の頭骨を大量に収集し、それをもとに以上の5分類を考案した。ちなみにユダヤ人についてはマイナースの見解に同意していて、ユダヤ人の瞳には「東方の息吹が感じられる」と述べている。[26]

「白色人種」の境界線はその後、社会の要請に合わせるかたちで大きく変化してきた。人種化された奴隷制によってヨーロッパ系の人はみんな「白人」になったが、1880年以降にヨーロッパ南部や東部からの移民が大量にアメリカへやってくると、今度は「好ましくない」白人に対する敵意や恐怖が生まれた。その結果、「白色人種」の中身は細分化されていった。1897年にアメリカの移民局が発行した「人種および民族のリスト」（List of Races and Peoples）という冊子には、46種類の「人種または民族」が列記されている。そのなかにはルーマニア人、ポーランド人、南イタリア人、北イタリア人などの分類が含まれていた。このリストに合わせて移民法を改正し、イタリア人やユダヤ人を含むヨーロッパ南部・東部出身者に対するビザの交付を極端に減らしたあとで、ヨーロッパ系の人はふたたび「白色人種」として合流したのだった。[27]

文化的に重要なカテゴリーを見分けられるようになったら、子どもたちは当然、カテゴリーに付与された意味を学んでいくことになる。男の子や女の子であるとはどういうことか。それぞれの人種や性的指向は何を意味するのか。あるカテゴリー名で呼ばれるたびに、子どもはその意味を探るように動機づけられるのだ、とビグラーは言う。「女子、こっちに並んで」と言われると、「女子って何なのか知っておかなきゃ」という気持ちになってくる。[28]

カテゴリーの境界が文化によって異なるのと同じように、カテゴリーの意味づけも文化によってかなり違いがある。歴史はより平等な方向へとまっすぐに進歩しているように見えるかもしれないが、実はその形は直線というよりも螺旋に近い。20世紀に女性が家庭を出て経済活動に参入してきたという考えにしても、歴史的に見れば正しくない。「女性は家庭」というイメージ自体、18世紀から19世紀に上流階級の白人によって作られた理想にすぎないからだ。女性はいつだって、経済活動のなかで重要な役割を果たしてきた。新石器時代の女性は穀物をひいて粉にしていたし、1800年代の女性は調査報道に携わっていた。古代メソポタミアの文書には、紀元前1900年に女性たちが織物業を営んでいた記録が残っている。亜麻布や毛織物の作業場を経営し、夫や息子と販売条件を交渉して、街に製品を売りに行かせていた。ある女性起業家が息子へ宛てた手紙には次のように書いてある。「いつになったら私の織物の利益を送ってくるの?」[29]

現在、IATで無意識の関連づけを調べると、男性をリーダーシップに、女性をサポート役に結びつける人が多い。けれども時代や文化が違えば、女性が権威や権力に結びつけられることもけっして少なくない。祭儀を描いたなかで最古の作品のひとつはウルクの壺と呼ばれるものだが、紀元前3000年に作られたこの壺の表面には、女神に捧げ物をする男性の行列が描かれている。古代メソポタミアのウルクやバビロンといった都市は、シュメールの女神イナンナを守護神としていた。イナンナは性愛と豊饒の神であり、戦争の神でもあった。ほかにも女性が今よりずっと大きな力を持っていた例は世界各地に見られる。北アメリカの先住民が1142年に結成したイロコイ同盟（オナンダーガ、モホーク、セネカ、オナイダ、ケユーガの5つの民族で結成し、のちにタスカローラが加盟）では、女性が主要な指導的地位についており、女性抜きには大きな意思決定ができなかった。女性には戦争行為への拒否権があり、また首長を選出したり罷免《ひめん》する権利も持っていた。正義の裁きを下すのも女性たちだった。性的暴行をはたらいた男性には、追放や身体刑、場合によっては死刑が宣告された。[30]

こうしたイロコイ同盟における女性の地位は、初期のヨーロッパ系移民の目には奇妙に映ったようだ。条約締結などの政治的な場に女性が出席するのを見て、ヨーロッパ系移民は苛立ちを隠せなかった。オナイダの首長は1762年、彼らに対してこう説明している。「こうした場に彼女たちが出席するのは古くからの習わしです。私たちはこれを大変尊重しております」。同年、イロコイ同盟との話し合いに参加したインディアン関連局長官サー・ウィリアム・ジョンソンは、彼らのやり方に当惑した様子でこう語っている。[31]

この会合を開くにあたって、女性が出席すべき必然性を私は何ら見いだすことができません。……良い仕事に貢献したいという女性の熱意には感謝しますし、彼女らがこうした場へやってくるのがあなた方の慣習であるのも理解していますが、しかし会合が招集された目的であるところの任務を遂行するためにも、これ以上の会合への参加はお控えいただきたいと心より願うものです。[32]

両者の態度を比べてみれば、アメリカ先住民に捕らえられたヨーロッパ出身の女性の多くが、帰還を許されたあともそこに留まりつづけた理由がわかるような気もしてくる。[33]

ジェンダーに関連づけられる性質が文化によって変わるのと同じように、肌の色が持つ意味もまた時代と場所によって移り変わる。

白人が優れているというフィクションが生まれたのは比較的最近のことだ。たとえば古代エジプト社会で、肌の黒いヌビア系の人が差別されていた証拠はどこにもない。実際、ヌビア系の人は軍事的・政治的な権力機構のなかで最高位にまで上りつめることができた。ある発掘調査によると、ヌビア出身の男性マイヘルプリ（「戦場のライオン」という意味）は当時のもっとも有力な支配者たちと並んで埋葬されていて、遺体のまわりには石の矢の詰まった矢筒や、金箔を貼った飼い犬用の首輪といった財宝が大量に埋められていた。またヌビアとエジプト双方の様式が混ざった調理器具が発掘されていることから、ヌビア人とエジプト人は互いに通婚していたと考えられている。[34]*

古代における肌の色の意味づけのなかには、現代人から見ると意外なものもある。古代ギリシャの医師ヒポクラテスとその弟子たちは、体液が人の身体的・精神的特徴を決めるという考え方を提唱していた。体液は血液・粘液・黄胆汁・黒胆汁の4種類からなり、そのバランスは気候によって左右される。ヒポクラテスが各地を旅する医師のために書いた案内書によると、北ヨーロッパの寒く湿った気候では肌の色が白くなって水分が増え、その結果として思考が鈍ってしまうらしい。逆にエジプトやエチオピアの熱い日差しのもとでは、肌が黒くなって体液が乾く。そのためアフリカの人たちは高度な知性を持つのだという。似たような世界観は古代ローマの文献にも見られる。ローマの建築家で軍事技術者だったウィトルウィウスは「南方の民は頭の回転が速く、賢明な意見を言う」と述べている。ローマの著述家ウェゲティウスもこのように嘆いている。「我々はいつも富においてアフリカ人に劣っているし、戦術や策略でも彼らに敵うことがない」[35]

暑く乾いた気候には利点だけではなく、欠点もあった。エチオピア人は体液が少ないので理知的だが、戦いに必要な血液も少ないので臆病になりがちなのだという。それにくらべて北の人は、体液が

＊　古代エジプトに集団間の敵意や支配欲が存在しなかったと言っているわけではない。ツタンカーメン王の靴の底にはリビア人とヌビア人の似姿が鋲で描かれており、これには敵を踏みつけるという意味が込められていた。だがそうした敵意は政治的なものであり、人種的なものではなかった。

有り余っているため血気盛んで好戦的だ。ただし、勇敢さで知性を補えるわけではない。ウィトルウィウスにいわせれば、北の人々は考えなしに敵陣へ突っ込んでいくため、「攻撃は跳ね返され、その企みは失敗に終わるのである」。古代ローマの詩人で歴史家だったフロルスはそれを「野獣の魂」と表現した。当時の人々にとって、肌の白い北ヨーロッパ人はたくましいけれども頭の鈍い筋肉バカ、肌の黒いアフリカ人は軟弱で頭でっかちなオタクだったのだ。[36]

ちなみに内集団バイアスの好例というべきか、古代ローマの人々はローマ人こそが南と北の完璧なバランスを体現しているのだと自負していた。ウィトルウィウスによれば「イタリアの人々は強靭な肉体と活発な知性の両面において優れている。……北と南に挟まれたイタリアは、温暖で比類ない気候に恵まれている。そのため巧知をもって北からの蛮族の襲撃を鎮圧し、武力をもって南の計略をねじ伏せることができる」。ローマの学者プリニウスも、温暖な気候によって「穏便な風習、明晰な思考、開放的で万物を理解しうる気質」が育まれたと述べた。[37] ほどよい寒さと暑さが混じり合っているおかげで、ローマ人は知力に優れたアフリカ人を退けるだけの勇ましさと、北の乱暴者どもを出し抜くだけの頭脳を併せ持つことができたわけだ。

肌の色と美しさの関係もまた、めまぐるしく移り変わってきた。肌は白いほうが美しいという見方が今の世界では主流だ。「美白」を謳う化粧品がアフリカでもアジアでもアメリカでも流通し、水銀やハイドロキノンといった有害な成分を含む美白クリームが数十億ドル規模の産業となっている。

世界中が白い肌を崇めるのはもちろん現代の人種ヒエラルキーを反映した風潮なのだが、そこには考古学的な勘違いも一枚嚙んでいたらしい。17世紀から18世紀の啓蒙思想家は古代ギリシャやローマの大理石像に感銘を受け、乳白色の肌こそが美の基準だったにちがいないと結論づけた。彫像が白っぽい色をしていたから、この白い肌を古代ローマの人々も愛したはずだと考えたのだ。でも本当は、ローマ彫刻はちっとも白くなかった。紫外線撮影などの技術を駆使して分析した結果、美術館に並んでいる真っ白な彫像は、もともと賑やかな色と模様で塗りたくられていたことが判明した。古代ローマ人にとって白い肌は美しいというよりも、色が足りない感じだったらしい。詩人フロルスは、北ヨーロッパ人が緊張して汗をかく様子を「雪が日差しで溶けだすようだ」と揶揄している。[38]

こうした人の分類はすべて――その境界も意味も――周囲から教えられて習得するものだが、どのように習得するのかを記した資料は少ない。トニ・モリスンは数多《あまた》の文学作品のなかから、それが描かれた好例を見つけだした。フラナリー・オコナーの短編小説「造りもののニガー」だ。１９５０年代のジョージア州を舞台にしたこの物語では、ある白人男性が孫のネルソン少年といっしょに列車に乗っている。そこに恰幅の良い、上品な着こなしの男性が通りかかる。祖父は少年に、いま通りすぎたのは誰だったかと尋ねる。「男の人」と少年は言うが、祖父は否定する。「太った男の人？」「お年寄り？」と少年は答えるが、どれも当たらない。「あれはな、黒んぼ《ニガー》だ」と祖父は少年に教えてやる。このとき初めてネルソン少年はそのカテゴリーを知る。

認識するためには教育が必要だ、と歴史学者ネル・アーヴィン・ペインターは説明する。「ネルソンは身なりの良い男性を視界から消し、『ニガー』として新たに見るプロセスを経なければならなかったのだ[39]」

子どもたちは普通、そこまであからさまな教育を受けるわけではない。それよりも目の前の世界を見て、自分で情報を取り込んでいく。お金持ちの集団と貧しい集団、高い地位の仕事に就いている集団とそうでない集団、刑務所に入っている集団と自由な集団。そして子どもたちは親の行動をよく見ている。まったく悪意はないとしても、親の行動からはバイアスがうっかり漏れだしている。誰かから目をそらしたり、バスの中で特定の人たちから離れた場所に座ったり。

メディアの影響も忘れるわけにはいかない。手際よくまとまった現実世界のシミュレーションは、いまやポケットに入れて持ち運べる情報源だ。

メディアが子どもたちに与える影響を記録した興味深い事例がある。カナダのブリティッシュコロンビア州にある小さな山村では、1970年代初頭までテレビが見られなかった。まわりの村にはテレビが普及していたけれど、ロッキー山脈にすっぽりと囲まれたこの村にはテレビの電波が届かなかったのだ。80キロ先まで電波のない地帯が続いたので、村人はテレビとは無縁に暮らしていた。

1973年になり、この村にもついにテレビの電波がやってくることが決まった。それを知ったブリティッシュコロンビア大学の社会学者タニス・マクベスは、テレビの影響を観察するための絶好の機会だと考えた。実社会で起こっている現象をそのまま観察できる、自然実験の舞台だ。マクベスは大急ぎで現地へ行き、テレビが導入される前の村人に会った。村の名前はプライバシーに配慮して「ノーテル」（「テレビがない」という意味の略語）と呼ぶことにした。ノーテルの住民にさまざまなテストやアンケートを実施して、余暇の過ごし方や攻撃性の度合い、ジェンダー観などのデータを収集した。たとえば子どもたちに、こんなふうに尋ねた。男の子／女の子はふつうお皿洗いをする？　荒っぽいスポーツをする？　自慢する？　男の子／女の子はお医者さんになれる？　司書になれる？　カナダの首相になれる？

研究チームは周辺の村にも足を運んで、同じようにデータを集めた。15年前からテレビを見ている人たちとノーテルの住民とを比較した結果、ノーテルの子どもは総じてジェンダーステレオタイプが少なかった。男の子だから、女の子だからという理由で役割や行動を区別する習慣があまりないようだった。

ノーテルにテレビが導入されてから2年後、マクベスらはふたたび村を訪れて前回と同じ調査をおこなった。村の様子はかなり変わっていた。盛んだったスポーツイベントが減り、高齢者は以前のように村の行事に関わらなくなっていた。子どもたちは以前よりも攻撃的になり、ジェンダーステレオタイプも明らかに強まっていた。ずっと前からテレビがあった村の子どもと、今ではほぼ変わらないレベルだ。テレビが描きだす男性と女性を見るうちに、性別役割についての固定観念を学習したらしい。職業や行動をジェンダーで区別するようになり、首相は男性がなるもの、皿洗いは女の子がするもの、というふうに答える子どもが増えていた。この2年で起こった変化といえば、村にテレビがやってきたことだけだった。[40]

社会的カテゴリーの線引きや、そのメンバーがどうあるべきかという知識を、子どもたちはあっというまに吸収していく。空っぽのバケツに砂を注ぎ込むように、情報はどんどん外からやってくる。そして子どもたちは大人になり、さらに多様で巧妙な情報にさらされる。より広がった世界、新たな友人づきあい、新聞にラジオ、テレビのニュースにＳＮＳ。*子どもの頃に築いたカテゴリーの枠のなかに、あふれんばかりの文化的な情報が際限なく流れ込んでくる。**ステレオタイプに合うものを見る

＊　ＳＮＳはステレオタイプを強化しやすいメディアだといえるかもしれない。インスタグラムの自撮り写真に見られるジェンダーステレオタイプの度合いは、雑誌広告より強いという調査結果もある。

＊＊　子どもの頃の粗雑なステレオタイプや偏見は成長するにつれて柔軟な方向に修正されていくことも多いが、その名残は大人になっても心のどこかに残っている。心理学者ローリー・ラッドマンらの研究によると、子どもの頃に肥満の母親に育てられた人は、太った人にポジティブなイメージを持ちやすいという。意識的には「痩せた人を好む」と回答していても、潜在的関連づけでは太った人をポジティブなほうに結びつけやすいという結果が出ている。[41]

たびに、私たちの頭のなかの関連づけは強化される。関連づけが強化されると、意図しなくても頭に浮かびやすくなる。たとえば男性の科学者を見るたびに「科学者」と「男性」の結びつきが強まり、「科学者」と聞いただけで自然に男性を思い浮かべるようになっていく。

もちろんステレオタイプのなかには、現実に基づくものもある。たとえばオランダ人といえば背が高いイメージがあるけれど、それは間違ってはいない。実際にオランダ人の平均身長は高い。会社の経営者といえば男性というイメージにしても、実際に経営者の多くは男性だ。こうした実社会の不均衡にもとづく差別を、経済学では「統計的差別」と呼ぶ。ただし、統計的差別には多くの問題がある。まず第一に、集団の平均値にもとづいて個人を判断すると、まちがいが起こりやすい。身長190センチの女性に対して、「女性の平均身長は160センチだからあなたはバスケットボール選手になれません」と言うのは明らかにおかしいはずだ。そして第二に、ステレオタイプは集団にもっとも多く見られる特徴ではなく、もっとも目立つ特徴をもとに形作られることが多い。一部の人が目立つあまり、そちらにイメージが引きずられてしまうのだ。たとえばアメリカの共和党支持者には富裕層が多いイメージがあるけれど、これは共和党支持の大金持ちが民主党よりも目立つからだ。実際に世帯収入の中央値をくらべてみると、共和党支持の地域よりも民主党支持の地域のほうが収入の中央値は高いことがわかる。[42]

そうやってできあがったステレオタイプは、集団に属する個々の人間を均一なイメージで覆い隠す。また統計的な差異には複雑な要因が絡みあっているのだが、そういう事情はたいてい無視されて単純な本質論に落とし込まれてしまう。

何より問題なのは、集団に対するイメージの多くが現実を反映していないことだ。政治家はよくメキシコ系移民を犯罪者扱いするけれど、ケイトー研究所が2017年のテキサス州の犯罪データを分析した調査によると、不法移民の犯罪率はアメリカ生まれの人の犯罪率よりも47％低く、合法的な移民の場合はアメリカ生まれの人より65％も低いことがわかった。

メキシコ国境に接するテキサス州エルパソは労働者階級の多い街で、国境の向こうはメキシコのなかでもきわめて危険な都市として知られるシウダー・フアレスだ。エルパソの住民の8割はヒスパニックで、その大半はメキシコからやってきている。犯罪学者アーロン・シャルフィンが指摘するように、もしもメキシコ系移民が犯罪を持ち込むのだとすると、エルパソの治安はすでに最悪になっているはずだ。ところがエルパソは、ごく最近まで全米でも屈指の安全な街として知られていた。殺人事件発生率は住民10万人あたり2・4件で、ロンドンなど治安のいい国際都市と同程度だ。そんなエルパソの安全が破られたのは2019年、白人男性がラテン系の人たちを殺そうとして銃を乱射し、23人の犠牲者を出したときだった。* また別の調査は、ニュースの報道がムスリムによるテロ行為を過度に強調していると指摘する。2006年から2015年の報道を分析した結果、犠牲者数で調整した数値で比較すると、ムスリムによる犯罪はそれ以外の人の犯罪にくらべて357％も多く報道されていた。[44]

こうした報道は私たちの脳内の結びつきを強化する。数年前のある冬の日、それを思い知らされるできごとがあった。その日、私は本やノートをどっさり抱えて近所の大学図書館まで歩いていった。静かな環境で執筆に集中したかったからだ。ちょうど試験期間中で図書館は混んでいたけれど、キーボードを叩く音がする以外はしんと静まりかえっていた。私は大閲覧室に入り、残り少ない空席にす

＊　一方、アリゾナ州が新法を制定して移民の締め付けを強めた際、外国籍の住民が減って犯罪率が20％下がったという報告もある。ただしこれは若い世代の外国生まれの男性が出ていった結果であり、同世代のアメリカ出身の男性にくらべて彼らの犯罪率が高いわけではない。[43]

べり込んで仕事に取りかかった。1時間ほど経った頃、さらさらと布の擦れる音がして目を上げると、若い男性が狭い通路を通って閲覧室の端のほうへ歩いていくところだった。別の男性がそれに続いた。2人は混み合った部屋の片隅で、礼拝用の小さな敷物を広げてひざまずいた。その様子を見るうちに、なぜか手のひらが汗ばんできた。心拍数が上がり、呼吸が浅くなった。自分でも驚いたことに、2人のムスリムが祈りを捧げるのを見て、私の体はしっかりと恐怖の反応を示していたのだった。

その瞬間まで、自分のなかにムスリムと恐怖を結びつける思考があるとは思ってもいなかった。実際の話、ムスリムのテロリストに殺される確率は、武器を持った幼児に殺される確率よりも低いはずだ。それなのに、そこにいたる数年間のさまざまなニュース映像や記事にふれていた結果――多くのアメリカ人がそうであるように――私の心にはムスリムとテロリストの関連づけがしっかりと埋め込まれていた。

ムスリム以外でも、白人と非白人では犯罪に関する報道のされ方に違いがある。ロサンゼルスのニュース番組を分析した研究によると、白人の警察官が画面に登場する率は実際の白人警察官の割合にくらべて多く、ラテン系の警察官が登場する率は実際よりも少ない。また白人の犯罪被害者は犯罪統計上の分布よりも多く登場し、ラテン系の被害者が登場することは統計よりも少ない。黒人が犯罪加害者として過剰に表象されてきたことも数々の研究が示している。黒人は白人よりも危険な犯罪者として描かれやすく、また暴力犯罪の容疑者が逮捕される報道では、白人よりも黒人のほうが体を拘束されている映像が多く流される。こうした映像を見るうちに、心のなかの関連づけはどんどん強化される。白人は犯罪を取り締まる側、黒人は危険で拘束される側。そして予想に違わず、ローカルニュースを日常的に見ている人はそうでない人よりも黒人を危険と見なし、黒人容疑者を有罪だと思い込みやすい傾向がある。[45]

メディアにおける女性の描かれ方にも、いまだに偏りがある。２０１９年の時点で、ハリウッド映画の主要キャラクターに女性が占める割合はたった37％だ（ちなみに１９４２年の時点で33％だった）。ハリウッド映画２０００作品を分析した調査によると、ディズニーのプリンセスアニメのように女性が主人公の作品であっても、女性より男性のほうがセリフを話す時間は長い。また女性は主人公を支えるサポート役として描かれがちだ。ビデオゲームの世界でも、女性キャラクターはたいてい仲間を助ける係で、男性主人公のサポート役になっていることが多い。ハーヴェイ・ワインスタインの数々の性的暴行が明るみに出た現在、ハリウッドが世に送りだしてきた女性のイメージは、実際に女性を使い捨てのモノとしか思っていない人間によって牛耳られてきたことも明らかになった。そのような感覚で作られた作品が現代人の女性観に与えた影響は計り知れない。[46]

「女性」と「サポート役」の結びつきは、最近のデジタル機器にも広く埋め込まれている。声をかけるだけで音楽を再生したりメッセージを送信してくれる音声アシスタントは、デフォルトで女性とされていることがほとんどだ。アップルのSiri（「勝利へ導く美女」という意味のノルウェー語）、アマゾンのアレクサ、マイクロソフトのコルタナ（セクシーなボディスーツをまとった女性ゲームキャラの名前）。Siriやアレクサやコルタナに何かを頼むと、いつでも機嫌よくスムーズに応えてくれる。単にユーザーが女性の声を好むからそうしているのだ、という意見もあるが、それでも女性ＡＩの表象が与える効果は無視できない。面倒な仕事を女性ＡＩがおとなしく引き受けるたびに、「女性」と「服従」のイメージは強く結びついていく。[47]

私たちの文化はひっきりなしにこうしたイメージを浴びせかけてくる。ステレオタイプなイメージは心のひだにもぐり込み、沈泥のようにこびりつく。そしていったん付着したイメージを取りのぞくのは至難の業だ。ステレオタイプは単にそこに居座るだけでなく、事あるごとに呼びだされてせっせと仕事をする。

呼びだされたステレオタイプは自己強化に使われることもある。自分の考えに合致する情報を偏重する傾向は「確証バイアス」として知られるが、ステレオタイプについていえば、情報がなくても確証バイアスが成立しうる。たとえば「女性は能力が低い」と考えて簡単な仕事ばかり与えていたら、女性は簡単な仕事しかできないというイメージが強化される。「黒人は怖い」と考えて黒人を避けて暮らしていたら、実際に黒人が怖いかどうかをたしかめる機会がなくなる。「女性や非白人の患者は大げさだ」と考える医師が適当な診察をしていたら、女性や非白人の患者はその病院に来なくなるだろう。そうして偏ったステレオタイプは修正されないまま、何度も呼びだされては強化されていく。

ステレオタイプをなくすのが難しいもうひとつの理由は、世界をシンプルに理解させてくれるからだ。基本的なレベルで、人は世界を理にかなったものだと信じる必要がある。そのために、なぜものごとがそうなっているのかを説明できる手段を求める。そしてステレオタイプは、この世界の現状には正当な理由があるのだと信じさせてくれる。ムスリムが入国制限を受けるのは、彼らがテロリストだからだ。メキシコとの国境に壁を建てるのは、不法移民が犯罪を増やすからだ。そのように信じられれば、世の中はある意味で円滑に回る。

要するにステレオタイプは、現状維持を正当化してくれるのだ。

女性リーダーが少ない問題も、同じように正当化される。権力のあるポジションに女性が少ないのは、女性がそういった役割に向いていないからだ。女性は生まれつきリスクや競争を嫌うし、神経が細いし、協調性があって人助けが好きなのだ。そうした本質論はもちろん、裏を返せば、男性が生まれつきリーダーに向いていることを示唆している。[48]

女性の本質的な特徴とされるものは、しかし詳しく見てみると、かなり根拠があやしいことがわかる。たとえば「協調性」は性格心理学で使われるビッグ・ファイブ（5因子理論）にも含まれている項目で、協調性の高い人は従順・利他的・謙虚であるとされる。でもこれらは、まさに女性に日々押しつけられている性質だ。そうでない女性は実際、さまざまなやり方で罰せられる。心理学者のマデリン・ハイルマンがおこなった実験によると、女性が同僚を「助けない」選択をした場合は感じの悪い人という評価を受け、男性が同じ選択をした場合はとくにお咎めなしだった。またＩＴ業界の業績評価を数百件分析した調査によると、男性に対するマイナス評価のうちわずか２・４％が性格に関するものだったのに対して、女性に対するマイナス評価の実に76％が性格の批判を含んでいた。そこには一歩下がって他人を立てるべきだとか、もっと穏やかな話し方をすべきだとか、他人に寛容であるべきだと書かれていた。要するに協調性が足りないということだ。* 女性は協調性を示さなければ仕事を失うのだ。[50]

実験用のネズミにタラの肝油かピーナッツバターのどちらかを選ばせて、ピーナッツバターを舐めるたびに電気ショックを与えていれば、ネズミは肝油のほうを舐めるようになる。女性に生まれつき協調性があると主張するのは、このネズミが生まれつき肝油を好むと言うようなものだ。女性の気質とされるものは、この社会のなかで条件づけられ、賞罰によって強化された行動にすぎない。それなのにステレオタイプとして、男性優位社会の言い訳に使われる。女性はもともと従順で協調性がありすぎるから、人を出し抜いて出世などできないのだ、と。

＊　男性は協調性がなくても問題にならないらしい。実際、協調性の低い男性のほうがむしろ収入が高いことを示した一連の調査もある。[49]

女性リーダーが少ない理由として、リスクを嫌うということもよく言われる。進化心理学者のなかには、女性は身を守るように進化し、男性は女性をめぐって争うためにリスク志向になったのだと説明する人もいる。でも女性がリスクを嫌うという説は、ギャンブルや投資などの狭い分野の話にもとづいている。心理学者のセルウィン・ベッカーとアリス・イーグリーは、文脈によっては女性のほうがむしろ大きなリスクをとることを示した。たとえばホロコーストの最中に命をかけてユダヤ人を自宅にかくまった人は、男性よりも女性のほうが有意に多かった。また健康上のリスクを承知で腎臓移植のドナーになる人も、やはり男性より女性のほうが多い[51]。

さらにいえば、リスクの研究は女性が日々とっているリスクを視野に入れていない。たとえば出産は身体に大きな負担をかけ、下手をすれば命を落とすリスクがある。子どもを産むと女性は給料が下がるので、将来的な金銭的リスクも受け入れていることになる。男性との交際だって、暴力のリスクを受け入れる行為だ。交際経験のある人のうち、交際相手から暴力を受けたことのある女性の割合は全世界で30%にのぼっている。また、仕事で見下されがちな人にとっては、新たな役職への挑戦がより大きなリスクになることも多い。もしも失敗したら、そう簡単には挽回できないからだ。

本当は女性がリスクを嫌うのではなく、すべての人には一定の「リスク予算」があって、女性は男性よりも多くの場面でその予算を費やしているのではないだろうか。従来の研究はそれを正確に測定できていないのだ。つまり女性はリスクから逃げているのではなく、リスク評価を正確におこなっているだけという可能性がある[52]。

もうひとつ、アメリカ社会でよく見られるステレオタイプは、アジア系の人を優秀な移民のお手本として持ち上げる「モデル・マイノリティ」のイメージだ。実際、アジア系アメリカ人はアメリカの人口の5・9%だが、アジア系の学生は名門アイビーリーグの学生の2割を占めている。「タイガー・マザー」として有名な中国系アメリカ人エイミー・チュアと夫のジェド・ルーベンフェルドは、著書『トリプル・パッケージ』（The Triple Package）のなかで、感情のコントロールなど中国系特有の資質が学問的成功の秘訣であると主張する。[53]

しかし社会学者のジェニファー・リーとミン・ジョウは、アジア系アメリカ人の成績がいい理由を別のところに見ている。１９６５年の移民法はそれまで排除されていたアジア系の人に門戸を開き、とりわけ科学者や医師といった高技能者の移住を歓迎した。これによって中国系移民の様相が変わり、現在では中国系アメリカ人の半数以上が大学卒となっている。ちなみに中国における大卒者の割合は4%、アメリカ生まれの人全体での大卒者の割合は28%だ。中国では統一試験の成績で大学進学が決まるのだが、この試験を勝ち抜くための学習塾が乱立し、人によっては学校の授業に加えて1日7時間も受験勉強させられる。高学歴の中国系移民はこの文化をアメリカに持ち込み、コミュニティ・センターや教会で学習塾を開いて、7年生の頃からSAT〔アメリカの大学進学のための標準テスト〕対策を教えるようになった。通常より4年も早く大学入試対策をはじめるわけだ。アメリカではそうした受験指導を受けられるのは裕福な生徒が中心だが、中国系の塾は労働者階級のアジア人にも無料で開放されている。リーとジョウによれば、アジア系の子どもはこの塾で勉強の習慣と勤勉な価値観を身につけるのだという。[54]

ひと口にアジア系といってもそのルーツは多様なのだが、「アジア系」として括られることで勉強の支援が得られるだけでなく、優秀なアジア人というイメージに助けられる場合もある。リーとジョウが中国系とベトナム系の高校生におこなったインタビューによると、成績が足りないのに成績優秀者向けのクラスに入れてもらえたという話もちらほらあった。そうした優秀なアジア人のイメージはしかし、構造的に作られたものだ、とリーとジョウは指摘する。なにしろアメリカ以外の国では、必ずしもアジア系が優秀なわけではないのだ。たとえばスペインに住む中国系移民の子どもは学校中退率が高く、移民2世のなかで期待される学歴がもっとも低くなっている。[*]

集団間のパフォーマンスの違いを見ると、人はそれを集団固有の性質――女性はもともとリーダーに向いていない、アジア人は生まれつき勉強が得意、など――と考えたがる傾向がある。心理学者のアンドレイ・シンピアンとエリカ・サロモンは、これを固有性ヒューリスティックと呼ぶ。「ある集団がその地位を占めているのはその固有の性質のためだ」と考えれば、脳の認知負荷が減らせるのだ。その背後にある社会的なパターンや人間の関わり方、そうしたパターンを生みだすさまざまな力の痕跡を丁寧に認識するためには、はるかに高度な思考をはたらかせなくてはならない。[55]

人は世界を本質化して理解しようとするため、ステレオタイプが戦略的に現状維持のために利用されることもある。たとえば南北戦争前のアメリカでは、ステレオタイプが奴隷制の合理化の役割をはたしていた。歴史学者のジョージ・M・フレドリクソンが言うように、「奴隷がもともと卑屈で現状に満足しているのなら、彼らを奴隷にする行為を容易に正当化できる」からだ。当時のアメリカ人にとって、黒人奴隷は従順で怠惰で、しかも幸せそうなイメージだった。そのように思い込むことで、キリスト教徒にとって宗教的にも倫理的にも許しがたいはずの行為に弁解の余地を見いだしていたのだろう。[56]

南北戦争時代の新聞漫画「自由を夢見るクアーシー」を見ると、「怠け者の黒人」という当時のイメージがよくわかる。あるコマにはソファに寝転んで新聞を眺める黒人奴隷が描かれ、別のコマではタキシードを着込んだ黒人のイラストの下に「北部でラクな仕事が転がり込んでくるのを夢見ている」と説明書きがある。奴隷制の足もとを支えていたのは、このようなステレオタイプだった。奴隷制を維持するためには、偏ったイメージをどんどん広める必要があった。もともと怠け者なのだから、強制的に働かせるのも仕方ない。なんだかんだで楽しそうだから、むごい仕打ちをしてもかまわないだろう。子どもっぽいところがあるから、厳しくしつけてやらねばならない。[57]

一方で、奴隷解放のためにステレオタイプが使われることもあった。奴隷廃止論者のシンボルに描かれた奴隷は半裸でひざまずき、どこかにいる白人の救世主に慈悲を乞うている。無力な奴隷というステレオタイプだ。アメリカに住む黒人が発言力を持つためには、このステレオタイプを意識的に乗り越える必要があった。19世紀アメリカでもっとも多く写真を撮られた人物とされるフレデリック・ダグラスは、つねに強さと威厳のイメージを打ち出し、奴隷所有者と奴隷廃止論者の両方のステレオタイプに真っ向から対抗した。[58]

南北戦争が終わり、自由になった黒人が公職に就くなどして政治的・経済的影響力を強めてくると、脅威を感じた白人のあいだで新たな黒人のステレオタイプが広まった。天性の怠け者だったはずの黒人がいつのまにか危険な存在とされ、取り締まりの対象となったのだ。歴史学者のデイヴィッド・レヴェリング・ルイスが指摘するように、これは奴隷解放前の「忠実で頼れる」黒人像とは正反対のイメージだった。「アフリカ系アメリカ人のイメージは突如として、わいせつで、獣じみて、悪魔的で、危害をもたらすものとなった」

フレドリクソンはこの現象を次のように説明する。「米国の白人至上主義者が描く黒人像の変遷を奴隷制時代まで含めて広く理解しようと思うなら、その鍵は繰り返し現れる対照的なイメージにある。

＊　アメリカでは中国系の移民2世の大学卒業率は60％で、親世代とほぼ変わらない。一方でメキシコ系移民2世の大学卒業率は5％から17％だが、これは父親の2倍、母親とくらべて3倍のレベルである。

身のほどをわきまえた『良いニグロ』と、身のほどをわきまえない『悪いニグロ』だ」

脅威としての黒人のイメージは、1915年の映画『国民の創生』で人々の意識に刻みつけられた。この映画では、黒人男性（白人俳優が黒塗りで演じている）が白人女性を執拗に追いまわし、追い詰められた女性は谷底に転落して命を落としてしまう。『国民の創生』はホワイトハウスでも上映され、ウィルソン大統領や上院議員たち、それに最高裁の首席判事がそろって鑑賞した。当時の新聞各紙はこの作品を「もっとも偉大な映画」と絶賛している[59]。

『国民の創生』から100年後、暴力的で物騒な黒人のイメージは、フェイスブックを通じて数百万人のアメリカ白人の前にふたたびやってきた。ダッフルバッグから取りだされるショットガン。手錠をかけられ車にねじ伏せられる黒人男性。奴隷の解放者さながら、黒人を救いだそうとする白人マネージャー。『ストレイト・アウタ・コンプトン』の予告編はおなじみのイメージを次から次へと重ねていき、やがて白人の観客に向けたキャッチコピーが画面全体に映しだされる——〈世界でもっとも危険なグループ〉。

カテゴリー化が偏見への道筋を作るなら、解決策はカテゴリー自体をなくすことにあるのだろうか。もちろん人と人とのあいだにどんな区別もなければ、偏見も起こらないだろう。でも人は集団を作らずにいられない。家族や親族のレベルから、宗教、都市、国にいたるまで。それに日々生まれては消えていくグループもある。体育教師の一言で、子どもたちはスポーツのチームに分かれて互いをライバル視する。休憩時間のうわさ話が、即座に仲間意識を生みだすこともある。私の住まいは宇宙のなかにぽつんとあるのではなく、地域のなかに、都市のなかに、国のなかにある。私たちはただ普遍的な人類のなかに存在するわけではない。私たちはコミュニティのなかで生きている。

仮にどんな集団の区別もないユートピアが実現できたとして、それは本当に良いことだろうか。集団は私たちに居場所を与えてくれる。伝統や文化やアイデンティティは、自尊心や生きる意味に直結していることもある。抑圧された集団に属する人は、大事なアイデンティティを他人に無視されると、自分が消し去られたように感じるかもしれない（肌の色など気にしない、というカラーブラインドの態度はそのために批判されている）。アルメニア系アメリカ人の作家メリネ・トゥマニは、トルコに住んでいたとき、自分がアルメニア人だと言うとすぐに話をそらされる体験をした（20世紀初頭、トルコの前身であるオスマン帝国で大規模なアルメニア人殺害が起こった）。「アルメニア人です」と言っているのに、「それにしても天気がいいね」と返される。「存在を消されるのがどういうことか、生まれて初めてわかった気がする」と彼女は書いている。誰かのアイデンティティに気づかなかったり、意図的に無視したりする態度は、相手の苦しみを否定することにもなりうるのだ。[60]

ありがたいことに、カテゴリーの認識からステレオタイプへの結びつきには、ひとつ大きな例外がある。心理学者のイナス・ディーブは、イスラエルの子どもたちを対象に、学習環境と民族についての認識の関係を調査した。ユダヤ人だけの学校、アラブ人だけの学校、両者の共学の学校を比較した結果、共学の学校に通う児童は年齢が上がるにつれて民族的カテゴリーをより敏感に見分けられるようになっていた。といっても共学の児童がそのままステレオタイプに陥るわけではなく、むしろ本質主義的な思考がもっとも少ないという結果になった。ほかの研究でも、複数の人種の人がいる環境で育った赤ちゃんは生後半年で人種を見分けられるようになるが、そうでない赤ちゃんにくらべて将来の人種的偏見が少なくなることが示されている。異なるグループの人と深い関係を築くとき、本質主義やステレオタイプは弱まる可能性があるのだ。この可能性については、後の章で詳しく掘り下げてみたい。[61]

無意識のバイアスが差別的な言動につながることは広く指摘されている。では、日々繰り返されるささいなバイアス行動は、それを受ける人にどの程度のダメージを与えるのだろうか。

バイアスのなかには明確に命にかかわるものがある。症状を訴えても医師に取りあってもらえない人は病気がどんどん悪化するだろうし、見た目で危険な容疑者扱いされる人は警察に撃ち殺される可能性がある。でも日々のバイアスはもっと微妙でとらえがたく、場合によっては差別された本人でさえ気づかないこともある（ベン・バレスがそうだったように）。そういう小さなバイアスが積み重なったとき、長期的にはキャリアや生存にどんな影響が出るのだろうか。それは人々やコミュニティ、あるいは文化の行く末を、どの程度まで左右するのだろう？

偏見の分野に詳しい数多くの研究者に尋ねてみた。日々のバイアスの影響を数値化できるか、この問題を把握する手がかりとなるような具体的な数字はどこにあるのか。でも答えは誰も知らなかった。そのような研究成果はまだどこにもなかったのだ。バイアスの長期的影響を知るためには対象の人たちを数十年にわたって追跡し、バイアスのかかったやりとりをすべて記録し、結果として表れた違いを正確に測定しなければならない。

私は自分で答えを探ってみることにした。それには数か月の時間と、コンピューターサイエンスの専門家の助けと、アリの群れに関する実用的な知識が必要だった。

第3章　How Much Does Everyday Bias Matter?　微小なバイアスの重大な帰結

日々繰り返されるありふれたバイアスには、どんな弊害があるのだろう?

そこが争点になった裁判がある。2015年にエレン・パオが起こした性差別訴訟だ。パオは大手ベンチャーキャピタルKPCB（クライナー・パーキンス・コーフィールド・アンド・バイヤーズ）で、ジュニアパートナーとして働いていた。KPCBはグーグルやアマゾンにも早くから投資していた業界最有力のベンチャーキャピタルだ。2012年に解雇されたことをきっかけに、パオは会社を提訴した。訴えの内容のひとつは、女性差別によりパオやほかの女性社員が昇進のチャンスを奪われ、適正な賃金を受け取れなかったことだった。パオによると、会社はセクシュアル・ハラスメントを見逃していたほか、もっと見えにくい形の差別を無数に放置していた。ミーティングでは彼女が議事録をとらされたし、アル・ゴアとの会食には参加させてもらえなかった。女性がいると「座が白けるから」というのだ。[1]

パオは上司から「自分の意見に固執しがち」であると同時に「もっと意見を言うべき」だと批判され、男性の同僚と同じ行動をしても彼女だけが罰せられた。成果を出しても男性ほどには評価してもらえなかった。あるときには初期のツイッター社に投資すべきだと提案して却下され、その2年後に会社がツイッター社への投資を始めたが、彼女の功績は認めてもらえなかった。あるテック企業への投資では、彼女が責任者だったのに男性の同僚が手柄を横取りして役員の座まで手に入れた。そしてパオが解雇された理由は何だったかというと、性格に問題があるとされたからだった。裁判を報じた記事によると、パオは上司から「縄張り意識が強く、強情で、気難しく、承認を求めすぎる」と言われていた。でも男性の同僚でほぼ同じような性格とされていた人は、たいして仕事ができないのに昇進していた。[2]

結局、陪審員はパオの訴えを却下した。女性であることが業績評価を下げる「強力な動機となる理由」だったとは言えない、と判断したからだ。のちに法学者のデボラ・ロードが取材に応えて語ったところによると、エレン・パオの裁判はシリコンバレーの典型的なケースだった。「決定的な証拠がないのです。そのほとんどは社会科学でいうマイクロ・インディグニティ、つまりとても小さな冷遇だったからです」。マイクロという接頭辞はマイクロアグレッションなどの言葉にも使われるが、バイアスが無視できるほど小さいことを含意している。文字通りの意味は「100万分の1」だ。ある陪審員は記者会見で、パオが証拠として挙げたやりとりはバイアスを示すには弱すぎると指摘した。短時間で手際よくおこなわれた銀行強盗や、あっという間に人を騙した詐欺師に対しても、同じことを言うのだろうか。[3]

その数年前、最高裁のアントニン・スカリア判事も同様に、日々のバイアスは大きな害にならないという結論に達していた。2011年、ウォルマートの女性従業員160万人が起こした大規模な集団訴訟でのことだ。原告の訴えは、ウォルマートが女性の昇進を拒み、男性と同等の賃金を払わず、女性を低賃金の職種に追いやっているというものだった。原告代表のベティ・デュークスは、仕事でチャンスを奪われ、昇進に必要な研修を受けられず、低賃金のポジションに甘んじるしかなかったと主張した。そして差別の証拠として、ウォルマートの賃金および昇進における深刻な男女格差のデータを提示した。原告側弁護団が提出した女性従業員120名の証言によると、女性従業員は日々「もっとおしゃれしろ」と言われたり、低い待遇のまま実質的にマネジャーの仕事をさせられたり、男性と同じ規則違反をしたのに女性だけ厳しい罰を受けるなどしていた。[4]

しかしそういう個々の扱いが深刻な格差につながるという主張は、スカリア判事には論理の飛躍に思えたらしい。判決の多数意見となったスカリアの見解は、差別でそれほどの格差が生まれたのだとしたら、ウォルマートは全社的に差別の方針を打ちだしていたはずだ、というものだ。上から指示されたわけでもないのにマネジャーがそろって差別的な行動をとっていたとは「非常に考えにくい」、とスカリアは述べる。「どのような企業のマネジャーも——とりわけ性差別を禁止している企業のマネジャーであれば——性に関して中立的な、実績に基づく人事評価をおこなうはずであり、不当な格差が生まれる余地はまったくないものと考える」（強調は筆者が付け加えた。これを読むに、おそらく彼は企業で働いた経験が一度もないのだろう）。スカリアはさらに、男女の格差には差別以外の理由があるのではないかと推測している。たとえば男性従業員と女性従業員では、もともと能力が異なっていたのではないか。そうでなければ、マネジャー個々の判断の積み重ねで大規模な賃金と昇進の格差が生まれるわけがない。それが米国最高裁判所のお言葉であった。[5*]

これらの例が突きつけている問題は、単に陪審員が差別行為の持続時間を過小評価しているとか、

* 最終的に最高裁は集団訴訟自体を認めないことにした。原告となった女性たちには充分な共通性がないため、集団訴訟として認定すべきでないという理屈だ。

スカリア判事が人の合理性を信奉しすぎているということにとどまらない。バイアスを評価するやり方自体に、どうやら大きな問題がありそうだ。

バイアスに関する専門的な研究では――ジェンダー、人種、LGBTQなどのいずれに対するものでも、どんな場面のバイアスでも――ひとつの時と場所で起こった何らかのできごとを取りだして考えるのが一般的だ。つまり、ある瞬間の現実を切りとって観察する。しかしそのやり方だと、バイアスが実際に経験される様子を捉えそこねてしまう。人は偏見を1度や2度受けて終わるのではなく、何か月も何年も同じ偏見を受けつづけるからだ。1枚の写真では（あるいは数枚の写真でも）物体の動きを捉えられないのと同じで、ある瞬間のスナップショットをいくら研究しても、バイアスが時間をかけて人々に影響していく様子はわからない。

またスナップショット的な研究では、バイアスが動的に、相互的に作用する様子を観察できない。現実のバイアスは人と人のあいだに存在し、差別を受けたためにその人自身の判断や行動が変化することもある。その判断や行動がまた次のやりとりを方向づけ、それによってさらに将来の判断や行動や選択肢が左右される。この連鎖はやがて重大な、人生を変えるほどの結果をもたらしうる。心理学者のジェイソン・オコノフアによると、そうした相互作用は教育格差を生じさせる一因にもなっている。黒人の少年に対する根深い偏見に影響されて、たとえば教師が黒人生徒の行動を実際よりも反抗的だと判断したとしよう。黒人の生徒は自分だけ罰せられて不公平だと感じ、教師に対して反抗的な行動をとる。すると教師は自分のバイアスがやはり正しかったと感じ、黒人の生徒に対してさらに厳しい罰を与えるようになる。これが繰り返されて負のフィードバック・ループが生じ、やがて深刻な格差につながるのだとオコノフアは説明する。「問題は生徒か教師のいずれかにあるのではなく、両者がともに行動し、互いを理解したり誤解したりするなかで発生するのだ」[6]

こうしたフィードバック・ループは、いわゆる「学校から刑務所へのパイプライン」の現象にも深く絡んでいる。黒人の生徒が停学などの処分を受けやすく、それが成績低下や学校中退を引き起こし、やがては逮捕と刑務所行きにつながる現象のことだ。1000人以上の生徒を長期的に追った調査によると、学校を退学になった生徒は、退学になったその月のうちに、それ以前の数か月とくらべて2倍以上の頻度で逮捕されていた。* バイアスのフィードバック・ループが（少なくとも部分的に）停学や退学を引き起こし、それが高い逮捕率へとつながっているのだ。[7] だとすると、オコノファの言う相互作用は、人生を台無しにするほど深刻な結果へ直結していることになる。

裁判では認められなかったけれど、エレン・パオの性差別訴訟も同じように動的で相互作用的なバイアスの働きとして理解できる。仕事の手柄を否定されるせいで声高に成果をアピールするようになり、それが「強情で」「承認を求めすぎる」という周囲からの評価を招き、いっそう成功しづらくなる。問題は1度のできごとではないし、複数のできごとの合計ですらない。周囲とのやりとりが複利式に積み重なり、時間とともに影響が増大していったのだ。

最高裁のスカリア判事も、パオの裁判の陪審員も、職場のできごとを「複雑系」として見ていたならば違った解釈になっていたかもしれない。複雑系とは多数のメンバーで構成され、メンバー同士の相互作用を通じて、直感的には把握しづらいような状況が引き起こされるシステムのことだ。たとえば都市は、住民同士の相互作用が生みだす複雑系として理解できる。生態系は動物や植物や鉱物や菌

＊　とりわけ授業中の騒ぎや喧嘩やドラッグなどの問題行動が見られなかった低リスク群の生徒でその傾向が強かった。

類が相互作用する複雑系と見ることができる。複雑系の生みだす結果は時に予想を超えてくる。一見それほど広がりがなさそうなやりとりの中から、極端で、あっと驚くようなできごとが顔を出す。

アリの群れが良い例だ。アリは単純なルールにしたがって互いにやりとりをする。ほかのアリや幼虫や食べ物の匂いに反応し、自分の匂いをあとに残す。また音にも反応する。ひとつひとつは単純な反応だが、その積み重ねで、アリの群れは複雑な問題を解決していく。餌を持ち帰る行列にしてもそうだ。おたがいの匂いに反応するうちに、おのずと効率的な道路システムができあがる。餌の場所から巣に帰還する上り線を挟んで、巣から餌に向かう下り線が2車線。誰かが全体を指揮しているわけではなく、それぞれが基本的なルールにしたがって目の前の相手とやりとりしているだけだ。個々のアリの行動をじっと観察しても、そのまわりにできあがっていく大きなパターンは見えてこない。逆にマクロのパターンだけを見ていたら、そのパターンと個々の行動とのあいだの関係性がわからない。そうなるとスカリア判事のように、どこかで権力者が細かな指示を出しているにちがいないと思い込んでしまうだろう。[8]

全体の計画などなくても大きな格差は生じうることが、スカリアには想像できなかった。ささいなバイアスも積み重なれば昇進の邪魔になり、解雇にもつながるということが、パオの訴訟の陪審員には想像できなかった。個々のやりとりをばらばらに見ていたら、そういう考えになっても仕方ない。でも職場を複雑系として捉えれば、それまで見えなかったものが見えてくるはずだ。

バイアスの影響を正しく評価しようと思うなら、個々の瞬間ではなく、数多くのやりとりの帰結に目を向けなくてはならない。そういうデータを探してみたけれど、バイアスが個々人に与える影響を長期的に追った研究は見当たらなかった。そこで私は考えた。あるバイアスの累積的な効果を計測するには、ヴァーチャルな環境を自分で作ってしまえばいいのではないか。つまり特定の環境を複雑系として表現し、そのなかで経時的な変化を観察できるコンピューターシミュレーションを構築すればいいのだ。

コンピューター科学者のケニー・ジョセフが協力してくれることになり、さっそく職場のジェンダーバイアスを数値化するためのシミュレーション環境の設計に取りかかった。職場のジェンダーバイアスなら既存の研究や事例が豊富にあるので、精度の高いシミュレーションが作れるはずだ。組織はヒエラルキー型を採用し、異なる階層でバイアスがどう働くかを確かめられるようにした。シミュレーションの構築にあたっては、心理学者リチャード・マーテルの研究を参考にさせてもらった。マーテルの研究も職場のジェンダーバイアスをコンピューターシミュレーションで測定するものだが、私たちはこれを応用して、女性が日々出会っているバイアスをかなり具体的な形でモデルに組み込んだ。[9]

シミュレーション構築の最初の一歩は、複雑なやりとりの舞台としてヴァーチャルな職場を設定することだ。そのためにケニーと私は、経済学者トーマス・シェリングが１９６０年代に考案したアプローチを採用した。アメリカ人は野球場でも地域やクラブの集まりでも、たいてい似たような年齢や収入、人種でまとまる傾向がある。このパターンに個人の選択はどう影響しているのだろうか、とシェリングは考えた。もちろん個人の好みは、数ある要因のひとつにすぎない。たとえば住む場所は好みだけで決まるのではなく、構造的差別と不平等によって強く規定される。レッドライニング〔低所得者居住地域を融資対象外とする慣行〕、不利な不動産契約、不公平なローン審査などだ。そのなかで、個人の選択が果たす役割があるとしたら、それはどのように表れるのだろうか。[10]

シェリングはそれを探るために、まず12歳の息子が収集しているコインを借りてきた。コーヒーテーブルにチェス盤のような格子模様を描き、そこにコインを並べる。それぞれのコインには最大で８つのコインが隣り合うことになる。コインのなかには一般的な茶色い銅の１セント硬貨と、第二次世界大戦中に銅不足のため亜鉛で作られた灰色の1セント硬貨があった。この茶色と灰色のコインが、それぞれ異なるグループの人という設定だ。シェリングは個々のコインが「好み」を持つときに何が起こるかを試してみた。たとえば隣り合う8つのマスのうち、少なくとも2つは自分と同じ色のコインがいい、という好みをそれぞれのコインが持っていたらどうなるだろうか。シェリングはその条件が満たされるように、コインをひとつひとつ別のコマに動かしていった。それが終わると、またランダムにコインを並べて、別の条件でやり直した。隣り合うマスのうち、少なくとも半分は同じ色のコインがいい、という好みだったらどうだろう？

結果は意外なものだった。隣人の一部を同じ色にしようとするだけなのに、かなり偏った配置が現れるのだ。たとえば「隣り合うマスのうち半分は自分と同じ色がいい」という好みをかなえようとすると、その結果は必ずといっていいほど完全な隔離に終わる。つまり灰色のエリアと茶色のエリアで盤上がきれいに分かれるのだ。それぞれのコインはバランスをとろうとしただけなのに、その結果は混じりけのない均一な環境になる。この単純なモデルは、控えめな好みが集まるだけでも大規模な分断が起こりうることをはっきりと示していた。誰も完全な隔離など望んでいないのに、結果的には勝手にそうなってしまう。[11]

シェリングの実験は、個々のメンバーの行動から社会環境をシミュレーションした先駆的な試みだった。このシミュレーション環境のなかに、エレン・パオやウォルマートの従業員が経験した具体的なバイアスを組み込んだらどうなるだろう。時間が経つにつれて、ウォルマートで見られたような格差が表れるだろうか。日々のささやかなバイアスは、その後の結果に大きな影響を与えるのだろうか？

コンピューターシミュレーションを作るのは、神を演じることに似ている。世界を創造して一定のルールを定め、初期の配置をセットし、実行ボタンを押して何が起こるかをじっと見守る。ケニーと私は何か月もかけてシミュレーションを調整していった。やがてケニーの研究室の大学院生ユハオ・ドゥーも加わり、ついにコードで書かれたミニチュアの世界が完成した。

私たちはこのヴァーチャルな会社をノームコープ（NormCorp）と名付けた。ノームコープの組織には8つの階層がある。下は大部屋の蛍光灯の下で働くエントリーレベルの従業員、上は広々とした個室オフィスのトップマネジメントだ。エントリーレベルの従業員数は500人だが、階層を上るにつれて数は少なくなり、重厚なマホガニー壁のオフィスをあてがわれた上層部になるとわずか10人になる。ノームコープの従業員のスキルや能力は「昇進スコア」として評価され、このスコアによって昇進できるかどうかが決まる。バイアスを導入したあとの格差をわかりやすくするため、エントリーレベルの従業員は男女同数に設定した。

ノームコープでは、男性も女性も能力にこれといった差はない。スタート時点での昇進スコアは正規分布になっている。すべての従業員は定期的にプロジェクトを割り振られ、男性も女性も同じ確率で成功したり失敗したりする。すばらしい働きをしてプロジェクトが成功すると、昇進スコアが上がる。ミスをしてプロジェクトが失敗に終わると、昇進スコアは下がる。プロジェクトは個人でおこなうこともあれば、チームで取り組むこともある。年に1度、各レベルの成績優秀者がガラス張りのオフィスに呼びだされ（もちろん比喩だが）、ひとつ上のレベルに昇進する。そして昇進したところから次のサイクルがはじまり、各メンバーはまたせっせとプロジェクトに取りかかる。

このサイクルに、職場で日々見られるようなバイアスをいくつか付け加えてみた。現実に近いシミュレーションを作るため、働く女性に対するバイアスとしてよく知られるもの5種類を選んで導入した。研究やケーススタディでもよく取り上げられるバイアスで、パオやウォルマートの従業員も経験していたものだ。ノームコープをとりたてて性差別的な会社にするつもりはなかったので、バイアスはささやかな量にとどめておいた。男性と女性の扱いの違いは、平均して3%だ。

ここでひとつ注意しておきたいのだけれど、ジェンダーバイアスの研究は白人女性の体験に偏りがちな傾向がある。ちなみに黒人差別の研究は黒人男性を対象にしていることが多い。あたかも女性はデフォルトで白人であり、黒人はデフォルトで男性であるかのようだ。しかし法学者のキンバリー・クレンショーが指摘するように、1度にひとつのカテゴリーだけに注目すると、多くのグループの体験を排除し、あるいは消し去ることになってしまう。人種、ジェンダー、性的指向、障害、信仰といったカテゴリーは、つねに重なり合って存在している。人種なら人種、ジェンダーならジェンダーだけを拾い上げて分析しても、たとえば非白人の女性の体験を正確に捉えることはできない[12]。

現実には、ジェンダーバイアスはその人の人種や性的指向などによって異なる様相を帯びる。アメリカ法曹協会の調査によると、白人女性と黒人男性は法的な場で同じ程度の差別を受けるが、黒人女性が受ける差別の度合いは両者よりも大きかった。職場でも、黒人女性はその他のグループとくらべて深刻なハラスメントを受けやすい。その一方で、黒人女性は比較的、受け身の態度や優しさといった女性性のイメージに縛られにくい面もある。ある研究では、黒人女性が部下に強気の態度で接してもネガティブには受けとられないが、白人女性が同じことをするとネガティブに受けとられるという結果が出た。また黒人女性が微笑んでいると、ほかの人種の女性よりもポジティブな印象を与えやすく、とりわけ「女らしい」と評価されやすいという報告もある[13]。

心理学者のロバート・リビングストンと経営学者のアシュリー・シェルビー・ロゼットはこうした違いを理解するため、白人男性と比較したときに各グループがどれくらい威圧的で、どれくらい相互依存的（「社会的・生物学的・実際的な見地から必要あるいは重要」）と見られているかを調査した。その結果、職場における白人女性は威圧的ではなく、相互依存的であると見られていた。つまり保護され称賛される対象だが、権力にはふさわしくないイメージだ。それに対して黒人女性は、威圧的でもなければ相互依存的でもないと見られていた。そのため職場で除《の》け者になりやすく、存在を無視されたり昇進の対象から外されたりしやすい一方、性役割の規範をそれほど強く押しつけられないらしい[14]*。

経営学者エリカ・ホールの研究チームはこの現象について、人を評価する際のジェンダーバイアスがその人の人種によって強まったり弱まったりするのだと説明している。たとえば潜在的に「黒人」は「男性」のイメージと結びつきが強く、「アジア人」は「女性」との結びつきが強いことが知られているが、そのため黒人女性は女性としてのステレオタイプをそれほど押しつけられず、アジア人女性はひときわ女性のステレオタイプを押しつけられやすいのだ。ある実験では、アジア人女性が職場で強い態度を見せると、白人女性がそうしたときよりもさらに悪い印象を与えることがわかった。受動的で周囲に合わせるというステレオタイプを逸脱しているからだ[15]。エレン・パオも中国系だったため、自己主張がとりわけ強い反感を買ったのかもしれない。

複数のアイデンティティが交差するところには、無数の異なるバイアスが生まれる。私たちのシミュレーションでは女性に対する一般的なバイアスを取り上げたが、実際にはバイアスの表れ方はもっと複雑で多様であることを心に留めていただきたい。

以下がシミュレーションに組み込んだ5つのバイアスだ。

* 同じ研究によると黒人男性は威圧的と見られており、強気の態度に出るとネガティブに評価される傾向があった。

1‥女性の業績は過小評価される

男性とくらべて、女性の業績は低く評価されがちだ。マサチューセッツ工科大学の社会学者エミリオ・カスティラは従業員2万人の大企業で調査をおこない、女性やマイノリティは非マイノリティ男性よりも高い評価を得なければ同じ水準の給与がもらえないことを明らかにした。昇給のルールでそう決まっているわけではなく、単に白人男性以外の業績はいくぶん「割り引かれて」いたらしい。別の実験では、理系の大学教員にラボマネジャー〔研究室の管理・運営をする仕事〕の応募者を評価してもらったところ、名前以外はまったく同一の履歴書でも男性の応募者のほうが女性より有能で仕事に向いているという評価になった。さらに医師転職の推薦状50万件以上を調べた調査によると、良い結果を出した男性医師は推薦状をもらえる数が2倍になったが、女性医師の場合は良い結果を出しても70％の増加にとどまった。性別によって30ポイントも差が出たのだ。[16]

2‥女性がミスをすると大きな罰を受ける

男性も女性もミスはするが、女性がミスをすると男性よりも大きな罰を受ける。先ほどの医師の推薦状に関する調査では、悪い結果を出した女性医師は推薦状の数が34％減少したが、男性医師は悪い結果を出しても推薦状の数がほぼ変わらないことがわかった。また金融サービスの仕事をしている女性が不正行為をすると、男性よりも20％高い確率で仕事を失っていた。男性のほうが女性よりも3倍多く不正をする傾向があるにもかかわらずだ。また黒人女性は白人女性とくらべて〔黒人男性とくらべても〕、仕事のミスで大きな罰を受けやすいことが複数の研究でわかっている。ウォルマート訴訟原告代表のベティ・デュークスは、ランチ休憩から戻るのが遅れたというような軽い違反でも罰を受けたが、男性の同僚は同じことをしてもお咎めなしだった[17]。

3：男性の同僚に手柄を横取りされる

心理学者マデリン・ヘイルマンは一連の研究で、男性と女性が同じプロジェクトに参加していると き、男性と女性の両方が女性の貢献度を低く評価することを示した。パオが男性の同僚に手柄を横取りされたのと同じだ。また経済学者ヘザー・サーソンズは、女性の経済学者が男性と共著論文を出した場合に、テニュア〔終身在職権〕を得られる可能性が下がるという調査結果を出している（女性が女性と共著論文を出してもそれほど不利にはならない。男性は誰と共著論文を出しても不利にならない）。アイスランド出身の世界的ミュージシャンであるビョークでさえ、似たようなことを経験したという。ビョークはほとんどの作品のプロデュースに自ら携わってきたが、最近のアルバムを男性DJと組んで制作したところ、多くのメディアでそのDJの単独プロデュースであるかのように取り上げられた。「1度や2度じゃなく、みなさん同じように誤解していました」とビョークはインタビューで語っている。「私も一応、30年とか？　音楽をやってるんですよ。11歳の頃からスタジオに立っているのに」。ちなみにこのDJは、それまでメジャーなアルバムをプロデュースした経験がなかったそうだ[18]〔ここで「男性DJ」として言及されているミュージシャンはこのインタビューの数年後、ノンバイナリーのトランス女性であることをカムアウトした。ビョークとはその後も素敵なコラボレーションを続けている〕。

4：性格で評価が下がりやすい

女性は愛想がよくて柔和なふるまいを期待され、この期待にそぐわない行動をすると罰せられる。実際の企業の業績評価を分析したある研究によると、男性は性格的欠点に言及されることがほぼ皆無なのに、女性の4分の3以上が性格について批判的なコメントを書かれていた。「エレファント・イン・ザ・バレー」というIT業界の調査プロジェクトでは、女性回答者の84%が「性格がきつすぎる」と言われたことがあるという結果が出ている。とりわけアジア系の女性は性格面で批判を受けやすい。理工系の大学教員を対象にした調査では、アジア系の女性が自分を売り込んだり自己主張をした場合、黒人やラテン系や白人の女性よりもいっそう不利な扱いを受けることがわかった。エレン・パオも周囲から「我が強い」と言われ、そのせいで叱責されている。男性の同僚は「アグレッシブな」ところが評価されて昇進したにもかかわらずだ。[19]

5：チャンスを公平に与えてもらえない

新たな挑戦は成長につながり、キャリアに大きなインパクトを与える。ところが女性はそもそも挑戦する機会を与えてもらえないことが多い。たとえば非白人の女性弁護士の44%は望んだ案件を断られた経験を持つが、白人男性で同じ壁にぶつかった人は2%にすぎなかった。これはひとつには、男性の場合は将来のポテンシャルを見込んでチャンスを与えられる一方、女性は過去の実績を証明しないとチャンスが与えられないためだ。映画業界でも、男性監督は小規模なインディペンデント映画の経験しかなくてもメジャー映画に起用されやすいが、女性監督はたとえメジャー映画の経験があっても次のメジャーの仕事をとるのが難しい。[20]

ノームコープのモデルでは、ある従業員がプロジェクトを終わらせるたびにスコアが計算され、そこにバイアスが加味される。

個人プロジェクトに成功すると昇進スコアが上がるけれど、女性はパフォーマンスの過小評価バイ

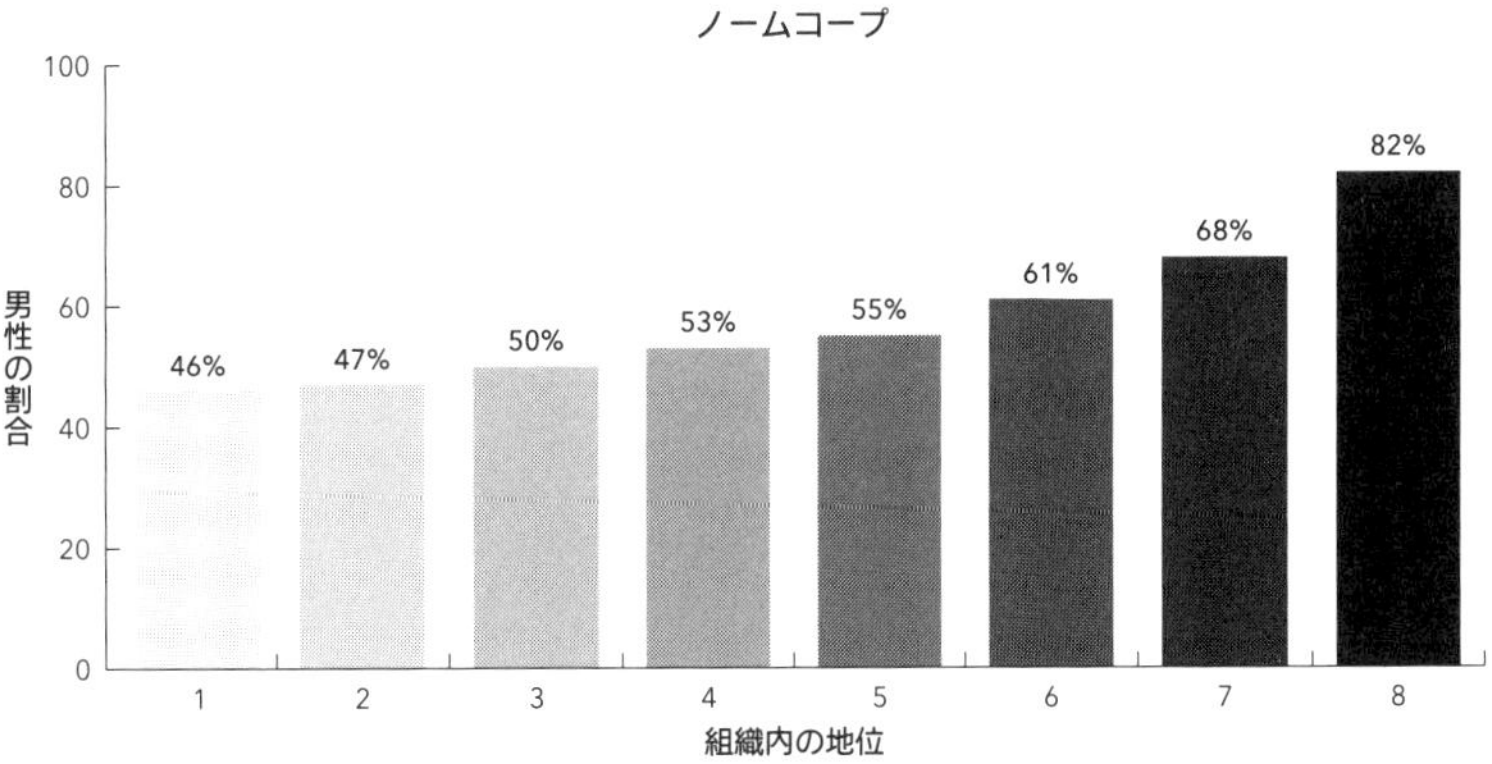

［図1］

アスがあるので、男性よりもスコアの伸びが平均で3％小さくなる。プロジェクトに失敗してスコアが下がるときは、女性のほうが男性よりも下がり幅が3％大きくなる。女性が男性と組んでプロジェクトを成功させると、個人プロジェクトや女性と組んだプロジェクトと比べてスコアの伸びが3％小さくなる。また女性が業績をなかったことにされて自分の貢献を認めてほしいと主張した場合、パオがそうだったように、強情なやつだと判断されて3％のペナルティを受ける。そしてもうひとつ、スコアの伸びが3倍になる「挑戦プロジェクト」のチャンスがときどきあるのだが、女性は男性よりも20％多く成功実績を積んでいないとこのチャンスを与えてもらえない。

これらのバイアスを組み込んでシミュレーションを100回走らせ、昇進サイクルを20回終えた段階でバイアスの影響が平均でどの程度になるかを試してみた。結果は上のグラフのとおりだ［図1］。

バイアスはたった3％なのに、昇進サイクルを20回終えた後では、男性がトップマネジメントの82％を占めるようになっているのがわかる。

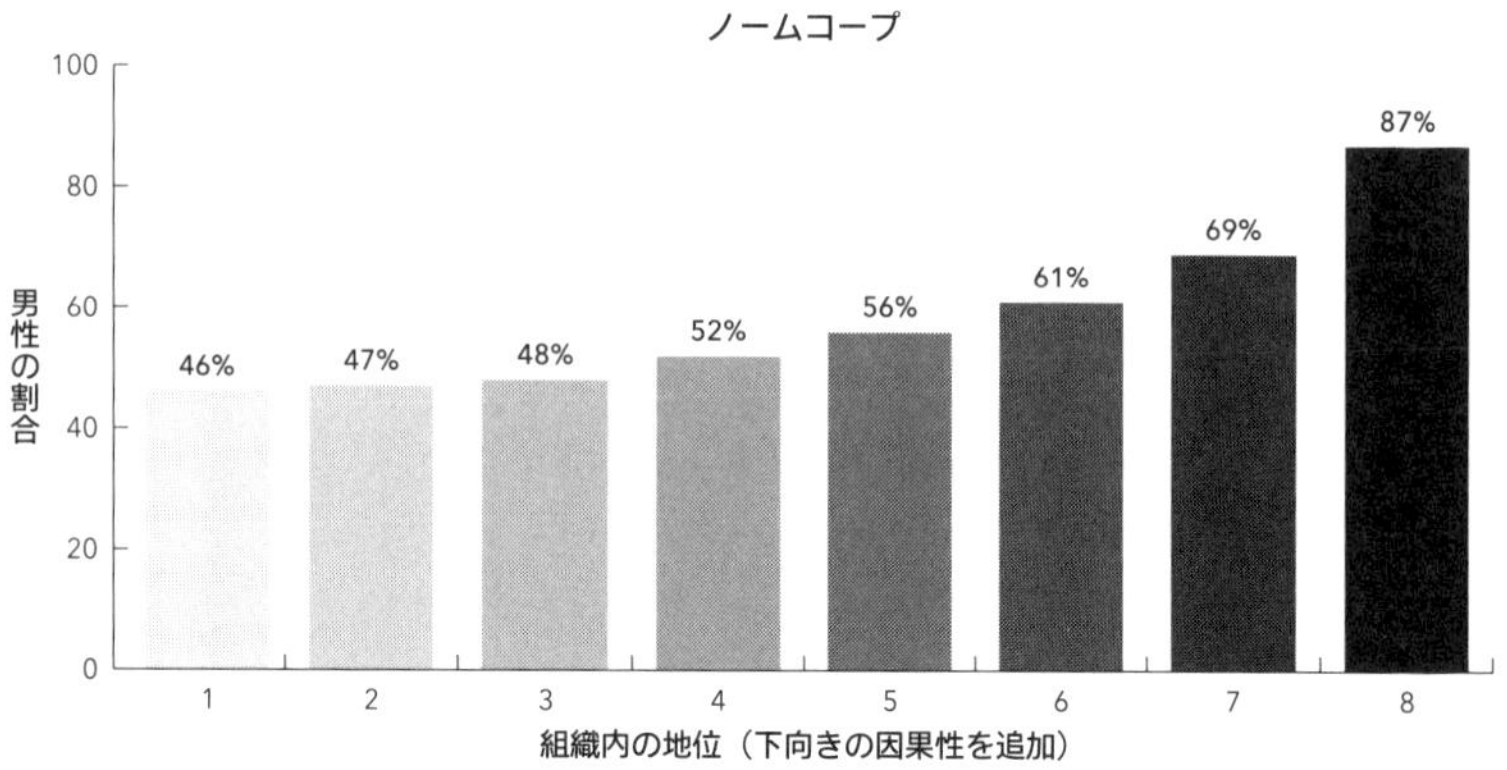

［図2］

仕上げにもうひとつ、追加のバイアスを加えてみた。研究によると、組織内の女性の数が少なければ少ないほど、ジェンダーステレオタイプは大きくなることが知られている。[21] そこで組織内のレベルごとに、女性の割合が少なくなるとバイアスの値が大きくなるというルールを追加した。あるレベルの女性の割合が30％まで減少すると、バイアスは3％から4％に増加する。さらに女性の割合が10％以下になると、バイアスは5％に増加する。こうして組織の状態がバイアスに与える影響——下向きの因果性と呼ばれる——を加味してシミュレーションを走らせた結果、上のようなグラフができあがった［図2］。

ひとつひとつは小さなバイアスでも、全体で見れば非常に大きな影響を及ぼしているのがわかる。評価のわずかな違いが積み重なって、男性と女性のあいだに深刻な格差を引き起こし、結果的に組織のトップからは女性がほとんど消えてしまった。

上層部に行けば行くほどバイアスが累積し、格差が広がっている。会社の方針でそうなったわけではない。スカリア判事の言うような組織的な命令がなくても、明白な格差は表れるのだ。さらにいえば、ここには個人のあからさまな悪意は絡んでいない。実際の職場にはセクシュアル・ハラスメントなどの悩みもつきまとうけれど、私たちのモデルにはそうした要素は組み込まなかった。もっとリアルなシミュレーションをしようと思うなら、出産や育児に際してつきあたる壁、若くない女性に対するエイジズムを含んだ偏見、さらに人種などのバックグラウンドによってバイアスが増減する効果も計算に入れる必要があるだろう。ノームコープではそれらを省略したにもかかわらず、わずかな量のバイアスだけで、あっというまに上層部の87％が男性になってしまった。

実際のところ、バイアスは昇進を阻むだけでなく、辞職を増やす原因にもなる。成果を出しているのに昇進が頭打ちになれば、辞めようと思う人が出てくるのも当然だ。アメリカ法曹協会の調査によると、米国で働く非白人の女性弁護士のうち86％が、大手事務所を8年以内に辞めている。望んだわけではなく「そうするほかない」と感じたからだ。研究者のなかには、明確な偏見よりも日々の捉えがたいバイアスのほうが害が大きいと考える人もいる。確信の持てない状態は、認知と感情のリソースを食いつぶすからだ。自分が昇進できなかったのは差別のような気がするが、それは考えすぎだろうか。こうしたあやふやな状態は、一種のガスライティング〔被害者に自分の正気を疑うよう仕向ける心理的虐待〕のようにその人の心を蝕んでいく。[22]

それだけでなく、バイアスはその人のパフォーマンスを本当に悪化させることもある。ステレオタイプ脅威という現象だ。ステレオタイプに対する不安が脳のワーキングメモリを乗っ取り、集中力を低下させて、本来の実力が発揮できない状態にしてしまう。そのため「能力が低い」というステレオタイプは、予言の自己成就になりやすい。ある実験によると、明確な偏見を受けた女性はパフォーマンスが下がらなかったが、曖昧なバイアスを受けた女性は実際にパフォーマンスが下がった。アフリカ系アメリカ人を対象とした研究でも、明確な偏見よりも曖昧なバイアスを受けたときのほうが大きくパフォーマンスが低下したというデータがある。[23]

心理学者のロバート・ローゼンタールは1960年代に、その逆もまた真であることを発見した。小学校の生徒を無作為に選んで「才能あり」に分類し、無作為であるとは知らない教員に「この子たちは今後すばらしく伸びるだろう」と伝えた。その年の終わりにIQテストを実施したところ、「才能あり」の生徒たちの成績はめざましく伸びていた。とくに年齢の小さい子で効果は大きかった。最初は何の差もなかったのに、周囲から「才能がある」と思われたおかげで、本当に才能が開花したのだ。こうした周囲からの期待は、逆境を乗り越える力にもなる。心理学者ルイス・ターマンによるギフテッドの長期的研究に参加していた男性は、研究者としてNASAに就職したあとで何度も困難にぶつかったが、ギフテッドというラベルのおかげで諦めずにやり抜くことができたと語る。「問題があまりに難しくて、自分には無理なのではと思うこともありました。でもそんなとき、こう考えたんです。僕はターマン先生に才能を認められたじゃないか、と」[24]

他者の認識は私たち自身の人生の見方に影響を与える。あるグループの人たちがつねに低く評価されているとしたら、彼らの自信や気概が失われたとしても不思議ではない。

ノームコープの例を見ればわかるように、バイアスによって女性がふるい落とされると、後に残るのは男性ばかりの均質な組織だ。職場のダイバーシティ（多様性）については近年盛んに研究され、多様性のメリットとデメリットが広く議論されている。多様性のある組織は創造的ですぐれたアイデアを出せる一方、チーム内の衝突が起こりやすいという指摘がある。逆に同質性の高い組織はコミュニケーションが円滑に進むかもしれないが、判断に大きな死角が生まれがちだ。ある研究によると、多様性のないチームは自分たちのパフォーマンスを正確に評価するのが難しい。また裁判の陪審員に多様性がない場合、話し合いのときに事実と異なる発言が出ることが多く、狭い論点だけをもとに結論を出しがちであると指摘されている。[25]

同質性の影響は時にかなり広範囲におよび、ちょっと驚くような結果をもたらすこともある。たとえば20世紀の大半の時期、科学者は自然界をもっぱら競争の場であると考えていた。協力の価値は軽視され、生物はみな限られた資源をめぐって争う敵同士であると理解されていた。でも現実には、生物が協力しあう例はどこにでもある。花とその花粉を運ぶ虫や鳥の助け合い、森の樹木とそこに共生する菌類の支え合い。互いに利益のある共生関係は植物や動物の生存に不可欠であり、DNAをベースとする生命体を生みだした鍵でもある。現在の生態学では、地球上の生命はほぼ例外なく何らかの協力関係にあると考えられている。

なぜ科学者はそれを見落としていたのだろう？　生態学者のポール・ケディは、科学コミュニティの同質性がひとつの理由だと考えている。20世紀の生態学者や生物学者は主に男性で、西洋資本主義社会のなかで働き、科学界の厳しい競争を生き抜いていた。こうした文化的背景のせいで、自然界における競争の役割が過大評価されたのではないかとケディは言う。「科学者は意識的・無意識的に自分たちの文化に依拠してモデルを構築する。なじみのない考え方をモデルに組み込むことはできない」[26]

似たような文化を共有する科学者が論文を書き、仲間内だけで議論してきた結果、学問としての生態学の発展が遅れた可能性は否めない。そこには異なる選択肢を提示できる人がいなかった。別の視点がなかったせいで、助け合いのモデルで自然界を見ることができなかったのだ。

職場の格差も同じだ。複雑な相互作用の場として職場を見る視点がないとき――つまり、多数のやりとりが長期的に積み重なり意外な結果を生みだすという理解を欠いているとき――人は単純すぎる理屈で格差を正当化しようとする。「本質的に違うのだ」という説明はその代表格で、たとえば19世紀の科学者は女性が生まれつき知的に劣っているため科学に貢献できないと信じていた。ある分野に女性の姿が見えないとき、または組織のトップに何らかの集団の人が含まれていないとき、私たちはそれを生まれつきの資質のせいにしがちだ。適性がないのだろう、リーダーの器でないのだろう、あるいはスカリア判事が言ったように、能力が劣っているのだろう。こういう考え方は「生態学的誤《ご》謬《びゅう》」と呼ばれる推論の誤りにも通じる。ある集団に何らかの現象が見られるからといって、それをもとに個々人の性質が説明できると思うのは間違いだ。

この手の誤った考え方は、もちろん仕事以外にも広く蔓延している。医療にしてもそうだ。人種差別のストレスが蓄積すると老化が通常よりも速く進み、心身の健康が損なわれることが知られている。風化作用《ウエザリング》と呼ばれる現象だ。しかも悪影響はそれだけにとどまらない。医療の場で差別を受けると、適切なケアが受けられないだけでなく、もう病院なんて二度とごめんだという気持ちになるかもしれない。そうすると体調が悪くても我慢してしまったり、健康診断を受けられずに深刻な病気の発見が遅れたりする。さらに構造的な問題も忘れてはならない。たとえば指に光を透過させて血中酸素濃度を測るパルスオキシメーターは、肌の色が薄い人に合わせて設計されているため、濃い色の肌では不正確な数値になりやすい。こうした問題が積み重なって人種間の健康格差が広がるわけだが、医学教育の場ではそうした背景に目を向けず、単に身体の「人種差」とされてしまうことが多い。[27]

本章で見てきたように、日々のバイアスは見かけよりもずっと大きな結果につながっている。ノームコープではほんのわずかなバイアスが積み重なり、やがて上司が男性ばかりの職場になってしまった。ひとつひとつの行為は無視できそうなほどに小さくても、その長期的な影響は計り知れない。だからこそ、日々の小さなバイアスを終わらせることが大切なのだ。

バイアスはけっして不変ではない。たしかにバイアス行動はどこにでもあるし、ほとんど無意識のレベルでおこなわれている。でもバイアスは生まれつきのものではない。学習によって身につけたものだ。身につけたのなら、脱ぎ捨てることも可能なはずだ。バイアスが悪い癖なら、それを断つ方法はある。

PART II

Changing Minds

思考を書き換える

第４章　Breaking the Habit　習慣を断ち切る

高い窓から、灰色に曇った2月の空が見える。心理学者のウィル・コックスは、ウィスコンシン大学マディソン校の細長い教室に立っていた。

教室には大学院生が二十数人、前を向いて座っている。コックスは自分の背後のスクリーンに、単語を順番に映しだす。青色で書かれた「青」という単語と、赤色で書かれた「赤」という単語。そして大学院生にあるゲームをやってもらう。表示されている文字の色を、できるだけ早く声に出して言うゲームだ。何も難しいことはない。学生たちは声をそろえて「青」や「赤」と答える。

次にコックスは、表示するリストを別のものに変更する。赤色で書かれた「青」という単語と、青色で書かれた「茶色」という単語だ。今度はみんな、うまく答えられない。なんで間違えるんだろう、と笑いが起こる。赤色で書かれているのは明らかなのに、単語が違う色を意味しているだけで、「赤」と口に出すことが嘘みたいに難しくなる。[1]

これが習慣の力です、とコックスは説明する。文字を読むという行為はとても強力な習慣になっているため、脳はほとんど自動的にその単語を読もうとする。これを意図的に変えるのは難しい。単語ではなく色が問題なのだとわかっていても、うっかり単語のほうを読んでしまう。

次にコックスは、大型ハリケーン「カトリーナ」の被害を報じる2種類の新聞記事をスクリーンに映しだす。一方の記事には、炭酸飲料を1パック抱えた若い黒人男性の写真が載っている。あたり一面は濁った水に飲み込まれ、びしょ濡れの黄色いシャツが胸から上だけのぞいている。もう一方の記事の写真は、肘まで水に浸かった白人カップルだ。女性のほうは肩にタトゥーが入っていて、顔をしかめながら、パンの入った袋をしっかりと握っている。

コックスはそれぞれの写真の下の説明文を読み上げる。黒人男性の説明は、「食料品店を漁った後、胸まで水に浸かりながら歩く若者」。白人カップルのほうは、「パンと飲み物を見つけた後、胸まである水をかき分けて歩く住民」。

一方は「漁った」で、他方は「見つけた」。教室に低いざわめきが広がる。

それからコックスは横を向き、隣に立っている女性にプレゼンテーションを受け渡す。60歳を少し過ぎたその女性はパトリシア・ディヴァイン、第1章でグラフとにらめっこしていた心理学者だ。学生の席のあいだを颯爽と歩きながら、張りのある声で話しだす。まるで狭い教室ではなく、技術カンファレンスのステージで話しているかのような雰囲気だ。

「多くの人は心から、偏見を手放したいと思っています」と彼女は言う。「しかしそんな人も、考え方の癖に対しては無防備です。意志だけでは足りないのです」。偏見は習慣であり、無意識的なものだ。「赤」と言うべきところでうっかり「青」と言ってしまうように。

「これからやろうとしているのは悪者探しではありません」と彼女は続ける。「私たちのゴールは誰かを非難することではなく、力を合わせることです」

10年ほど前、ディヴァインの教える学生が、バイアスを減らすためのワークショップを開発したいと言いだした。ディヴァインはこれに賛成し、それ以来チームでワークショップの検証と改善に取り組んでいる。ベースとなっている考え方は、認知行動療法だ。人の行動を変えるためには、まず問題に〈気づく〉必要がある。でもそれだけではなく、変わるために努力しようという〈動機づけ〉が必要だ。そして慣れ親しんだ反応を別の行動に〈置き換える〉ための、具体的な戦略を用意しなくてはならない。

この考え方をもとに、ウィスコンシン大学のチームは３つのパートからなるワークショップを開発した。まず最初のパートは、無自覚にバイアスのかかった行動をしているかもしれないと気づく段階だ。次に、そのバイアス行動をやめたいという動機を高めていく。そして最後のパートで、行動を変えるための戦略を提供する。この３段階で、人の自動的な反応を食い止めることができるだろうか。ディヴァインらはワークショップを学生や教員で試し、さらに企業や団体でも試行を重ねてデータをとってきた。結果は有望だった。バイアスに気づいて取り組むアプローチによって、実際に人の行動を変えられる可能性がある。

ダイバーシティの研修は今や、数十億ドル規模の一大産業だ。フォーチュン５００に名を連ねる大企業は、ほぼ例外なく何らかのダイバーシティ研修を取り入れている。ここ10年は「アンコンシャス・バイアス研修」がそのなかに含まれるようになり、あらゆる業界や行政組織の必修科目として取り入れられてきた。当然そのための講師やトレーナー、コンサルタントも大量に生まれている。

ダイバーシティ研修の目標は一般に、差別を減らすこと、異なる人たちとやっていくスキルを身につけること、そして組織のなかにポジティブなコミュニケーションを増やすことだ。ただし、ひとつ問題がある。ダイバーシティ研修の成果は、ほとんど検証されていないのだ。検証されていないのだから、結果がどう転ぶかはまったくわからない。[2] 鍼治療に行ったとき、ある正直な鍼師に言われたことを思いだす。「この治療で症状が良くなるかもしれませんし、悪くなるかもしれませんし、変わらないかもしれません」

なかには効果を測定したケースもあるが、その結果はかなり微妙なところだ。ダイバーシティ研修に関する論文260件をメタ分析した研究によると、もっとも大きな効果が見られたのは、研修に対する受講者の感情的反応だった。つまり異なる集団の人に対してではなく、研修そのものに対して好印象を持ったわけだ。また受講者は研修で学んだ内容――たとえばバイアスがいかに社会の不平等につながるか――を記憶したが、異なる集団の人に対する態度はやがて受講前と同じレベルに戻ったという結果も出ている。[3]

社会学者のアレクサンドラ・カレフとフランク・ドビンは何百もの企業のデータを集め、ダイバーシティへの取り組みが過去30年でどのような成果を挙げているかを分析した。企業の取り組みにはダイバーシティ研修のほか、採用試験や育成制度の工夫、特別な採用プログラムなどもあった。そうした取り組みを導入したあとで昇進の状況がどう変わったかを分析したところ、マネジャーに対するダイバーシティ研修を義務化した企業では、黒人女性がマネジャーに昇進する率が5年間で9％低下した。アジア系アメリカ人の男性および女性がマネジャーに昇進する率も4～5％下がった。そして白人女性と黒人男性がマネジャーになる率にはまったく変化がなかった。[4]

この数字は相関を示しているだけで、研修と昇進率の低下に因果関係があるかどうかはわからないが、それにしても困った結果だ。マネジャーは自分のやり方に口を出されることに抵抗感や嫌悪感を覚えるのではないか、と論文の著者らは述べている。あるいは自分の地位が脅かされていると感じたのかもしれない。企業の採用試験を再現したある実験では、その企業が多様性を重視していると聞かされた場合、白人男性の応募者らは脅威に直面したときのような生理的反応を示した。[5]

ダイバーシティ研修自体が、まちがったメッセージを伝えている可能性もある。たとえばアンコンシャス・バイアスの研修では、誰もが無意識のバイアスを持っている点を強調しがちだ。しかし心理学の研究が示すように、人はみんながやっていることに流される傾向がある。偏見があるのは自分だけではないのだから、無理して変えなくてもいいと思ってしまうのだ。またレイシズムの研修では――とくに講師が力量不足の場合――非白人の参加者に負担がかかりやすく、有害な影響を与えることもある。白人に対する教師の役割を期待されたり、見せ物のように扱われたりするからだ。[6]

効果がはっきりしないのは、民間の研修だけではない。心理学者エリザベス・パラックが偏見への介入手法に関する研究数百件をレビューした結果、実験室以外の環境で検証されたものは11%しかなかった。つまり偏見に対抗するアプローチの大半は、実際に私たちが生活したり働いたりしている環境で効果測定されていないということだ。パラックはそうした介入手法が人々に大きな害を及ぼす可能性を危惧し、「医学的介入と同等の厳密さで検証することが倫理的責務である」と述べている。[7]

では研修をしないで放置すればいいのかというと、そういうわけでもない。多様性の問題に直面したとき、マジョリティ集団に属する人は往々にして、集団間の違いが存在しないふりをする。「肌の色など関係ない」「性別など気にしない」という態度だ。第1章で見たベンチャーキャピタリストも、なぜ女性を雇わないのかと指摘されて「我々は相手の性別など見ないんです」と言っていた。「違い」がしばしば階層に直結する社会では、「違いなどない」ことにしておいたほうが都合がいい面はあるだろう。[8]

自分は客観的な人間だから、偏見などまったくないと主張する人もいる。とりわけ弱みを見せたくない人は、客観性を盾にして自分の行動を正当化しがちだ。自分の行動を振り返る機会がない場合、本気で自分が客観的だと思い込んでしまうこともある。しかしこうした戦略は——客観性への過信も、違いを見ないふりも——バイアスに対して効果がないだけでなく、むしろ状況を悪化させる。

採用担当者になったつもりで、管理職採用の応募者を評価してもらった実験がある。参加者の半数は事前にアンケートを渡され、「私は事実に基づいて論理的に判断をします」「私の意思決定は合理的です」といった文章にどれだけ当てはまるかを回答した。つまり自分の客観性を確認してもらったわけだ。そのうえで応募者の情報を読むのだが、応募者の名前は女性を思わせる「リサ」または男性を思わせる「ゲイリー」のいずれかがランダムに割り振られた。どちらの応募書類も内容はまったく同じで、技術力があるけれど対人能力が低い人として描写されている。参加者はそれを読んでリサまたはゲイリーの能力を評価し、その人を採用すべきかどうかを回答した。残りの半数の参加者は先に応募者の評価をおこない、そのあとで客観性についてのアンケートに回答した。

どちらのグループでも、9割近い人が自分の客観性を平均以上と評価した。しかし事前に客観性アンケートに回答したグループでは、リサよりもゲイリーのほうを好む傾向が強かった。さらにこのグループの人は、ゲイリーの対人能力をリサよりも高く評価した。まったく同じ説明が書かれていたにもかかわらずだ。事前に客観性アンケートに答えなかったグループでは、そうした傾向は見られなかった。つまり自分が客観的だという意識で採用に臨んだとき、応募者に対する差別はかえって強まったのだ。別の実験でも、性差別がすでに存在しないと思っている人は同じ履歴書でも女性より男性のほうを高く評価し、男性に対して8%高い給与を提示した。[9]

「肌の色など気にしない」というカラーブラインドの態度についても、似たような結果が出ている。大手医療系企業の18の部門で働く従業員およそ5000人を対象に、人種的・民族的な違いに対する白人の態度が非白人の体験にどう影響するかを調べた調査がある。各部門はそれぞれ方針が異なっていて、違いを無視するカラーブラインドな態度が強い部門もあれば、多文化主義で違いを尊重している部門もあった。* 調査の結果、カラーブラインドな部門では非白人の従業員がより強いバイアスを受けていて、仕事へのエンゲージメント（やる気や愛着）が低かった。それに対して、白人従業員が人種の違いに気づいて尊重している部門では、非白人の従業員がそれほどバイアスを感じておらず、仕事に対するエンゲージメントも高かった。[10]

この現象は脳画像を使った研究結果とも符合する。バイアス行動を控えるように動機づけられたとき、脳はまず人種を表す特徴に敏感に反応し、そのうえでステレオタイプを抑制しようとする。[11] バイアスを減らすためには、違いを無視するのではなく、むしろ違いに敏感になる必要があるようだ。

ダイバーシティ研修の効果はあやしいけれど、かといって何もしなければ有害な現状は変わらない。そこで必要なのが、ウィスコンシン大学のワークショップのようなアプローチだ。

世の中で量産されているプログラムと違って、ウィスコンシン大学のワークショップはしっかりと検証されている。しかも実験室の中だけでなく、実社会で試行を重ねてきた。内容は率直だが批判的ではない。そして望ましくない習慣から抜けだすための、主体的で意識的な取り組みに主眼を置いている。目的は潜在的なイメージを変えることではなく、思考の癖に気づいて行動を変えることだ。

２月のウィスコンシン大学の教室で、ディヴァインは青いペイズリー柄のブラウスの袖を片方まく

＊　カラーブラインドの程度は「人種の違いを気にせずにふるまうべきだ」「マイノリティが主流のやり方に適応できるよう促すべきだ」などの質問で測られた。多文化主義の程度は「組織のポリシーとして多様性を支援すべきだ」「人種の違いを認識して大切にすべきだ」などの質問で測られた。

り上げると、前方に座っている黒人の学生のところへ歩み寄った。「人種で扱いを変えないためには、肌の色を見なければいいんだ、と考える人が多いですよね」と彼女は言う。「ジェンダーでも年齢でも、違いを見なければいいんだと。でもそれは、効果的な戦略ではありません。そもそも不可能です」。彼女は色白の腕を伸ばし、黒人の学生の横に差しだす。「ほら、違いますよね」

学生たちが気まずそうに視線を交わすなかで、ディヴァインは続ける。「男性はどの人でしょう?」そう言ってウィル・コックスのほうを見る。それから両眉をくいと上げ、自分を指し示して言う。「歳をとってるのは誰でしょう?」

バイアスをなくすためのワークショップで肌の色の違いを強調するのは、意外に思えるかもしれない。でもそれが大事なところだ。違いを否定しようとしても、差別は悪化するだけだ、とディヴァインは言う。そもそも違いを認識するのは自然なことなのだ。人は相手の年齢や性別や肌の色を認識する。それは視覚のせいだ。認識したカテゴリーに何らかのイメージを結びつける。それは文化のせいだ。この結びつきによって相手を決めつける――それは、習慣のせいだ。

問題は違いを認識することではない。違いに対して、有害なやり方で反応することなのだ。ディヴァインが肌の色をくらべた黒人の学生も、あとでこう語ってくれた。「ちょっと驚きましたけど、大事なことだと思います」

ワークショップはバイアスのかかった行動を抑制するようにデザインされていて、認知行動療法の3つの柱がその道筋となっている。気づき、動機づけ、そして置き換えの戦略だ。コックスとディヴァインは2時間のレクチャーで、そのすべてを手際よく説明していった。偏見を持たないつもりでもバイアス行動をとってしまうことを科学的に解説し、バイアスのしくみを詳しく掘り下げ、バイアスがどれほど深刻な結果をおよぼしうるかを明示する。責められていると学生に感じさせないよう、慎重に話が進められた。

コックスがそのなかで紹介した一例は、子どもの置かれた社会経済的な位置づけによって、その子の学力に対する評価が左右されることを示した実験だ。実験の参加者は2つのグループに分けられ、ハナという名前の9歳の女の子に関する動画を見る。一方のグループの動画では、ハナは裕福な家庭で育った設定だ。両親ともに専門職で、郊外の広い家に住み、洗練された雰囲気の学校に通っている。もう一方のグループの動画では、ハナは貧困層の出身という設定だ。ぼろぼろの家、荒れ果てた庭、まともな運動場もない無認可の学校。そのあと参加者たちは、ハナが学力テストを受けている動画を見る。これはどちらのグループも同じ内容だ。ハナはいくつかの問題に正解し、いくつかの問題をまちがえる。参加者たちはそれを見たうえで、ハナの知性や学力がどの程度かを評価し、なぜそのように評価したのかを説明する。

育った階層に対する印象は実際、学力の評価に影響を与えていた。ハナが裕福な育ちだと思っている参加者は、ハナの学力を同学年の水準よりも高いと評価した。その理由として「自分の持っている知識を新しい問題に応用できる」などの説明が挙げられていた。さらにこのグループの人たちは、ハナがまちがえた問題よりも正解した問題のほうをよく記憶していた。一方、ハナが貧しい育ちだと思っている参加者は、ハナの学力を同学年の水準よりも低いと評価した。その理由は前者のグループとは逆に、「新しい情報を取り入れることに困難がある」といったものだった。

ハナの学力だけでなく、テスト自体に対する評価も分かれた。ハナが裕福な育ちだと思っている参加者はテストの内容が難しいと感じ、貧しい育ちだと思っている参加者はテストの内容が簡単だと感じていた。[12] まったく同じ映像を見たのに、何もかも違う印象になっている。これはすでに述べた確証バイアスで説明できるだろう。人はステレオタイプに合致するような情報を探し、ステレオタイプに反する情報は無視してしまうのだ。現実の見え方は、頭の中の地図に合わせて調整されている。

ワークショップの中盤、コックスとディヴァインは話し合いの時間を設けて、学生たち自身のバイアス体験を語ってもらった。バイアスの蔓延を実証するかのように、みんな何らかのエピソードを持っていた。ある女性は化学の分野で7年間も訓練を積んできたのに、「人当たりがいいから」という理由で営業職のインターンシップに回された。別の女性は教員の仕事をしていて、ある黒人の子と白人の子が学校でかなり違う扱いをされる様子を目にしていた。どちらも自閉スペクトラム症なのだが、白人の子がとつぜん大声で歌いだすと、教師はみんな「かわいいね」と頬を緩める。ところが黒人の子が同じことをすると叱られるそうだ。ある髪の長い白人男性は、なぜかみんなにマリファナを売ってくれそうだと思われていると語った（そして、他の人の状況にくらべれば気にすることでもないですけど、と肩をすくめてみせた）。

コックスも苦いエピソードを体験していた。彼は赤ちゃんの頃に養子に迎えられて、複数のルーツが入り交じった家庭に育った。母親はハワイ・中国系、コックスと父親は白人、4人のきょうだいはプエルトリコ系。そのため親やきょうだいが偏見を受ける様子を目にする機会が多かった。しかしコックスが同性愛者であることをカムアウトしたとき、今度はコックス自身が偏見の対象になった。厳格なモルモン教徒でもあった両親は、コックスの性的指向を受け入れてはくれなかった。

「フロリダ州タラハシーの、6車線ある幹線道路を車で走っていたときでした」とコックスは振り返る。「父は僕のバックパックを取り上げると、車のドアを開けて、道路脇に投げ捨てました。『さっさと降りろ』と言って、僕が降りるとそのまま走り去ってしまいました」

翌日コックスは銀行へ行き、新聞配達で貯めていたお金を引きだそうとしたが、4000ドルあったはずの貯金は消えていた。両親が引きだしたのだ。それからは人の家のカウチを転々としたり、年上の男性と暮らしたりした。苦労の末になんとかフロリダ大学に入り、ウィスコンシン大学マディソン校の大学院に進んだ。

「僕は偏見のせいで家族を失いました」と彼は言う。「だから人生をかけて、偏見と闘います」[13]

ワークショップの最後の段階では、自らのバイアス行動を変えるための戦略が示される。たとえばステレオタイプが頭に浮かんだら、それを意図的に別のイメージに置き換える。「この人はこういう人だから」と決めつけるのではなく、そのときの状況から行動の理由を考える。自分とは異なる人たちと出会い、知り合ってみる。

相手側から状況がどう見えるかを想像するのも大切だ。相手の見ている世界を具体的に体験できれば、なおさら効果が高い。ある実験では、参加者の半数に色覚異常の見え方を想像してもらい、残りの半数にはヴァーチャルリアリティのヘッドセットを使って色覚異常の見え方を実際に体験してもらった。そのあとで色覚異常の学生と一緒にタスクに取り組んでもらったところ、VRで色覚異常を体験した人は想像だけの人とくらべて2倍の時間を、色覚異常の学生を手助けすることに費やした[14]。

こうした行動変化の戦略については、心理学者のジェイソン・オコノファアが幅広い検証をおこなっている。学校の停学処分を減らすための取り組みでは、校風が異なる5つの中学校の数学教員を対象に、生徒指導にエンパシー（共感）を持ち込む試みがおこなわれた。教員たちは2か月の間隔を置いてエンパシーの教材に取り組み、生徒が問題行動をする背景にいろいろな事情が考えられること、そして信頼関係によって生徒の成長を助けられることを学ぶ。問題児のレッテルを貼るかわりに生徒の立場に立つよう促され、教師に理解されたと感じた生徒たちのストーリーを読む。つまり人格ではなく状況に行動の理由を求め、ステレオタイプを阻止し、相手の視点でものを見るのが狙いだ。同時に教員自身の自主性や能力を尊重し、生徒を支援するプロとして扱うことも忘れなかった。参加者には学んだことを実践で生かすための具体的な方法を考えて書いてもらい、それを他の教師の助けになるようシェアすると伝えた。[15]

この介入手法はバイアスをなくす目的で作られたわけではない。信頼と尊重、相互理解を育むためのものだ。懲罰を避けるよう説得しているわけではないし、生徒の見方に同調しろと言っているわけでもない。それでも研修を受けた場合、翌年の停学処分の数は対照群とくらべて半減した。アフリカ系やラテン系の生徒（とくに停学処分を受けやすい）が停学になる率は、12・3％から6・3％に低下した。さらに過去に停学処分を受けたことがある生徒たちは、エンパシー研修を受けた教員から以前よりもずっと尊重されていると感じるようになった。教員の行動が変わったからだ。同様の短い介入手法を保護観察官に対しておこなったところ、研修を受けてから10か月後の時点で、成人の保護観察対象者の再犯率が13％低下した。これもバイアスに特化した介入ではなく、よりよい関係を築くためのものだ。研修を受けた保護観察官たちは、保護観察の対象者をそれまでとは違う目で見るようになっていた。

ワークショップのしめくくりに、ディヴァインはゆっくりと席のあいだを歩き、学生ひとりひとりの目を見つめた。

「忘れないでください。偏見は習慣であり、習慣は断つことができるのです」

有望な結果は出てきている。ディヴァインがウィスコンシン大学マディソン校の教員を対象におこなったジェンダーバイアスのワークショップでは、理工系学部の教員採用パターンに変化を起こすことができた。介入からわずか2年で、理工系学部の女性教員の比率は32％から47％に上昇した。およそ1・5倍になった計算だ。ちなみにワークショップを受けなかった学部では女性比率に変化はなかった。ワークショップから数か月後におこなわれた職場環境の調査では、女性だけでなく男性教員も、自分の研究を高く評価してもらえると感じるようになっていた。さらに家庭の問題を話しやすくなったという効果もあった。どうやらワークショップのおかげで、職場の働きやすさは全体的に向上したようだった[16]。

同じワークショップで、人種バイアスに特化したバージョンもある。数百人の学生にワークショップを受けてもらい、数週間後に調査をおこなったところ、ワークショップに参加した人はそうでない人よりも敏感に日々のバイアスを感じとれるようになっていた。そしてそのバイアスをまちがっていると判断する率も上がった。注目すべきは、その効果が長く持続したことだ。2年後にオンラインで話し合いをおこなったところ、ワークショップに参加していた人はそうでない人よりも、バイアスに反対する意見を言う傾向が強かった。現在、ディヴァインのチームはこの介入手法が非白人にどう影響するかを検証しているところだ。白人の感じ方や行動の変化を、非白人の当事者はどう感じているのだろうか。これは重要な問題だ、とディヴァインは言う。「もしも白人の気分がよくなるだけなら、何の意味もないですからね[17]」

バイアスを悪い習慣と捉えるアプローチは、無自覚のパターンに光を当ててみずからのバイアスに気づき、その行動を積極的に修正していくことを目指している。40年分のダイバーシティ研修をメタ分析した調査でも、気づきを促すだけでなく新たなスキルや行動習得まで射程に入れた研修のほうが効果が高いことがわかった。また同じ調査によると、学校など学びを目的とした場面でおこなうと効果がいっそう大きいようだ[18]。

ただし、一度きりの研修ですべてが改善するわけではない。ワークショップを実施した学部では新しく雇用される女性の割合が増えたけれど、全体としての女性比率はそれほど変わらなかった。職場を去る人もいたからだ。職場環境が改善したとはいえ、もちろん何もかも良くなったわけではない。職場環境のアンケートには、意思決定に参加できるかどうか、研究者としての力量を認めてもらうために人よりも多く働かなければならないか、というような質問も含まれていた。こうした点について、女性や非白人の置かれた状況は改善されていなかった。40年分の研修をメタ分析した調査によると、ダイバーシティ研修は長期的に続けたほうが効果的で、さらに組織レベルの包括的な取り組みと合わせて実施したときにもっとも効果を発揮することがわかった。そのためには自分たちの組織で起こっているバイアス行動に特化した対応も必要だろう。

ワークショップが万能薬でないことは、ディヴァインもよく承知している。「それでも自分の心のなかのバイアスに向き合うのは、大きな一歩になると思います。その人が学校や会社に所属していれば、周囲にメッセージが広がることも期待できます」[19]

ワークショップは実際に新たな気づきを与えてくれるし、即効性も高い。あるときコックスが相手の置かれた状況を考える必要性を説明していると、参加していた学校教員が思わず場違いな大声を上げた。まわりの人が驚いて見つめるなか、教員は自分のバイアスにふと思い当たったのだと説明した。白人の生徒が宿題を忘れると、家で何かあったのかと尋ねるようにしている。でも黒人の生徒が宿題を忘れても、そんなふうに尋ねることは思いつかなかったのだという。

私自身も効果を実感した。ワークショップに参加し、研究者たちと数日間にわたって話し合ったあと、自分自身のバイアスに対する感度が大きく高まっているのに気づいた。たとえばマディソンに着いて3日目、ホテルのロビーにいると、フロントデスクの近くにみすぼらしい格好の人が2人立っているのが見えた。2人は白人で、皺だらけのくたびれた服を着ていた。膝のあたりがほつれて穴があいている。思わず頭のなかでこう思った。どう見てもホテルの客ではなさそうだ。受付で働いている人の友達で、休憩時間に会いにきたのだろう。

なんということもない一瞬の連想だ。あんな格好の人は3つ星ホテルには泊まらないという思い込み。でもそれこそが、バイアスの働きだった。ほとんど気にも留めないようなイメージがふと頭に浮かび、思考や行動をそっと突き動かす。自分がそんなイメージを思い浮かべていることに気づいたのは数秒後だった。そのイメージが間違いだったかどうかはわからないが、背筋がひやりとした。「私、今までずっとこんなふうに生きていたわけ?」

そのときは直接彼らと接したわけでもなく、私のイメージはただ浮かんで消えていった。でも状況が違えば、うっかり思い浮かべたイメージのために、相手の人生が台無しになる可能性もある。それからというもの、私は息を凝らしてバイアスのまたたきを待ち構えた。ちょうどトンボをつかまえようと網を構える人のように。そして私はバイアスをつかまえた。何度も、何度も。それは自分の偏見を終わらせるための、長い道のりの一部だった。じっとそれを待つ。つかまえて、光にかざす。そっと手放す。そしてまた、次を待つ。

＊＊＊

しかしなぜ、バイアスのワークショップに効果があるのだろう。そもそもバイアスは心の奥深くに染み込んで、変化しづらいものではなかったのか。普通に生きているだけで、バイアスを強化する文化的メッセージは全方位から24時間休みなく飛び込んでくる。理工系学部の職場環境も、ほとんどは変化がなかった。でも一部は、たしかに変わったのだ。それはなぜなのか?

ヒントは意外なところにあった。薬物乱用防止のプログラムだ。

近年の薬物乱用の研究では、依存症の人にお金を払うことで乱用を防ぐというアプローチが注目されている。薬物検査を無事にパスするたびに、お金や賞品を渡すのだ。薬物検査をパスした回数が増えれば、もらえる金額も上がっていく。このやり方は実際に、コカインやオピオイド、ベンゾジアゼピン、アルコールなどの薬物依存に効果を挙げてきた[20]。

この手法がうまくいく理由について、はじめは単に経済的な観点から説明されていた。薬物を買うコストに加えて、もらえるはずのお金がもらえないとなれば、ドラッグをやるコストは割に合わなくなるわけだ。でもそれだけでは、うまく説明がつかない部分もある。たとえば、もらえる金額が少なくてもうまくいくのはなぜなのか。週に数ドルの報酬で成功している例はいくつもあるが、単にコストとベネフィットの差を考えるなら、数ドルで逆転するわけがない。

そこで神経科学者のデイヴィッド・レディッシュとポール・レギアーは、このやり方がうまくいく理由を別の角度から探ってみた。彼らによると、その鍵は賞金そのものではなく、賞金によって思考のモードが変わることにある。薬物には強い習慣性があり、依存している人はほとんど無意識に手を伸ばしてしまう。しかし「薬物かお金か」という選択肢が提示されると、一瞬立ち止まってどちらを選ぶかを考えざるをえない。このとき自動的な習慣が断ち切られ、いったん我に返って、意図的な選択をすることが可能になるのだ。

習慣的な思考をするときは、脳のなかでも大脳基底核や小脳と呼ばれる部分がはたらいている。それに対して意図的な思考に使われるのは、脳の前頭前野という部分だ。前頭前野は計画を立てたり、複雑な意思決定をしたりする役割を受け持っている。「薬物かお金か」の選択肢を出されたとき、人は行動の結果について意識的に考えることを迫られる。ありうる未来を想像し、どれを選ぶのが望ましいかを決定しなくてはならない。その選択肢のなかには、薬物をやめて健康になった未来も含まれている。自動的な思考を断ち切ったとき、いつもと違う選択への入り口がその人の前に開かれる。[21]

こうした思考の転換は、薬物以外の習慣にも適用できるとレディッシュは言う。[22]バイアスのワークショップがうまくいくのも、バイアス行動は選択の結果なのだと意識できるからかもしれない。バイアスに流されるかどうかは自分次第だ、と意識することで、自動的な習慣から意図的な選択へとモードが切り替わるのではないだろうか。私がホテルで経験したように、ワークショップは自分のバイアスに対する感度を高めてくれる。そうしてバイアスを意識すると、ほかの選択肢が見えてくる。自動的に思い浮かんだ印象をそのまま受け入れるのか、別の可能性を考えるのか？　第一印象で決めつけるのか、ほかにも証拠を探すのか？　ホテルであの２人を見たとき、「ホテルの客ではないな」と自分が考えていることに私は気づいた。そこでいったん立ち止まり、最初の思い込みをもう少し検証してみた。別の可能性はいくつも思い浮かんだ。反応に身をまかせるかわりに反応を観察すれば、今まで見えなかった選択肢が見えてくるのだ。

しかしもうひとつ、疑問が残る。なぜワークショップを体験した人は、このような努力をする気になるのだろうか。ディヴァインのチームはその理由が、人の自己像にあると考えている。１９６０年代、社会心理学者のミルトン・ロキーチは、自己の感覚が重層的に成り立っているという考えを提唱した。自分の中核に近い要素もあれば、もっと外側の要素もある。たとえば価値観は自己の感覚の中心にあるが、世界についての知識や意見はそれより少し外側にある。他人に対するステレオタイプやイメージは、もっと外側に位置している。[23]

ひとことに自分といっても、中心から外側まで玉ねぎのようにさまざまな層があるわけだ。そして自己の核に近ければ近いほど、それを変えるのは難しい。伝統を重んじる人や、公正さを重視する人に、そうした価値観を変えてもらおうとしても一筋縄にはいかない。もしもそうした中核を変えることができたなら、その変化はかなり大きなものになるだろう。「たとえばセラピーでは多くの場合、人が自分自身をどう見るかという、その中心のプロセスを変えることに目標を置きます」とワークショップの研究に参加してきた心理学者パトリック・フォーシャーは言う。「うまくいけば、抜本的な変化につながります[24]」。しかし核の部分にある価値観を変えられなくても、世界や自分に対する見方を変えるのはそれほど難しくない。これがディヴァインたちのワークショップの目指すところだ。「自分は差別をしない」「バイアスは重要ではない」といった自己理解を、ワークショップは揺るがしていく。このレイヤーは実際、核の部分よりも変化しやすい。そして平等や公正さの価値観を核に持つ人が、うっかり差別をしていたことに気づいたとき、それは行動を変えようという強いモチベーションになる。人は自分のなかに矛盾を抱えたくないからだ。

このことはロキーチが1960年代の一連の実験で明らかにしている。ロキーチは白人の学生に、18種類の価値項目を重要な順に並べてもらった。多くの学生は「自由」を「平等」よりも上位に置いていた。自己矛盾の感覚を引きだすため、ロキーチは学生に言った。この結果を見るかぎり、みなさん他者の自由よりも、自分の自由をずっと大事にしているみたいですね、と。そして人権を守ることが自分と他者の自由を守ることにつながるという話をした。自分の矛盾に気づいた学生たちは数か月後、ほかの学生よりも高い頻度で異文化理解の授業をとり、全米黒人地位向上協会（NAACP）の誘いにも前向きに反応した。彼らは実験から1年以上経っても、黒人の権利をほかの学生よりも強く支持していた。

ジェイソン・オコノフアのチームは同じやり方で、保護観察官の態度に変化を起こした。再犯率低下をめざした実験のなかで、オコノフアらは保護観察官が自分自身を個性のある人間として見ているのに、保護観察の対象者のことはみんな似たような人だと考えている矛盾を指摘した。それ以降、保護観察官たちは保護観察の対象者をひとまとめに悪者扱いするのをやめたという。[25]

「人の価値観は変えられませんが、自身の価値観に沿った行動をしていないのではないかと気づいてもらうことはできます」とコックスは言う。「それに気づいてしまったら、もう行動を変えていくしかないですよね」[26]

こうした自己理解のレイヤーは、変化を促すのに最適なスイートスポットだと言えるだろう。凝り固まった核の部分からほどよく離れているし、正しい刺激を与えれば、大きく変容する可能性がある。そしてこの層が変化したとき、うまくいけば変化が周辺の層にも波及していく。

反バイアスの研修は、たとえ慎重に設計されたものでも、簡単に実行できるわけではない。参加者のレベルはさまざまで、やる気がある人もいれば仕方なく来ている人もいる。あるダイバーシティ・コンサルタントは、「種が芽を出して花を咲かせるのか、それともただ土の地面を水で濡らしているだけなのかわからない」と本音を語った。[27] 優位な立場にある人は、自分がバイアスの恩恵を受けているという気づきに反発も感じるだろう。仕事の実力や、警察に疑われない日常、あるいは成長を見込んでもらった経験が、本当はただのバイアスだったかもしれないのだ。何の経験もなく雑誌記者からベンチャーキャピタリストに転身できたあの傲慢な会長のように。

ディヴァインのワークショップを見ていて思ったのは、なんて親しみやすい雰囲気なんだろうということだった。意図的にそうしているのだ、と彼女は言う。非難されたと感じたら、人は心を閉ざしてしまうからだ。ただし優しいだけでは意味がない。バイアスはよくあることだが、だからといって許されるものではない。あなたは悪人ではないが、変わることも必要だ。コックスとディヴァインがそのバランスをとる様子はまさに職人技だった。特定の考えだけをピンセットでそっとつまんで取りあげる。うっかりまちがった部分に触れないように。

参加者の構成も問題だ。社会学者のアレクサンドラ・カレフとフランク・ドビンによると、ダイバーシティ研修は無理に参加させるよりも任意参加にしたほうがずっと効果が高い。ただし私が見学した日の参加者は、ほとんどが白人女性または非白人の人で、どちらかというとバイアスを向けられる立場の人だった。白人男性の不在はとても目立った。普段はもっといろんな人がいるんです、とコックスは言っていたけれど、その日の参加者の構成は今の現実を照らしだしているようだった。バイアスをもっとも積極的に学ぼうとする人は、もっともバイアスに晒されやすい人なのだ。

それでも希望はある。パトリック・フォーシャーの研究によると、ワークショップの影響範囲はそこにいる人だけにとどまらないようだ。フォーシャーはネットワーク分析という手法を使って、ワークショップの効果がコミュニティのなかでどのように広がるかを調べた。理工系学部でおこなったジェンダーバイアスのワークショップのあと、大学のジェンダー平等のために尽力していると回答する率が高かったのはワークショップの参加者ではなく、その人たちと一緒に働いている同僚だった。この意外な発見が何を意味するのか、正確なところはわからない。でも考えられるのは、ワークショップに参加した人の行動が変わり、その変化が職場の空気を変えて、まわりの人にも波及したのではないかということだ。こうしたネットワーク効果は別の研究でも示されている。高校の生徒を対象にして偏見の授業を週1回おこなった結果、とくに肥満に対する偏見と同性愛に対する偏見で、同じような効果の広がりが見られた。授業の数か月後に調査したところ、授業を受けた人の友人や知人で、同性愛者の権利を訴える署名に参加する率が高くなっていた。[28] ワークショップの効果がコミュニティに波及していくのだとしたら、今いる参加者に働きかけるのはけっして徒労ではない。

バイアスに晒されやすい人は、バイアスとの闘いを率いる人でもある。グローバル企業の従業員3000人を対象にした大規模な実験が、この事実をよく示している。対象企業の従業員は、1時間のジェンダーバイアス研修をオンラインで受講した。研修は職場のジェンダーバイアスに特化した内容で、ステレオタイプのしくみを説明し、それに対抗する戦略を教えるものだった。研修のあと、参加者は自身のバイアスを認識できるようになり、女性に対するサポートや包摂的な行動が増えた。その効果は、研修を受ける前から女性を強く支持していた人にも表れた。研修の数週間後に調べたところ、その人たちはメンターシップ〔先輩社員が後輩とペアになり、継続的に助言や支援をおこなう制度〕の相手に女性を指名することが多くなっていた。

興味深いことに、このとき行動を変えたのはおもに女性だった。メンターの立場にある女性が後輩女性の相談に乗ってあげたり、あるいは女性社員が女性の先輩にメンターを依頼したのだ。実験を実施した研究者らは、女性が職場で対等な扱いを受けるのがいかに大変であるかを研修で実感したためではないかと述べる。ジェンダーだけでなく、ほかの種類のバイアス研修でも同様の結果が見られた。マイノリティの従業員が助言を受けられる機会が増えたが、助言を与えるほうもやはりマイノリティであることが多かったのだ。[29]

ディヴァインのチームがやっているようなワークショップの弱点は、その前提にあるかもしれない。つまり大多数の人は心のなかで平等な考えを持っていて、バイアスという悪い癖がそれを乗っ取っているという考え方だ。もしもその前提がまちがっていたとしたらどうだろう。意識的な考えと潜在的なイメージが別々に存在するのではなく、本当の態度が幾層もの否認や無知に覆い隠されているのだとしたら。心のなかに偏見を持ちながら、自分でもそれに気づいていない状態は普通に考えられる。

だとしたら、偏った考え自体を変えていくアプローチのほうが効果は高いはずだ。ミルトン・ロキーチの重層的な自己というモデルに従うなら、偏った考えを修正することで、より深いレベルでの変容が引き起こされる可能性もある。

私の身に起こったのが、まさにそういうことだった。本書の準備と執筆の過程で、私はさまざまなフェーズをくぐり抜けてきた。自分に降りかかるバイアスに対して不満や怒りを感じるときもあれば、バイアスは特定の時代と文脈に生きていれば当然起こりうる結果なのだと考えるときもあった。さらに学び、執筆し、人と関わるうちに、自分自身の言動のバイアスを何度も指摘され、ふたたび考えが変化した。私もまた有害なやり方で考え、行動している事実を思い知ったのだ。言動の癖に気づくだけでは足りないと思い、私は深く内省を重ねた。自分の考えをひとつひとつ取り上げ、検証していった。なかには自分の価値観や良心に反する醜い考えもあった。女子がほとんどいない数学や科学の上級クラスにいる自分を誇らしく思うとき、そこにはたしかに無自覚で有害な思い込みが存在していた。私は女性の、ひいては自分自身の能力を軽んじていたのだ。そう自覚したとき、今度はその思い込みの歴史的な由来を知りたいという思いに駆られた。そうして学びが深まると、変化もより持続的なものになっていった。

歴史的背景は実際、現代の偏見をより深く理解する助けになる。ある研究では白人のアメリカ人に、差別的な住宅政策を通じて黒人ゲットーが制度的に作られた歴史を学んでもらった。参加者たちはその後、現代のレイシズムをより敏感に認識できるようになっていた。ボブ・マーリーの歌にもこんな歌詞がある。「自分の歴史を知れば／あんたがどこから来たかわかるさ」。事実、過去を知ることで現在の差別に敏感になる現象は「マーリー仮説」と呼ばれている。[30]

自分の偏見の起源を学ぶことは、その偏見を学び捨てるための苦しい道のりの始まりだった。2時間のワークショップに収まる話ではない。本書の執筆にかかった5年間を通じて私はそれに取り組んできたし、作業は今も続いている。

ディヴァインたちのワークショップは、もちろん重要な一歩だった。自分のバイアスに気づくきっかけを与えてくれたのだから。短期間のプログラムは、ひとつの出発点と捉えたほうがいいかもしれない。それが伝えるのは、自分の価値観と食いちがう行動をとっているかもしれない可能性を少し考えてみてほしい、というささやかなお願いだ。

結局のところ、認知行動療法的なアプローチだけでは、バイアスをきれいに解消することはできない。私たちの考えは個人で完結するわけではないからだ。私たちは歴史のなかに、そして人との関わりのなかに生きている。社会の構造も私たちの行為を大きく制約する。政策や法律、アルゴリズムといった構造的な問題を残したまま個人に変化を求めるのは、エスカレーターを逆向きに駆け上がるようなものだ。それに私たちは、めまぐるしい感情に振りまわされる生き物だ。私たちは肉体でもあり、承認や傷、ケアやネグレクトの痕跡をその身体に刻んで生きている。こうしたすべての要素が、自分と他者とのやりとりに影響してくる。

認知、歴史、関係性、構造、感情、肉体——これらの要素が合流した瞬間、バイアスは最悪の結果をもたらすことがある。そのような場面では、立ち止まって熟慮するのは難しい。相手の立場に立ち、どんな経緯で行動に至ったのかを検討する余裕はないかもしれない。生死を分ける判断は、ときに一瞬のうちに下される。

とりわけ、私たちが互いを恐れるように訓練されている場所では。

第5章 The Mind, the Heart, the Moment 生死を分ける瞬間

ミネソタでは記録的な暑さが続いていた。2016年7月、曇り空の蒸し暑い夕方だった。

32歳の管理栄養士フィランド・カスティールは、ミネソタ州セントポールの郊外住宅地の道路を恋人のダイアモンド・レイノルズと一緒に車で走っていた。ちょうど夕飯の買い物をすませたところで、車には冷凍エビやお米、鶏肉、マリネの材料などをどっさりと積みこんでいた。後部座席のチャイルドシートに座っているのは、4歳になる娘だ。

カスティールはその夏、セントポールの公立学校で食堂の仕事を受け持っていた。本当は夏休みを取ってもよかったのだが（給料は年額で決まっていた）、彼は子どもたちと接するのが好きだった。ある保護者は彼のことを「ドレッドヘアのミスター・ロジャース」と呼び、子どもたちは親しみをこめて「フィルおじさん」と呼んでいた。[1]

28歳の警察官ヘロニモ・ヤネスは、2時間ほど前にシフトについたところだった。最近その近くのコンビニエンス・ストアで強盗事件があり、犯人はまだ捕まっていなかった。コンビニの防犯カメラには、ドレッドヘアの黒人が映っていた。

この地域の住民は7割が白人だ。カスティールは黒人だった。自動車で通りすぎるカスティールを見たとき、ヤネスは巡回中の同僚に無線で連絡し、あやしい男を見かけたので職務質問をすると伝えた。強盗事件の犯人に似ているんだ、とヤネスは言った。「鼻が横に広いところがそっくりだ」[2]と。

ヤネスはカスティールに車を停めさせ、運転席側のウインドウのほうへ歩いていった。そしてブレーキランプが片方切れていると指摘し、免許証と保険の証明書を見せるようカスティールに指示した。カスティールはまず保険の証明書を渡してから、落ち着いた声でゆっくりと言った。

「あの、一応お伝えしなければいけないのですが、銃を携帯しています」

カスティールはミネソタ州の銃所持許可証を持っていた。きちんと身元調査に合格し、安全講習も受けていた。そして銃所持者には、警察の求めに応じて銃を持っている事実を報告する義務があった。カスティールとレイノルズは犯罪の多い地域に住んでいたため、自衛のために普段から銃を持ち歩いていた。[3]

ヤネスはさっと自分の銃に手を添えた。カスティールは言われたとおり免許証を取りだそうとして、ハンドルの右側の物入れに手を伸ばしたところだった。でもヤネスの頭には「銃」という言葉の響きしかなかった。「やめろ、その手を離せ」とヤネスは言った。カスティールとレイノルズは、銃を取ろうとしているわけではないことを説明しようとした。

手を離せと言ってるんだ。

　いや、そうじゃなくて――

やめろ、取りだすな。

誤解です、これは——

この人はただ——

だめだ、取りだすな。

ヤネスはカスティールに向かって7回、発砲した。カスティールの最期の言葉は、「いや、私はただ——」だった。[4]

その日から、セントポールの街と警察の所在地ミネアポリスのあいだには、深い峡谷が刻まれたかのようだった。2つの街をつなぐ道路の上を、哀しみに包まれた抗議者が列をなして行進した。数年後の2020年に起こる世界的なブラック・ライヴズ・マター運動の高まりを予兆するようなできごとだった。セントポールとミネアポリスは双子の街とも呼ばれるミネソタ州の都市圏だが、そのコミュニティは大きくはなく、知り合いの知り合いをたどれば誰かがカスティールとつながっていた。カスティールが働いていた学校の外には、児童がこんな手紙を残していった。

「ほんとにほんとにさみしいです」

「おじさんの心には虹がかかってる」[5]

＊＊＊

発砲直後の映像に映っているヤネスは、すっかり支離滅裂な状態だ。銃を下ろそうともせず、心肺蘇生をすることも忘れて、そのまま怒鳴りつづけている。レイノルズはカスティールが免許証を取りだそうとしただけなのだと説明している。ほかの警察官が到着したあとも、ヤネスの興奮はおさまらない。「クソっ、なんなんだよクソが……だめだ、やっちまった……」彼はパニック状態で言う。「何発撃ったんだろ……そいつ、まっすぐ前を見てんだよ、それでヤバいと思って、それで……だから言ったんだよ、さっさと銃から手を離せって」

医学的検査の結果、撃たれたときにカスティールの手が銃に触れていた可能性は否定された。現場を目撃した消防士によると銃はカスティールのポケットの「奥深くに」入っていたのだが、カスティールの右手の指には銃創があるのに、彼の銃にもポケットにも撃たれた形跡はない。つまりカスティールはヤネスの命令におとなしく従っていたようだった。銃を取るなという命令と、免許証を出せという命令。その両方に彼は従っていただけなのだ。[6]

州の犯罪捜査官による事情聴取で、ヤネスはカスティールについてこう語っている。「声のトーンがやけに微妙な、不安定な感じに聞こえました……身振りは身構えたような感じでした」。車内からマリファナの匂いがしたとヤネスは報告している。身分証を出すように指示すると、カスティールは「左手はハンドルに置いたまま、上半身をぐっと奥に向けました」。それから起こったことを、ヤネスは次のように語る。

> その時点で怖くなって、身の危険を感じたんです、自分とパートナーが危ないと感じて。……カスティールはまだ手を動かしていました……そのとき手に何か持ってるのが見えました……かなり緊張状態だったんですけど、なんとかしなきゃいけないと思って……でも時間がなかったんです……とにかく何か持ってるのがわかって……ここで死ぬんだと思いました……だからやるしかなかったんです。銃を抜いて、それで、撃ちました。
> 何発撃ったかは覚えていません。

検死官はこの事件を他殺と判定し、ヤネスは第2級殺人罪および銃器の危険な発砲、重過失致死罪で告発された。ヤネスの弁護人は、彼が身の危険を感じていた点を主張した。身の危険を感じた、というのは警察官が発砲したときにきまって挙げる理由だ。これは人種差別による暴力をごまかすために使われうるし、実際に使われてきた（ジョージ・フロイドをじわじわと時間をかけて殺したデレク・ショーヴィンが恐怖に突き動かされていたとは到底思えないが）[7]。

とはいえ、ヤネスの混乱した行動は、たしかにパニックを示していた。彼は「視界が狭くなって」として、カスティールの言葉がよく聞こえなかったと述べている。極度のストレスや恐怖を感じたときの症状として、周辺視野が暗くなることは実際にある。できごとの詳細が思いだせなかったり、感情がうまく機能しないこともある。なぜヤネスはパニックに陥ったのか？ 手に何か持っているのが見えた、と彼は言う。裁判のときには、カスティールが銃を抜いたのを実際に見たとも主張した。そんなことは起こらなかったにもかかわらずだ。「どうしようもなかったんです」と彼は言う。「撃ちたかったわけじゃないんです」[8]

陪審員は白人が10人と黒人が2人だった。ヤネスの証言を聞いて、銃を持っているのを見たという主張は嘘ではないと判断した。殺されたカスティールの側の真実には思いが至らなかったようだ。陪審員はすべての嫌疑について無罪の評決を出した。セントポールの街はふたたび激しい怒りで沸き返った[9]。

ヤネスの弁護人はこの事件が人種問題ではなく、銃社会の問題であるという態度を貫いた。あたかも被害者の人種はヤネスの判断に何の影響も与えなかったかのように。でも数々の研究を見れば、人種が決定的な要素であったことは明らかだ。最初に職務質問をしようと思った判断も、話しかけたときの印象も、そして恐怖の高まりも、カスティールが黒人でなければ違っていたはずなのだ。

2003年から2004年にかけて、人権弁護士のコニー・ライスはロサンゼルスの警察官を対象に、18か月にわたるインタビューを実施した。当時ロサンゼルス市警では大規模な汚職事件が明るみに出て、抜本的な組織改革をおこなったところだった。改革の成果を査定するため、ライスは警察官800人以上に会って話を聞いた。対象者には男性も女性も含まれ、人種的・民族的にも多様だった。警察官たちは率直に現状を語ってくれた。違法行為の責任が曖昧だったり、警察の動機が歪んでいたり、地元住民に対する敵意があるなど、問題はまだ山積みのようだった。[10]

話を聞くなかで、ライスが驚いたことがある。多くの警察官が、黒人に対する恐怖を打ち明けたのだ。「正直な話、黒人が怖いんです」とある人は言った。「自分の育った町には黒人がいなかったんです。だから本当に、どう接していいかわからない」。別の人は「そりゃ黒人男性は怖いですよ。助けてほしいですね」と言う。ライスはなるべく表情を変えないように、彼らの話を聞いていた。批判的な反応を見せて信頼を失いたくはない。しかし内心、大きなショックを受けていた。警察官は普段、恐怖をあまり語らない。弱さは警察官にとってマイナスになるからだ。しかしインタビューのなかでは、白人だけでなくあらゆる人種の警察官が、黒人に対する恐怖心を明らかにした。[11]

もちろん、恐怖では説明のつかない意図的な暴行もある。しかしインタビューに答えた警察官の訴える恐怖は、黒人のイメージが人々の心に犯罪を思い起こさせるという研究結果と見事に重なっていた。人種差別と認知・行動の関わりを数十年にわたって研究してきた心理学者ジェニファー・エバーハートは、無意識下の刺激を使って、黒人のイメージが人の認知に与える影響を実験している。ほんの一瞬だけ黒人または白人の顔写真を見せたあと、今度は画質が粗くて判別しづらい銃やナイフの写真を見せて、そこに何が写っているかを答えてもらう。その結果、最初に黒人男性の顔を見せられた人は、武器を認識するスピードが速いという結果になった。犯罪を思い浮かべたというよりも、犯罪が「見えた」のだ。さらに別の実験では、警察官に黒人と白人の顔写真を何枚も見せて、その人たちは犯罪者の可能性があると告げた。そして犯罪者に見えるかどうかを1枚ずつ判定してもらったところ、肌色や顔立ちが典型的な黒人のステレオタイプに近ければ近いほど「犯罪者である」と判定される率が上がった。黒人らしい顔つきをしていることは犯罪ではないのに、顔つきのせいで犯罪者扱いされやすくなるのだ[12]。

別の研究によると、アメリカ人は一般に、白人男性よりも黒人男性のほうが怖いと感じている。黒人の少年は白人の少年よりも年上に見られやすく、子どもらしくないと評価される。また黒人以外の人は、黒人男性の体格を実際よりも大きく感じがちだ。黒人男性は同じ体格の白人男性よりも背が高く、筋肉が大きく、より危険だと見なされる。ちなみに黒人の人から見ても、黒人男性の体格は過大評価される傾向があるらしい[13]。

黒人らしい名前を聞いただけで、知覚の歪《ゆが》みが生じることもある。ある実験では16人の白人男性の写真を顔が見えないように首から下だけ切りとって、肌の色が判別しづらいように加工し、非黒人の被験者に見せた。このとき写真に写った人の名前も表示されるのだが、一部の被験者では黒人らしい名前（タイローンやデショーン）が表示され、別の被験者では白人らしい名前（コナーやコーディー）が表示された。その結果、黒人らしい名前を表示された人のほうが、写真に写った人の身長や体重を大きく評価する傾向があった。まったく同じ写真でも、名前だけで印象が変わるのだ[14]。

白人のアメリカ人の場合、肌の色が濃い人の顔を見ると扁桃体の活動が高まるという実験結果もある。扁桃体は恐怖や不安などの感情に関わる脳の部位だが、これは人の行動を駆り立てる重要な要素だ。人種差別に関する57件の実験を分析した研究によると、異なる人種グループに対する行動を決定するうえで、頭での理解よりも感情のほうが2倍も大きな影響を与えていた。ネガティブな感情は、たとえば目をそらすなどの小さな形で現れることもあれば、警察の暴力などの致命的な結果につながることもある。[15]

先に述べたように、警察の暴力の理由として「身の危険を感じた」というのはよく使われる口実だ。自分の命が危ないと感じた場合、法的にも暴力が許容されることがある。* そして警察は黒人男性を前にすると、実際に危険がなくても恐怖を感じて暴力を行使する傾向がある。警察官が勤務中に起こした射殺事件およそ1000件を分析した結果、黒人は武器を持っていない状態で射殺される率が白人の約2倍だった。別の調査によると、黒人容疑者は警察の指示にすべておとなしく従っていても、白人容疑者より21・3％高い確率で警察から暴力を受けていた。逮捕に至らないケースでさえそうだった。** これらの調査は警察が公式に発表した数字をもとにしているが、実際の状況はもっと悪い可能性がある。内部の不祥事をどこまで正直に発表しているかはわからないからだ。***

こうした現状は、アメリカに住む黒人に不可能なほどの重荷を背負わせる。自分の命を守るために、

* 法的に正当であると認められるかどうかには主観的な判断が入り込む。警察官の証言は信頼性が高いと思われているため、カスティールを殺したヤネスのように無罪になることが大半である。[16]

** この調査では、そもそも黒人が怪しまれて容疑をかけられる率が白人より高いことを考慮していない。そのため現実の数字よりも過小評価になっていると考えられる。実際、カスティールは13年間で46回も警察に車を止められていた。[17]

*** 暴力を受けるリスクが高いのは黒人だけではない。アメリカに住むラテン系の人も、警察との接触で死に至る率が白人よりも高い。さらにネイティブアメリカンは他のどのグループよりも危険にさらされている。[18]

警察官の恐怖をなだめてやらなければならないのだ。法学者のポール・バトラーは著書『チョークホールド』（Chokehold）のなかで、この要求が黒人にとっていかに侮辱的で過酷であるかを次のように述べている。「家を出るたびに、黒人は意味のわからない安全劇場で主役を演じさせられるのだ」[19*]

「黒人」に分類された人に対する恐怖や、彼らを武力で押さえつけたいという欲望は、単に警察心理や現代文化の問題として片付けられるものではない。その影は長く伸び、元をたどればアメリカの奴隷制度の時代に行きつく。アフリカからの奴隷船がアメリカ大陸に到着するやいなや、奴隷を所有する白人たちは恐怖の幻影を見はじめた。たとえばサウスカロライナ州の法律では、奴隷にされた黒人のことを「野蛮で獰猛《どうもう》な未開人」と表現している。1739年に同州でストノの奴隷反乱が起こると、恐れをなした住民は翌年すぐに新たな法案を通し、奴隷による反乱の可能性をつぶそうとした。具体的には黒人が読み書きを習うこと、食物を育てること、お金を稼ぐこと、小ぎれいな服を着ること、州の外へ旅行すること、集会をすることが禁止された。それから3年後、サウスカロライナ州ではさらに追加の法律が制定され、60歳未満のすべての白人男性は教会へ行くときに銃を携帯するよう義務づけられた。「黒人の邪悪な企て」から身を守るために必要だというのだ。

黒人に対する取り締まりと処罰の伝統は、現代にも脈々と続いている。ジェニファー・エバーハートのチームが現代の量刑を分析した結果、白人が殺された事件では、被告人が「典型的な黒人」の特徴（肌の色、髪の毛、顔の特徴など）によく当てはまる場合に、死刑判決になる割合がそうでない人の2倍以上だった。罪の重さなどの要因を調整したうえで、この数字だ。[20]

アメリカの警察学校では、最悪の事態が起こる可能性を教え込み、恐怖を煽るような訓練がおこなわれている。相手からの攻撃の前兆として、不安な様子や精神機能の低下といった特徴に注意するよう教育されるのだが、それらは被疑者が恐怖を感じているときの反応と大きく重なっている。とくに被疑者が黒人の場合、ステレオタイプ脅威と呼ばれる現象のためにそうした兆候を示しやすくなる。つまり自分がステレオタイプで判断されるのではないかと思い、そのせいで不安げな行動をとってしまうのだ。警察に呼び止められて動揺している黒人は、疑いの目で見られ、危険であると判断される可能性が高くなる。[21]

さらに9・11のあとで広く取り入れられた「戦士のトレーニング」は、この世界が敵だらけの戦争状態にあるというマインドセットを警察官に叩き込むものだった。特殊部隊出身のデーヴ・グロスマンが開発した「防弾戦士」というセミナーでは、銃撃戦の映像を繰り返し見せられ、この世界を羊と狼に二分して考えるように教えられる。羊は無害な市民で、狼は攻撃の機会をうかがっている犯罪者だ（警察は牧羊犬で、羊を守る立場にある）。「君たちひとりひとりが、武装した敵と最前線で日々向かい合っているのだ」とグロスマンは訓練生に言い聞かせる。ためらいは死を意味する。** 警官は兵士と同様、殺すことを恐れてはならない。そう語るグロスマン自身は、実戦経験は一度もなかった。そしてグロスマンの防弾戦士セミナーに参加していた警察官のなかには、のちにカスティールを撃ち殺すことになるヘロニモ・ヤネスがいた。[23]

発砲直後のヤネスの映像を見たミネアポリス警察の元巡査部長は、その様子を「完全に機能不全に

* 警察による殺人には正式な統計がなく、入手できるデータは限られている。FBIが武力の行使に関するデータの収集を始めたが、これも義務ではなく任意の報告に頼っている。クラゲやサンゴや蜂に刺されて死んだ人の場合は国レベルで統計があるのに、おかしな話だ。

** ちなみに2015年に警察官が市民と対峙した件数5350万回のうち、警察官が射殺された割合はおよそ0・000008である。[22]

陥っている」と評価した。警察は事件に臨むときの心理的警戒レベルを数段階の色分けで表現する。たいていの民間人はグリーン・ゾーン、つまり周囲の様子に気を配ってはいるが、とくに警戒はしていない状態だ。警察官が任務に当たるときはイエロー・ゾーン、つまり覚醒レベルが高まり、周囲に細かく注意を払う状態になる。その場に銃があることがわかると、警察官の警戒レベルはレッド・ゾーンに移行する。しっかりと警戒しながら距離を置き、相手に明確な指示を出して、必要な質問をするべき段階だ。

しかしヤネスは、レッド・ゾーンをすっかり飛び越えてしまったようだった。銃があると聞いた瞬間、彼はブラック・ゾーンに突入した。感情の調節が利かなくなり、元巡査部長の言葉を借りるなら、脳が「機能停止」に陥ってしまったのだ。[24]

2020年に起こったジョージ・フロイドの殺害事件をきっかけとして、警察のあり方を問い直す世界的な運動が巻き起こった。市民を恐れず、守るべき人たちを恐怖で弾圧しない安全確保のあり方があるはずだ。一部の人は地道な改善を主張した。特定の体術を禁止する、勤務する都市に警察官自身が住むことを義務づける、訓練方法を見直す、といったものだ。[*] なかにはもっと包括的な提案もあった。警察官の責任をうやむやにする警察官労組の弱体化、ゼロベースでの部署の作り直し、あるいは交通取締機関を別に設置して武装警官が違反車両の職務質問をしないようにするなどだ。もしもヤネスが非武装だったなら――あるいは取り締まりの任務から外されていたなら――カスティールは今も生きていたことだろう。

一方で、現在のような形での警察活動そのものを廃止すべきだという声も上がった。心理学者フィリップ・アティバ・ゴフが指摘するように、改革論者と廃止論者の違いは問題の捉え方にある。組織や方法の問題と捉えるか、そもそもの目的の問題と捉えるかだ。改革論者は警察のやり方を変えようとするが、廃止論者は警察の改革を何十年つづけたところでジョージ・フロイドの死は防げなかったと指摘する。新たなやり方を考えるためには、アメリカの警察の歴史に真正面から取り組むことが必要だ。つまり警察という制度が、黒人をことさら弾圧する任務を担ってきた歴史を直視しなければならない。

人々の安全を守る組織がどうあるべきか、その正確な答えはまだわからない。しかし制度を根本的に変えても、無意識のバイアスという厄介な問題はそれをすり抜けてしまう可能性がある。ではどうすれば、無意識のバイアスに対処できるのか。[25]

人種の認知が人の心理と行動に及ぼす影響から見ると、カスティールを殺したヤネスの行動は次のように説明できる。ヤネスは黒人のカスティールを見て、同じく黒人の強盗犯に似ていると思い込んだ。車に近づいていく時点で、ヤネスは武装した強盗犯が中にいると想定していた。訓練によって危険を予期するよう叩き込まれていたヤネスは、カスティールの顔を見た瞬間に凶悪な犯罪者のステレオタイプを思い浮かべた。** 運転席側のドアの外に立ったときには、おそらくすでに身の危険を感じていたはずだ。そういう精神状態のせいで、カスティールに対する人種ステレオタイプはいっそう強調されたと思われる。[26]

脅威を感じたヤネスの目には、カスティールは危険な犯罪者にしか見えなかった。実際には、カスティールのほうもヤネスに対する恐怖を感じていたはずだ。黒人のステレオタイプで見られるという

* ジョージ・フロイド殺害事件を受けて、ミネソタ州では「戦士」系のトレーニングが禁止された。
** ちなみにヤネスはメキシコ系アメリカ人である。自身がマジョリティ集団に属していなくても、有害な無意識の関連づけは起こることがわかっている。

不安が、カスティールの表情に表れていたかもしれない。それを見たヤネスは、カスティールの言動が脅威であると解釈した。「身構えたような」姿勢、「不安定な」声色、「まっすぐ前を見て」アイコンタクトを避ける視線。そしてカスティールが銃を所持していると告げたとき、ヤネスの恐怖心はパニックに転じた。警戒レベルがブラック・ゾーンに突入し、どうすればいいかわからなくなった。明確な指示を出す余裕を失い、相手の話も耳に入ってこない。彼の知覚はただ、危険の源と思われる部分に集中していた。カスティールの手の動きだ。現実のカスティールは武器を手にしていなかったが、ヤネスは撃たれると確信した。そしてやられる前に相手を撃った。思考、肉体、歴史、制度――それらの融合する地点で、致命的な結果が起こった。

カスティールは冷静に財布に手を伸ばしていた。ヤネスは恐怖に我を失った。ヤネスの見た危険は幻想だったが、感じた恐怖は現実だった。

そのような現象に、いったいどう対処すればいいのだろう？

* * *

オレゴン州ポートランドから電車でほど近い距離にあるヒルズボロは、人口10万人ほどの小ぢんまりした街だ。技術系企業の雇用が多く、インテルの大きな工場がある。暴力犯罪や窃盗事件の発生率は国の平均よりも低い。地元の警察官にとって、ヒルズボロはかなり気持ちよく働ける場所だった。[27]

しかし2003年頃、ヒルズボロ警察のリチャード・ゲーリング巡査部長は、仲間の警察官の態度にかなり問題があることに気づいた。とくに理由もなく、攻撃的な態度で民間人に接している。彼自身にも思い当たるふしがあった。電話がかかってくると、つい不機嫌な対応をしてしまう。保護すべき市民を警察が攻撃するのは、ゲーリングにいわせれば「機能不全」だった。そこで彼は、職務遂行能力に関する科学的文献を片っ端から読みはじめた。とくにアスリートなど、完璧なパフォーマンスを求められる人たちが何をしているのか知りたかった。そしてわかったのは、一流のパフォーマーがヨガや瞑想を使って心身を整えていることだった。[28]

ゲーリングは高校時代にスポーツをやっていたので、メンタルの状態が体の動きに直結するのは知っていた。でも警察の仕事では、精神と身体の結びつきに誰も気をとめていなかった。これは試してみる価値がありそうだと思い、あるヨガ講師に連絡をとった。この講師は以前ヒルズボロの警察官を対象に無料のヨガ教室を開いたのだが、結局参加者はひとりもいなかったそうだ。そこでゲーリングは趣向を変えて、「戦術的コミュニケーション」のクラスにヨガ講師を招くことにした。講師は警察官たちに瞑想の基礎を教え、ひと粒のレーズンを味わって食べるエクササイズを通じて、マインドフルネスを実際に体験してもらった。参加者の多くはうんざりした顔をしていたが、なかには興味を持ち、週1回のマインドフルネス講座に登録してくれた人もいた。[29]

マインドフルネスは仏教の教えに端を発し、数十年前に西洋で注目されはじめてから、さまざまに再定義されてきた。基本的な定義としては善悪の判断を保留し、自分の内と外で起こっていることをニュートラルな意識でただ感じるというものだ。自分の気持ちや考えや感覚にじっと意識を向け、気が散ってしまったときもその事実を淡々と観察する。ポイントは今起きていることを避けようとしたり拒否したりせず、また過去や未来についての考えに引き込まれず、ただありのままの現実を受け入れるところにある。体の感覚に注意を向けるボディスキャンや意識的な呼吸を通じて、参加者は自分の習慣的な反応に気づき、今この瞬間に起こっていることを寛容に、好奇心をもって受けとめていく。法学者でマインドフルネスの研究者でもあるロンダ・マギーは、マインドフルネスが私たちに「全体」の視点を与え、おたがいの肯定と共存を可能にしてくれると述べる。[30]

マインドフルな瞑想者とアメリカの警官ほどかけ離れたイメージもないだろう。一方はゆったりとしなやかな衣服に身を包み、じっと目を閉じて座り、静謐《せいひつ》な微笑みを浮かべて柔らかな光に照らされる僧侶のようなイメージ。もう一方はごつい防弾チョッキを装着し、張りつめた表情で周囲を警戒しながら、つねに戦闘に備えている荒々しいイメージだ。マインドフルネスのクラスで自分の気持ちや感覚に目を向けるように言われたとき、ゲーリングは内心居心地が悪かった。警察官は外部のできごとを警戒するよう訓練されていて、意識はつねに周囲の状況にある。自分の内側をのぞき込むことには慣れていない。瞑想のもたらす親密さは、どこか気恥ずかしいものだった。でもそれでいいのだろう、とゲーリングは思った。これを多くの警官に受け入れてもらえる方法を探してみよう。なぜなら民間人に対する攻撃性と、警察官の心身の状態とのあいだには、たしかに関連がありそうだからだ。[31]

警察官は、いつでも機敏に困難な状況へ飛び込んでいく必要がある。ドラッグの過剰摂取、児童虐待、暴行、発砲、強盗事件。そして警察はつねに、最悪のニュースを運ぶ役目でもある。夜中の2時に訪ねていって、お子さんが交通事故で亡くなりましたと伝えなくてはならない。誰もが「もうだめだ、どうにもならない」と思っている状況を、警察官は適切に処理しなくてはならない。そのような役目をこなすうちに、警察官の心身はゆっくりと蝕まれていく。疲れが抜けなくなり、体が痛み、眠れなくなり、苛立ちが止まらなくなる。警察官は心臓病になる率が平均より高く、他の職業とくらべて病気や事故にも遭いやすい。ある大都市の警察署でおこなわれた2020年の調査では、警察官の4分の1以上に鬱やPTSD、自殺念慮などの深刻な精神症状が見られた。仕事で亡くなるよりも自殺のほうが多いという2019年のデータもある。ゲーリングの言葉を借りるなら、警察官は「壊れている」のだ。そうした状況をさらに悪くするのが、敵意や威嚇、苦しみの否定や感情の拒絶といった「有害な警官らしさ」の文化だ。[32]

1年の我慢が5年になり、5年が10年になる。ある研究によると、警察の勤務期間が1年増すごとに、暴力を行使する率が16％上昇していた（別の研究では、警察官になった時期が遅いほど、発砲は少なくなるという結果が出た）。残業が多くなると職務遂行能力が落ちて、過剰な暴力や不必要な民間人の追跡、あるいは理由のない発砲といった問題行動が出てくる。そして負のループが始まる。職務質問で暴力を行使した数が一定のラインを超えると、将来的に問題行動を起こすリスクが跳ね上がるのだ。[33]

警察官の不調は、市民との関わりに直接の影響を及ぼす。慢性的なストレスを抱えている警察官は、過失や判断ミスが多くなる。またストレスは過度の攻撃性にもつながる。ストレスで睡眠障害になり、寝不足のせいで民間人に怒りを爆発させやすくなるのだ。* 慢性的なストレスを抱えた警察官には射殺事件を起こしやすい可能性があることも指摘されている。[34]

慢性的なストレスはとくに、脳が危険にどう対処するかに影響する。人の恐怖反応は、脳の複数の部位で処理されている。扁桃体は周囲の環境から明確な危険を検知し、恐れや不安の感情を引き起こす。そして前頭前野その他の領域がその反応を検討し、現実に合った形へと調整する。感情がうまく制御できているときには、この両者のバランスがとれている。でもストレスにさらされつづけると、扁桃体の活動が高まってこの部位のニューロンが活性化され、逆に前頭前野の活動は弱まってしまう。そうなると感情の調節に問題が生じる。恐怖は警察活動に必要な感情だが（常習犯の発砲現場に一番乗り

* 男性の場合、怒りは「受け皿的感情」とも言われている。悲しみや恥などの「男らしくない」感情が溜まって形を変え、怒りとして表出されるからだ。

した警察官が恐怖を感じるのは当然だ）、ストレスに長くさらされた警察官は、必要以上に恐怖を感じすぎてしまうのだ。扁桃体の過活動と前頭前野の弱体化は攻撃性にも関連しているため、暴力の濫用につながる可能性もある。[35]

ストレスはまた、衝動の抑制などの認知的制御にも関わっている。認知的制御が充分に機能しているとき、人は思考の癖に流されず、理性的な反応をすることができる。しかし認知的・肉体的・感情的なストレスが大きかったり、あるいは時間に追われているときには、思考を制御するためのリソースが足りなくなる。そうしてメンタルの負荷が高まり、思考の制御が難しくなると、人はステレオタイプなどの手っ取り早い方法に頼りがちになる。そのような状態にある警察官には、いったん立ち止まって自分のステレオタイプを検討する余裕はない。要するに慢性的なストレスは、バイアスの暴走を引き起こすのだ。[36]

実際、ストレスを抱えた警察官は、人種や肌の色で相手が怪しいかどうかを判断する「レイシャル・プロファイリング」を多用するという研究結果がある。カリフォルニア州オークランドでの職務質問1万件以上を分析したところ、ストレスや疲労が溜まっている警察官は、そうでない人よりも頻繁にアフリカ系アメリカ人を職質したり逮捕したりしていた。新人を対象にした実験でも、疲れた状態の人はシミュレーション訓練で人種的バイアスを強く示し、丸腰の黒人を武装犯だと勘違いして発砲する率が高かった。[37]

ヘロニモ・ヤネスも、まさにストレスと疲労に蝕まれた状態だった。

２０１６年の７月６日の時点で、彼は夜間の勤務を４年半つづけていた。ひどい事件を何度も目にした。発砲事件を目撃したこともあれば、男が子どもたちのいる家のすぐ外で妻と息子のひとりを撃ち殺して自殺した現場の対応にあたったこともある。
異変は少しずつ表れはじめていた。フィランド・カスティールを射殺した日の数か月前、ブレーキランプが片方切れた車を見つけて停車させた。そして運転席の外に立っていると、別の車がヤネスの体ぎりぎりのところを走り抜けていった。ヤネスは職務質問を中止し、パトカーに戻ってその車を追った。車を止めたところで怒りが爆発し、運転手に向かって大声で怒鳴りつけた。「車から出ろ！歩け、止まるな、止まるんじゃねえ！違う、下がれ！」ヤネスは叫びつづけ、落ち着きを取り戻すまでに13分かかった。同僚はヤネスの様子を見て、大丈夫かと声をかけた。ヤネスは謝り、「ついカッとなった」と弁解した。[38]
ロサンゼルス市警の警察官８００人と話をしたコニー・ライス弁護士は、「打ち砕かれた人たちがバッジと銃を身につけている」と評した。ゲーリング巡査部長の考えもほぼ同じだった。「正直なところ、警察は健全な組織ではありませんし、警察官も健全な状態ではありません」と彼は言う。警察官の問題行動は多くの場合、警察官自身の健康が顧みられないことに起因するようだった。そして警察官が疲れきっているのは、職務自体と組織の体質のせいだった。そのツケを払わされるのは一般市民だ。別に警察官が日々「人権を侵害するぞ」と思って働いているわけではない、とゲーリングは言う。「ただ、毎日目を覚ましてはうんざりするんです。ああ、また一日が始まってしまった。なんとか乗り切れるといいが、と」[39]
この傷を修復することは可能だろうか、とゲーリングは考えた。警察官の心と体を回復させ、行動を変容させるような方法はあるだろうか？
同じ問いを、１９９０年代初頭に考えていた警察官がいる。ウィスコンシン州で巡査部長をしていたシェリー・メイプルズだ。彼女は同僚の同性愛嫌悪とハラスメントに悩まされていた。職場のストレスに何年も耐えつづけ、自分の心が硬く冷たくなっていくのを感じた。そしてキャリア7年目のとき、高名な禅僧ティク・ナット・ハンによる瞑想のリトリートに参加した。それからというもの、職場の人が妙に優しくなったようだった。なぜだろうと考えるうちに、変化したのは同僚ではなく、自分自身だったことに気づいた。[40]

そんなある日、家庭内暴力の通報があった。電話してきた女性はおびえた声で、夫が子どもを手放そうとしないんです、とメイプルズに言った。最近離婚して、合意したとおり子どもを引き取りに行ったのだが、夫が断固拒否しているという。当時メイプルズが勤務する警察署では、脅迫的な行動をする人は問答無用で逮捕する方針をとっていた。だから普通であれば、命令に従わない男をすぐに逮捕していたはずだった。でもその日のメイプルズは違っていた。女性に車の中で待っているように言い、男のいる家の扉をノックした。出てきたのは身長190センチもある男性だった。メイプルズの身長は160センチだ。それでも彼女は男性に向かって、話を聞かせてほしいと言った。娘さんを大事に思っているのはよくわかります。私はただ、力になりたいのです。

話をするあいだだけ、娘さんには母親といっしょに車にいてもらいましょうか、とメイプルズは言った。男はそれに同意した。それから2人はソファに座った。男はぽろぽろと涙を流しはじめた。警察の規律には反するが、メイプルズは彼をそっと両手で抱きしめた。

その3日後、メイプルズは街でその男とばったり出会った。男は力強いハグをして、あなたは命の恩人だ、とメイプルズに言った。それ以降、彼女は仕事で出会う人々を違った目で見るようになっていた。彼らはもはや脅威ではなく、「苦しみを抱え、助けを必要としている人間」だった。[41]

ここ数十年のあいだ、科学者はマインドフルネスや瞑想が人の心と体に与える影響を理解しようと研究を進めてきた。2017年の時点で論文の数は数千本に上っている。心理学者のリチャード・J・デビッドソンとダニエル・ゴールマンはそれらの論文すべてに目を通し、大半は厳密性に欠けると結論づけた。信頼に足る研究はほんの一握りしかない。それでも、その数十本の論文には、マインドフルネスのまぎれもない効果が示されていた。ストレス反応が減り、注意力が向上し、他者に配慮できるようになり、体の炎症反応が治まり、うつや不安がやわらぐといった効果だ。[42]

なぜ意識をおだやかに集中させるだけで、そんな効果が得られるのだろう？　その秘密はマインドフルネスのしくみにありそうだ。

私たちの日々の言動は、外界からの刺激と切り離しがたく結びついている。感覚刺激がやってくると、私たちはそれを解釈・分類して、感情や行動や思考の組み合わせで反応する。何かを見ると反射的にうれしいと感じたり、安心したり、あるいは恐怖や怒りを感じたりする。このプロセスはあっという間に起こるので——そして私たちは普段それに注意を向けないので——ひとつのまとまった機能のように感じられる。複数の棒がしっかりと束ねられているイメージだ。たとえば嫌な同僚から何かを頼まれると、瞬時にむかついた気分になり、否定的な言葉が口をつく。複数の選択肢を検討したうえで、否定的な言葉を意図的に選びとったわけではない。同僚の言葉から自分の反応までが、ひとつのセットになっているのだ。

マインドフルネスは、この固まった反応をゆるやかにほぐしていく。束になっていた棒がばらけたら、ひとつひとつの反応を順番に検討できる。神経科学者のユナ・カンによれば、マインドフルネスの実践には心の習慣を「脱自動化」するための手順が含まれているそうだ。意識を研ぎ澄ませると、自分の思考や感情、行動に気づくことができる。善悪の判断を保留する態度は、どんな思考や感情が浮かんできても目を背けず、まっすぐ見つめる助けになる。そして注意力を磨くことで、認知的制御力を強化し、自分の言動を意識的にコントロールできるようになる。

マインドフルネスが心身の健康にいいのは、癖になっているネガティブな反応を中断し、不安などの厄介な精神状態を手なずけるきっかけになるからかもしれない。自動的な反応を中断できれば、別のやり方が可能になる。嫌な同僚の例で言うなら、たとえ相手に対するネガティブな感情は消えなくても、立ち止まって自分の状態に気づくことはできる。「なんだか不安な気持ちだ」「思わず歯を食いしばっていた」などと自覚できるわけだ。それに気づいたら、どう対処するかを自分で選択すればいい。深呼吸をして自分を落ち着かせてもいいし、相手の立場に立ってみるのもいいだろう。何か言い返す前に、嫌な気持ちが通りすぎるのを待つだけでもいい。

マインドフルネスはこれまで個人のメンタルとの関わりで研究されることが多く、対人関係や社会的行動への影響はそれほど検討されてこなかった。マインドフルネスを使って社会的バイアスを克服する研究は、まだ始まったばかりだ。それでも有望な結果は出てきている。マインドフルネスの瞑想を体験した人にＩＡＴ（潜在的連合テスト）を受けてもらったところ、人種や年齢に関する潜在的バイアスがほかの人よりも少なかった。また自動的な反応を解きほぐす効果も見られた[43]。

こうした研究のなかでも注目すべきは、マインドフルネスによって人と人とのつながりを拡張するというものだ。それらの研究では、マインドフルネスのなかでもとくに「慈悲の瞑想」（コンパッションの瞑想、メッタ瞑想とも呼ばれる）という手法を探求する。通常のマインドフルネスの瞑想は今の状態をあるがままに観察するものだが、慈悲の瞑想は自分や他人を慈しむ気持ちや、苦しんでいる人をケアしたいという思いに働きかけるものだ。慈悲の瞑想ではまず目を閉じて座り、自分にとって大切な人を思い浮かべる。そしてその人の様子を想像しながら、そっと繰り返して言う。「あなたが健やかでありますように、幸せでありますように、つらい目に遭いませんように」。心のなかが温かくなるのを感じながら、その言葉を何度も何度も繰り返す。自分のために、知り合いのために、仲違いしたあの人のために。言葉を口にするたびに、相手が苦しまず、穏やかであることを心から祈る。そして最終的には、地球上のすべての人にその祈りを広げていく。[44]

こうして他者への配慮に意識を集中させると、なにか深いつながりの感覚に心が満たされるのを感じる。さらに、平等の感覚も広がっていく。神経科学者のヘレン・ウェンがおこなった実験では、慈悲の瞑想のトレーニングを受けた人はそうでない人よりも、不公平な扱いを受けた人のために利他的に行動する傾向が高まるという結果が出た。機能的MRI（fMRI）を使って被験者の脳の活動を撮影したところ、認知的制御やポジティブな感情、他者の気持ちの理解に関わる脳の部位が、そうした利他的な行動と結びついていることがわかった。[45]

神経科学者のユナ・カンはさらに、瞑想とバイアスの関係について驚くような可能性を提示している。カンはチベットの仏僧を指導者に招き、慈悲の瞑想のクラスを週に1度開催した。そして参加者にIATを受けてもらい、黒人およびホームレスに対する潜在的なバイアスを測定した。6時間にわたる瞑想のセッションを通じて、参加者たち（非黒人で、ホームレス状態でない人）は思いやりの対象を広げる実践に取り組んだ。参加者には瞑想の動画も渡され、家で毎日瞑想をするよう指示された。別のグループの参加者は瞑想について学んだが、実践はしなかった。もうひとつのグループの参加者は、ただ順番待ちリストに入れられた。

この取り組みの結果、瞑想を実践したグループでは、IATのスコアがゼロに近い数字になった。これが本当なら、バイアスがほぼ消失したことになる。ステレオタイプ的な反応を抑制するのがうまくなっただけだと思うかもしれないが、そうではない可能性もある。カンは別の実験で、さまざまな人種の人に慈悲の瞑想に取り組んでもらい、fMRIを使って脳の活動を可視化した。その結果、瞑想をしている人はそうでない人にくらべて、右側の側頭頭頂接合部（RTPJ）の活動が高まっていた。RTPJは他者の心的状態の理解にかかわる脳の部位で、要するに「相手の立場に立って考える」のを助けてくれる。参加者は1か月のあいだ家で瞑想に取り組んだあと、薬物依存症者に対する潜在的バイアスのテストを受けた。その結果、RTPJの活動が高い人ほど、バイアスの値が減少していた。つまり慈悲の瞑想によるバイアス減少効果は、少なくとも部分的には、他者の内的な体験を考慮する能力の向上によるものではないかと考えられる。[46]

さらにもうひとつ、豊かな可能性を秘めた発見がある。マインドフルネスの研究者はこれまで、他者から独立して存在する個人を研究対象にしてきた。しかし13世紀の禅僧である道元によると、悟りとは自他の境界がなくなるところに現れるものだ。瞑想の実践では、そういう状態が神経系のレベルで起こっている可能性がある。ある実験では、慈悲の瞑想に熟練した人に自分の写真と他人の写真を見せて、脳の活動がどう違うかを調べた。その結果、瞑想者はそうでない人にくらべると、自分の写真と他人の写真で脳の反応にあまり差がないことがわかった。つまり、自分と他人の区別が通常よりも薄かったのだ。

禅僧ティク・ナット・ハンはこれを相互存在（インタービーイング）と呼び、私たちがお互いと共に、お互いの内に存在していると説いた。瞑想によって脳の動きが変わり、相互存在のようなあり方が可能になるなら、これはバイアスをなくすための鍵となるかもしれない。バイアスはつねに、自分と他人の明確な境界を必要とするからだ。「私」と「あなた」の線引きが曖昧なところでは、バイアスはもはや意味をなさない。もしも自他を隔てる境界線が消えたとしたら、いったいどうやって相手を見下したり、傷つけたりできるだろうか。[47]

ヒルズボロ警察にマインドフルネスを導入したリチャード・ゲーリングは、瞑想によって警察の抱える問題がすっかり解決できると思っていたわけではない。それでも、警察官の行動をいくらか変えることはできるかもしれないと思った。シェリー・メイプルズのように、思いやりをもって人々に向き合えるようになるかもしれない。警察官が日々の仕事に持ち込んでいる恐怖や怒りやエゴに、マインドフルネスは対抗できるのではないか。

ゲーリングは上司にその構想を相談してみた。しかし反応は冷たかった。「ふざけてるのか？」と彼らは言った。「ただの迷信だろ」「悪魔崇拝だな」という人もいた。それでもゲーリングはあきらめなかった。ＳＷＡＴチームに話を持ちかけ、警察犬チームにも声をかけた。マインドフルネスが健康に及ぼす効果を実証した研究結果をあちこちで見せてまわった。やがてカリフォルニア大学ロサンゼルス校で指導者の資格も取った。マインドフルネスと警察官のメンタルについて、臨床的に研究してみたい思いも芽生えていた。

そんなある日、ヒルズボロ警察が悲劇に見舞われた。

２０１３年1月20日の夜、男が暴れているという通報が飛び込んできた。飼い猫を撃ち殺し、妻と子どもたちを人質にとってバスルームに立てこもっているという。

この男はヒルズボロの警察官だった。問題があることは何年も前からわかっていた。アルコール依存だったし、部署でも揉め事を起こしていた。現場に警察チームが到着すると、男は銃を構えて撃ちはじめた。途中からは防弾チョッキを貫く徹甲弾に切り替え、１００発以上も発砲を続けた。取り押さえられたときには、すでに同僚11人に怪我を負わせたあとだった。男は殺人未遂で10年の懲役を言い渡された。警察署長は責任をとって辞任した。新しく着任した署長はゲーリングを呼びだすと、「やってみなさい」と言った。「そのマインドフルネスというやつを試してみようじゃないか」

ゲーリングはすでに協力してくれていたヨガ講師や、近くの大学の研究者を招いて、小さなチームを結成した。そして警察官向けにカスタマイズした8週間のマインドフルネス講座を開始した。ゲーリングはこの講座を、マインドフルネスベースのレジリエンス訓練と名付けた。プログラムの内容は通常の座る瞑想や歩く瞑想、それに注意力や集中力を高める実践を含むものだ。警察官が抵抗を感じないように、気持ちの語り合いは少なめにして、科学的なエビデンスを多く提示した。参加者は、制服を着るときのシンプルな動作に意識を集中したり、通報の内容を聞きながら自分のストレス反応に注意を払うなどの練習をした。その後の1年で、オレゴン州各地から数十名の警察官が試験運用に参加してくれた。ゲーリングたちはデータを収集し、マインドフルネスによって警察官の心身機能が実際に改善されるかどうかを検証していった。

ちょうど同じ時期、車で3時間ほど離れた場所で、同じような取り組みをしている警察官がいた。オレゴン州ベンドの警察に勤務するブライアン・ビークマン警部補だ。ベンドはカスケード山脈の東端に位置する小さな街で、白人が人口の9割を占めている。警察に勤めて15年、ビークマンは警察官が数々の問題に苦しむのを目にしてきた。心臓病、ドラッグ、アルコール、離婚、それに自殺。しかし警察の組織は、それを何でもないことのように扱っていた。「警察官だろ？　そんなもんだよ。ストレスなんか知るか。無視しろ、感じるな」

新人の頃は、言われたとおりにしていた。あるとき保育園の職員が子どもを殺した事件の通報を受け、現場に一番乗りして処理したことがある。やりきれない感情に襲われ、どうしたらいいかわからなかった。だからとにかく、何も感じないようにした。「心のなかに壁を立てて、すべての感情を締めだそうとしました」とビークマンは言う。それしか道はないように思えた。でもそうするうちに、自分の心が硬くなり、麻痺していくのがわかった。「そういう現場は人を変えてしまいます。人間性が少しずつ削られていくんです」

別の事件では、男が仕事から家に戻ると、妻が2人の子どもを銃で撃って自殺していた。ビークマンが現場に到着したとき、子どもの1人はまだ生きていた。ビークマンはすぐにその子を救助し、父親を警察署に連れていった。そして今しがた妻に子どもを殺された男と一緒に、腰を下ろした。しかし無線連絡はどんどん入ってくる。勤務は終わったわけではない。ほどなくビークマンは、住民同士が土地の境界線をめぐって揉めているのを仲裁していた。

「うんざりした気持ちになったのを覚えています。一体何をやってるんだと。俺は死亡現場に行ったばかりで、子どもがひとり殺されてるんだぞ。なんでこんな近所の揉めごとに付き合わなきゃならないんだ?」その瞬間、抑えていたはずの感情が、混じりけのない怒りに変化するのがわかった。「バッジをつけた警察官が怒りに我を忘れるのは、明らかにまずいですよね」とビークマンは言う。「そんな状態で、武器を使うかどうかの判断を正しくできるでしょうか?」[48]

ビークマンはすでに同僚のスコット・ヴィンセントと組んで、警察官の健康状態を改善するためのプログラムをいくつか導入していた。身体のフィットネスや、ヨガ、マインドフルな動作のプログラムなどだ。あるとき家族が見せてくれた雑誌でゲーリングが同じような取り組みをしているのを知ると、ビークマンはすぐさまヒルズボロ警察に向かい、ゲーリングと会った。2人は意気投合した。ベンドの北に質素なロッジを借りて、共同で警察官のためのマインドフルネス・リトリート――8週間のプログラムを3日間に凝縮したもの――を開催しようということになった。

ビークマンはベンドの警察官をリトリートに参加させる傍ら、日々のシフトにもマインドフルネスの日課を組み込んだ。ヒルズボロと同様、ベンドの警察官も、はじめは半信半疑の様子だった。でもヨガを通じて身体機能の改善を実感すると、だんだんビークマンの言うことに耳を傾けるようになり、瞑想にも前向きになってきた。日勤のシフトのうち15分間、彼らは会議室に集まり、電気を消して、静かな声に導かれながら瞑想をした。

2015年、ゲーリングのチームはマインドフルネスの効果を論文にまとめて発表した。8週間のプログラムを受けたあと、警察官の心身の健康状態は全面的に良くなっていた。怒りや疲労が減り、仕事への意欲が向上した。感情のコントロールが容易になり、ストレスを受けても衝動を抑えやすくなった。これに続く実験でも効果が再現され、さらに警察官の攻撃性の低下と、心理的な柔軟性の向上が認められた。[49]

これらは小規模な実験の結果であり、マインドフルネスの効果が実際の現場でどう表れるかを検証したデータはまだない。それでもベンドの警察官の働きぶりには、ヨガやマインドフルネスや瞑想の効果が少しずつ表れはじめているようだ。実際に怪我の件数や医療費が減り、警察官のパフォーマンスが改善された。2012年からの6年間で、通報受理件数比での市民の苦情の割合は12%減少した。武器を使用する場面も減った。2012年と2019年をくらべると、ベンド警察の武力行使の件数は通報受理件数比の数字で40%も減少している。[50]

＊＊＊

4月のベンドはまだ寒く、身を切るような風が固くすすけた地面を擦って吹き抜けていく。背の高い針葉樹には透き通った樹脂のビーズがちりばめられ、陽の光をきらきらと拡散させる。彼方にはカスケード山脈がそびえ、スリー・シスターズと呼ばれる3つの峰が今日も街を見下ろしている。街の西側では、蛍光色のウェアに身を包んだサイクリストが長い列をなしてなめらかなカーブを疾走する。

地元民が朗《ほが》らかにジョギングする通り沿いには、素朴で温かみのあるアースカラーの装飾がほどこされたオレゴン風の民家が建ち並ぶ。

昨年春、私はオレゴンへ飛び、ゲーリングが開催する３日間のリトリートに参加させてもらった。西部の各州から集まった数十人の参加者には男性も女性もいて、人種や民族的バックグラウンドもさまざまだった。ベンド署の職員を含む一部の人は自発的に参加していたが、大半は強制的に参加させられていた。参加が義務づけられた警察署で、最後まで先延ばしにしていた人たちだ。最年長の参加者は白髪交じりの、恰幅のいい50代の警察官だった。最年少はカリフォルニアで訓練を終えたばかりの少年で、痩せっぽちの体にボアフリースのジャケットを着ていた。不安げに目をまばたかせる様子は、まるで子羊のようだった。

夕食のとき、私は数人の警官と一緒に座り、仕事のストレスについて尋ねてみた。ドラッグが厄介だ、とある人は言った。最初は親の処方薬にハマって、それからヘロインに手を出しはじめる。そっちのほうが安いからね。彼がそう言うと、まわりの人もうなずいた。地域のパトロールを担当するパティは、「誰も見るべきじゃないものを見てきました」と言った。カリフォルニアから来た巡査部長は、どんなものを目にしても気持ちを表に出すわけにはいかない、と語った。バイク事故の現場に駆けつけると、運転手の体が真っ二つに裂けている。ほとんど息もないのに、きっと何とかしてくれるという目でこっちを見ている。怯えた顔などできない。「感情がこみ上げたら、すぐにスイッチを切ります」と彼は言った。トニーという名の刑事がやれやれと首を振り、「もう何を見ても動揺しませんよ」と言う。「感情を区分けして閉じ込めればいいんです」。彼は署からの命令で嫌々参加したうちの一人だった。こんな研修など必要ない、と彼は言い張った。ストレスに対処する方法など他にいくらでもあるのだから。[51]

　夕食が終わると、明るいパイン材を使った見上げるほど天井の高い部屋に移動した。ゲーリングが部屋の前方に立つ。背が高く、熱意に満ちた印象だ。白髪を無造作に立ち上げ、しわのない白い肌に誠実な微笑みを浮かべている。話していると、ときどき古傷が痛むように肩をくいっと引く癖がある。「お香を焚いて風変わりな儀式をやろうってわけじゃありません」と彼は言う。「我々がここに集まったのは、仕事上の問題を解決するためです」

　ゲーリングの隣に立っているのは、共同リーダーを務めるロサンゼルス出身のマインドフルネス講師だ。楽な服装の警察官たちが椅子を引き、不揃いな円を描いて座る。胸に「喉パンチ」のロゴがついたTシャツを着た、口ひげの警部補。一摑みの黒髪を生やしたビッグ・M。赤いフードのついたパーカーを着てだらしなく椅子にもたれ、天井をじっと見据える人。ある巡査のTシャツには、死神が少年にスケートボードを手渡すイラストが描かれている。

　ゲーリングはまず、マインドフルネスの必要性を説明するため、警察官の負傷、病気、心的外傷の統計をざっと並べていく。警察官が傷ついている、という話を聞いて、トニーと口ひげの警部補が不愉快そうな目配せを交わす。「疑いを持つのはいいことです」とゲーリングは言う。「シニカルになってもかまいません。時間の無駄だと思っていても大丈夫です。でもきっと役に立ちますから」

　義務的に参加させられた人たちは苛立ちを隠さない。ある巡査部長が無愛想に「もう帰らせてくれ」と言う。パトロール歴25年という別の男性も、家で猫と過ごしたいと愚痴る（勤続年数と見た目のギャップに私が驚くと、彼はにこっと笑って「ピーリングしてるので」と言った）。何人かが、こんな研修など意味がないと主張する。すでにレジリエンスくらい知っている。傷つかなければいい、鋼の心を手に入れればいいんだ。また、ストレスを感じた経験をシェアするように言われると、口ひげの警部補はきっぱりと言った。「ストレスなんか感じませんよ。こっちがストレスを与えるほうだからね」

興味津々で話を聞いている人たちもいた。パティは最近赤ちゃんを産んだばかりで、うまく子育てができるか不安に思っていた。ひょっとしたらこの研修を通じて、いい母親になれるかもしれない。50代の警官はとにかく体の調子を改善したいと考えていた。「今は平気かもしれないけどな、そのうちガタが来るんだぞ」と若い参加者に言い聞かせる。濃いアイラインの通信指令員は、ストレスでつねに頭痛がひどく、病院で薬を出してもらっていた。はじめは半信半疑だったけれど、頭痛がマシになるならやってみたいと意欲を見せた。

翌朝、みんなで呼吸のエクササイズをしたあとで、注意を払う練習に私も参加した。ゲーリングは実践の合間に科学的な説明を織り交ぜ、マインドフルネスがいかに炎症の緩和やストレスの軽減に役立つかを詳しく語った。自分の体にじっと注意を向けてみると、首に痛みがあり、皮膚が冷えていることに気づいた。集中力のプログラムでは、心のなかで1から昇順に数えるのと30から降順に数えるのを交互におこなう練習をした。1、30、2、29、3、28……。パティがそっと目を閉じた。ビッグ・Mは寝息を立てていた。

参加者から質問が出はじめた。「恐ろしいものが見えたらどうするんです？　これって役に立つんですか？」と若い男性が尋ねる。「そんなもの見えないはずですよね？」彼の声は切実だった。何か具体的なものに言及しているようだったが、それが何なのかは言わなかったし、誰も尋ねなかった。ゲーリングは静かにうなずき、トラウマの専門家の言葉を引いた。「あなたの身体は、世界を恐ろしい場所だと解釈するように設定されてきたのです」。この実践はトラウマを体験し、そこから回復することを可能にする、とゲーリングは説明した。そして同時に、他者への思いやりと共感力を高めてくれるのだ、と。しばらく後で、マインドフルネスは害にならないのか、と誰かが尋ねた。自分の感情を感じすぎたら、動けなくなってしまうのではないか？　ゲーリングは落ち着いた声で答えた。マインドフルネスを身につければ、現場の様子を冷静に把握して、より多くの可能性に意識を向けられます。だから動きが速くなることはあっても、遅くなることはありません。

手のひらに氷を載せて、体の感覚を意識する練習もした。目を閉じて、いま自分が感じていることを言葉にする。感覚を名づけたら、今度は一歩引いて、その感覚を客観的に観察してみる。すると現実はそこにとどまっているわけではなく、どんどん進展していくことがわかる。やがて氷がすっかり溶けると、私たちは体験した内容を少人数のグループで話し合った。なかにはスマホでこっそりメッセージを送り、悪いことをした子どものように笑う人もいた。他の人たちは、手の感覚が冷たさから痛みに変わり、やがて感覚がなくなっていく様子を言葉にした。

午後の休憩のとき、スコット・ヴィンセントが合流した。ベンド警察でビークマンと一緒にプログラムの立ち上げに取り組んだ同僚だ。ヴィンセントは薄暗くムードのあるフロアランプを運んできていた。彼も最初のうちは、マインドフルネスや瞑想に懐疑的だったそうだ。「ナマステとかヨガとか興味なかったですよ。頭は固いほうなんでね」。それでも、やってみると自分が変わっていくのがわかった。何より、人を見る目が変わった。警察の仕事を長くしていると、人が人に思えなくなってくるのだと彼は言う。「あいつはヤク中、こいつはクソ野郎」、彼は目の前の空間を指さし、そこにいない人物を思い浮かべて言う。「でもそれってきついんです。両方からすり減っていくような感じで[52]」

その夜、ちょっとした騒ぎがあった。参加者数名がゲーリングに楯突いたのだ。「まったく偉そうに」とある巡査部長は言った。「あんたは俺のことを知らない、俺が何を見てきたか知らない。警官は不幸だ、不健康だ、問題だらけだって、よく言えたもんだよ」

ゲーリングは黙って耳を傾けていた。この状況は、まさに私たちが取り組んでいる内容そのものだった。怒り、不安、恐怖、防衛反応。ゲーリングが深く呼吸をし、落ち着いて状況を眺めようとしているのがわかった。ちょうど参加者たちに教えてきたのと同じように。

「みなさんに問題があるとは思っていません」ゲーリングはゆっくりと言った。「いや、そう言ったろうが」巡査部長の声が険しくなり、怒りが高まっていく。彼はゲーリングを睨みつけ、怒鳴った。「俺は今のままで充分満足なんだよ！」その声が高い天井に響きわたる。彼はさらに、大声で言い捨てた。「こんなものが必要なのは、ただの腑抜けだ。ずっと教師でもやってろ」

部屋の空気は今にも火がつきそうに張りつめていた。「わかりました」ゲーリングは言った。「少し休憩しましょう」。何の役にも立たないと思う人は出ていってかまいません、とゲーリングは付け加えた。

私はボアフリースのジャケットを着た若者に、どうするつもりか訊いてみた。わかりません、と彼は言った。すっかり途方に暮れた様子だった。マインドフルネスは腑抜けのものだと言った巡査部長のほうを彼は見た。それから巡査部長の後について、部屋を出ていった。

参加者の多くは、そのままセッションには戻らなかった。何人かはあとでロッジに集まり、息抜きにビリヤードをしていた。あの態度がムカつく、と彼らは言った。上から目線でいろいろ言うが、今まで自分たちがやってきた仕事を何だと思っているんだ、と。今のままで充分満足だと怒鳴った巡査部長は、署の仲間が自殺した過去を持っていた。専門家のセラピーを受けたことのある警察官も多かった。

プログラムを最後までやり遂げた参加者は、とても有用だと思うし現場で活かしたいと語った。でも途中で棄権した人は、心身の傷つきを認めることに耐えられなかった。救命ボートを前にして、自分の弱さが責められていると感じたのだった。

数日後、ヒルズボロでゲーリング巡査部長に会った。彼の運転する黒いSUVに乗り、静かな通りをドライブした。反発を受けることはよくあるんです、と彼は言った。でもあれほど激しい抵抗は、今までのリトリートではなかったですね。おそらく義務的に来ている人が多かったからでしょう。ただ、警察にはたしかにそういう空気があります。あまりに傷ついて、心を固く閉ざして、助けを求めることさえできなくなるんです。あの騒動には、警察文化の悪い面がよく表れていました。プライド、恐れ、怒り。警察官はそれを現場に持ち込みます。自分の弱みが露呈するのを恐れ、男らしくない面を必死で隠そうとします。でもそうする必要はないんです。

車の窓から、迷彩柄の短パンをはいてスーパーのビニール袋を提げた少年が見えた。不機嫌そうに顔をしかめて歩いている。

「たとえばあの少年を見て、『あの靴はどうせ盗んだんだろう、新品の高そうなスニーカーを買える金がどこにあるんだ』と思うかもしれません」とゲーリングは言った。「まあ完全に偏見ですよね。一方で、こう考えることもできます。『買い物帰りかな。堂々とした歩き方だ。この世界に自分の居場所を見つけようとしている年頃で、あの服装も強くなりたい気持ちの表れだろう』と。そういう気持ちを理解して、受け入れることも可能ですよね。彼がどんな態度で向かってこようと、私の権威が傷つくわけではありませんから」

理想を言えば、ゲーリングのやっているような研修はキャリアの初期の段階で、予防的に組み込まれるべきものだ。現場で疲弊し、冷笑や自己防衛がすっかり定着してからでは遅い。スコット・ヴィンセントがあの日、ロッジで言っていた。マインドフルネスを現状の訓練や仕事に組み込むと、仕事自体が嫌になる人もいるかもしれないと。それは必ずしも悪いことではない、と警官歴30年のヴィンセントは言う。有害な文化は、すっかり書き換えてしまったほうがいいのだから。

ベンド警察の文化は、すでに変化しはじめている。ある午後、エリック・ラッセルという警察官と話をした。年齢は30代で、眉毛が薄く、吸い込まれるような青い目をした男性だ。ベンドに来る前、彼は海兵隊で海外に派遣されていた。軍を辞めたあとは、ヒルズボロでSWATの隊員になった。「若くて血気盛んな警官でした」と彼は言う。「犯罪をぶっ潰してやろうと思っていました。相手が怒鳴ってきたら、こちらも負けずに怒鳴り返しました」

ラッセルは用心深い態度で話を続けた。昔は自分もマインドフルネスを馬鹿にしていたのだ、と彼は言った。食事に気をつかい、ジムにも通い、健康には気をつけていた。ヨガみたいな胡散臭いものに手を出す必要など感じなかった。それでも、ゲーリングには好感を持っていたので、プログラムに参加した。するとやがて、日々の業務のなかで、知らず知らず学んだ内容を使っていることに気づいた。たとえばSWATの任務でヴァンの中に「ツナ缶のように詰め込まれて」待機していたとき。被疑者が出てくるのを待ちながら、逮捕の瞬間に向けて車内の緊張が高まっていく。そのとき、ラッセルの体に、いつもと違う反応が起こった。

「そこに座って、いくらか前のめりの姿勢で、深く息を吸いました。次の瞬間、ごつい防弾チョッキの下で、胸がバクバクと脈打つのを感じました」。彼は心を落ち着けて、任務の目的に意識を集中させた。「自分の役目は、周囲にいる民間人を守ることだ。自分の役目は、この人物を最小限の武力で確保することだ」。そうして呼吸を整え、感情のコントロールを取り戻していった。「そのときに、これがマインドフルネスか、と理解したんです[53]」

彼は今では、定期的にマインドフルネスを実践している。車のバックミラーにステッカーを貼って、動きだす前に10秒間集中しろ、と自分に思いださせる。現場に到着すると、体の状態に注意を払い、呼吸をしっかりと確認してから車を降りる。心拍数が上がりすぎていないかどうかチェックする。心身の状態をつねに把握しているので、たとえ危険な状況でも、呼吸法を使って体の反応を落ち着けることができる。

また、感情をうまく制御していれば、落ち着いて状況を判断するための認知的リソースが確保できる。相手とのコミュニケーションも正確になる。感情が高まっていると、頭の中が混乱して、わけのわからないことを口走ってしまうのだ。「自分の妄想にはまり込む感じですね。同じ命令を何度も繰り返してしまう。しかも、青だ、と言いたいのに、緑だ、と叫んでいるんです」

青だ、と言いたいのに、緑だ、と叫ぶ。それこそヤネスの身に起こったことではなかったか。彼は要領を得ない命令を何度も繰り返していた。「銃を取るな」と言いながら、本当は「一切動くな」と言うつもりだったのではないか。

警察学校で学んだことはいったん忘れて、学び直すことが必要だった、とラッセルは言う。怒りに怒りで返さなくてもいい、ストレスにストレスで対抗しなくてもいい。相手の怒りを個人攻撃と受け止めない。「もしも私が現場に行って、相手が怒ったとしても、別に私個人に怒っているわけじゃない。警察が来てしまったという、その事実が気に入らないだけです」。こちらが感情的になると、相手が命令に従っているかどうかもわからなくなる、と彼は言う。怒りで目が曇り、重要な情報を見逃してしまうのだ。

私はまたヤネスのことを思った。免許証を取りだそうとしただけだったのに。

恐怖や怒りといった有害な態度は、もっと機敏でしなやかな反応に変えていける。ラッセルはマインドフルネスのおかげで、悪いことが起こるという思い込みに対抗する力を手に入れた。今ではもっと柔軟に、さまざまな可能性を検討できる（恐怖にとらわれたヤネスにはそれができなかった。やるしかなかったんです。どうしようもなかったんです）。

そして何より、ラッセルは相手を配慮できるようになっていた。ベンド署の警察官は、メンタルヘルスの危機に陥った人の相手をすることが少なくない。以前の彼は、相手を「頭がおかしい」と決めつけて事を収めようとした。でも今では、こう考える。「どうすればこの人の力になれるだろう？　この人を守るのが自分の仕事だ。傷つけたくはない」。警察官になって9年だが、ラッセルが市民と力でぶつかったことは2回しかない。

リトリートを主催したビークマン自身も、マインドフルネスのおかげで仕事のスタンスが大きく変わったと語る。私たちが会ったのはある午後、ベンドの西側にある陽当たりのいいカフェでのことだった。混み合ったカフェに座っている彼は、清潔感のあるコットンのシャツにメガネといういでたちで、なんだか高校の先生みたいな雰囲気だった。仕事を始めて5年くらいの頃、何度も家庭内暴力で通報してくる家があった、とビークマンは回想する。「その頃はすぐに物事を決めつけていたので、もう車を降りる前からうんざりしていましたね。『またあいつらか』と。そういう態度で現場に行くと、対応の仕方も公平ではなくなります」

でもマインドフルネスを身につけて、それが変わった。ちょうどベンドで私たちが会う2週間前、ビークマンは自殺の現場に呼びだされた。その場に着いた瞬間、嫌な気持ちが込み上げた。でも彼は感情をシャットダウンしたり見ないふりをしたりせず、一人息子を残して死んだその男に対する憤りをそのまま受けとめた。そして、自分がその人の事情を何も知らないことに気づいた。現場検証をしながら、ビークマンは自分に言い聞かせた。価値判断するな。今ここに集中しろ。彼は自分の思考を観察し、それをうまく制御しながら、しっかりと任務をこなした。感情を殺さず、怒りに乗っとられることもなく。

警察官が武力を使うケースを見ていると、精神的に健全だったのかどうか疑問に思うこともある、とビークマンは言う。「過剰反応する警察官は、はたして冷静でしょうか。自信や落ち着きが足りないのではないか。相手が見えているのか」。ビークマンの言葉を聞いて、私はまたヤネスを思う。やけに微妙な、不安定な感じに聞こえました。身構えたような感じでした。「観察力をまともに使えているでしょうか?」銃を取りだそうとしていると思いました。

マインドフルネスは他にも、さまざまな負の感情を扱うのに役立つ可能性がある。たとえば自分の男らしさが脅かされたと感じるとき――女性上司の下で働くのが気に入らなかったり、自分の弱さがバレるのではないかと恐れているとき――、警察官は黒人男性に暴力をふるうことで、自分の男らしさを回復しようとする傾向がある。男性性のステレオタイプである黒人男性の上に立てば、自分の男らしさも上がると思っているのだろう。場合によっては、レイシストだと思われたくないという気持ちから――それも一種のステレオタイプ脅威だ――よけいに黒人に暴力をふるってしまうことさえある。[54] マインドフルネスで自分の状態を観察し、うまく制御できれば、こういう理不尽な心の動きを変えていけるかもしれない。

ビークマンもゲーリングと同様、警察で心の問題を扱うのにはかなり苦労した。担当していたスキルアップ講座でEQ（心の知能指数）の本を配ったときは、みんな表紙を見ただけで顔をしかめ、本を開いてみようともしなかった。「心?」彼らは言った。「そんなの興味ないね」[55]

それでもマインドフルネスを始めてくれた人たちは、2つの変化を感じているようだった。

ひとつは現場での交渉や意思決定に直接役立つスキルだ。自分の恐怖や怒りの感情をつねに把握していれば、感情が暴走して判断を曇らせるのを防げる。恐怖心が湧いてきたら、それをしっかりつかまえて、そばに置いておけばいい。そうすれば恐怖心は自分と相手とのあいだに割り込んでこない

（怖くなって、身の危険を感じたんです、とヤネスは言った。ここで死ぬんだと思いました）。

さらにマインドフルネスは、警察官の行動だけでなく、その奥にあるものを徐々に変えていった。ガラスの盾のように固く壊れやすかった心身が、深い井戸のような包容力を手に入れた。今では何がやってこようと、それを受け入れて処理することができる。他者への思いやりも深まった。マインドフルネスをしっかりと身につけた警察官は、向かい合う相手を敵と見るのではなく、苦しみを抱えた人間として見られるようになった。ウィスコンシン署のシェリー・メイプルズは、ティク・ナット・ハンの瞑想リトリートに参加したとき、叡智と思いやりを養うための5つの倫理原則を教わった。そのひとつは、生命への敬意だった。メイプルズは困惑して尋ねた。「どうして武器を持ちながら、非暴力という目標に向かうことができるでしょうか？」と。すると師匠は、こう返した。マインドフルに行動できない人に、どうして銃を任せられるでしょう？[56]

もしも2016年7月6日の夕方、ヤネスがマインドフルな心で現場にいたなら、事態はどう展開したのだろう？　もしも彼が静かな、動揺しない心で臨んでいたなら。カスティールの身振りは自分を脅かすものではなく、脅えた人の動きに見えただろうか。一歩引いて状況を判断できただろうか。あやふやな叫びではなく、明確な指示が出せただろうか。パニックによって現実を歪めず、ありのままの姿を見ることができていただろうか？

マインドフルネスの実践が、警察官の人種バイアスを減らすという証拠はまだ得られていない。現在進行形で研究が進められているところだ。でも確かに言えることがある。慢性的なストレスなどの不調を抱えた警察官は攻撃的になり、武力を使う率が高くなる。さらにこれらの不調は、バイアスを増幅することが知られている。一方でマインドフルネスは、ストレスなどの不調を軽減してくれる。さらに自分の思考の癖に気づき、無意識的な反応を変容させていくことが可能になる。

マインドフルネスの実践は警察だけでなく、自らのバイアスを変えていこうとするすべての人のツールになる。このときに難しいのは、バイアスの根底にある人間のヒエラルキーを私たちの文化がいかに伝達・執行しているかを認識すること、そして私たち自身がそれを維持する営みにどれほど関与しているかを自覚することだ。

何らかの特権を持つ立場の人にとって、この作業は二重の困難をともなう。まず単純に、技術的に難しい。特権というものは――ジェンダー、性的指向、人種、民族、その他何であれ――それを持たない人の苦しみを見えづらくするからだ。レッドカーペットの敷かれた道しか歩いたことのない人には、ガラスの破片を踏みしめて歩く人の気持ちはわからない。哲学者チャールズ・ミルズは、人種的特権を持つ人の盲目さについてこう指摘する。「白人は概して、自分たちが作ったその世界を理解することもできないのだ」。ミルズによれば、こうした認識の欠如は、心理的・社会的に便利に使われてきた面がある。植民地支配と奴隷制を維持するためには、現実逃避と誤解と自己欺瞞《ぎまん》が必要だったのだ。それらは現在でも、現状維持のための道具であり続けている。[57]

それでもマインドフルネスを通じて気づきや注意力を養い、価値判断を留保できるようになれば、それまで見えなかった現実が見えてくるはずだ。ユナ・カンの言葉を借りるなら、マインドフルネスの実践は「偏見やステレオタイプを作りだすラベルの代わりに、すべての人の平等を澄んだ光のもとで」見ることを可能にする。精神科の入院施設で働くある心理学者は、マインドフルネスの実践のおかげで、一部の患者に対する本能的な恐怖心が解消できたと語ってくれた。

「自分の心を知ったおかげで、人の心とつながることができたんです」[58]

法学者のロンダ・マギーは数千人の学生にマインドフルネスを教えてきた経験から、マインドフルネスを学んだ人は人種とレイシズムをめぐる困難な問題に深く向き合えるようになると述べている。私たちは誰の苦しみを見るように、そして見ないように条件づけられてきたのか。一部の学生はマインドフルネスを身につけたおかげで、人種が社会的構築物であるという理解からさらに進み、構築された見方をその場で崩せるようになったと語っている。ある白人の学生は「人種など全然気にしない」と思い込んでいたが、マインドフルネスを通じて、実は自分が人種の問題からあえて目を背けていたことに気づいた。こうした変化はささやかに見えるかもしれないけれど、人の生き方そのものを変えるほどの力を秘めている。[59]

こうした現実を自覚することは、技術的にだけでなく感情的にも困難をともなう。制度的なバイアスやレイシズムに立ち向かうためには、歴史を直視しなくてはならないからだ。多くのアメリカ人にとって、それはこの国が放置しつづけてきた痛みに直面することを意味する。世界中の人を戦慄させたジョージ・フロイド殺害の残虐さ、そこから過去に遡ればその数も凄惨さも増すばかり。歴史は誰も近寄ろうとしない呪われた家のようだ。うっかり足を踏み入れれば、自分が過去に加えた危害、防げなかった暴力を新たに突きつけられるかもしれない。他者が経験してきた痛み、今も経験している痛みに対し、残酷なまでに無関心な自分を発見するかもしれない。自分自身のバイアスを見つめようとする人に、真実はあまりにも重くのしかかる。

感情的な苦痛のなかでも、とりわけ大きいのが羞恥だ。羞恥は他者からの軽蔑を内面化したもので、自分が「駄目なことをした」だけでなく、「自分は駄目だ」という感覚としてやってくる。そして羞恥はさまざまな不調につながる。自己正当化、不安、過度の承認欲求。人種の文脈でいえば、白人のそうした心理的反応はホワイト・フラジリティ（白人の心の脆《もろ》さ）とも呼ばれる。自らが人種差別をしている事実に向き合えない弱さをあらわす言葉だ。でもひょっとすると、その「心の脆さ」は、恐怖や羞恥に対する未熟な反応なのかもしれない。そこから誹謗中傷の悪循環が生まれる恐れもある。羞恥のゆえに、誰かを辱め、羞恥を与えるという悪循環だ。羞恥はまた、ストレス反応が内側に向かったものであるともいわれる。「闘争・逃走・フリーズ」というストレス反応が外界ではなく内面に向かうと、自責・孤立・ネガティブな反芻思考になるわけだ[60]。こうした反応はどれも、自分のバイアスを深く検証して変えていく作業の妨げになる。

ここでもマインドフルネスが解決の糸口になるかもしれない。マインドフルネスの実践を端的に表すものとして「RAIN」という言葉がある。認識（recognize）、受容（allow）、探究（investigate）、慈しみ（nurture）という4つの単語の頭文字をとったものだ。マインドフルネスは今この瞬間に自分が何を感じているかを認識させてくれる。それを否定したり、目をそらしたりせずに、受容することを助けてくれる。そして私たちは、そこから何が現れるかを探究する――なぜこのような羞恥や、不安や、恐怖を感じているのか？ この反応の奥には何が潜んでいるのか？ 慈しみや思いやりの心でこうした過程に向き合うとき、私たちは自身の困難な感情を変容させることができる。

母が子を抱くように、自分の苦しみを受け入れなさい、とティク・ナット・ハンは言う。私たちの敵は私たち自身でもなければ、ほかの誰でもない。私たちの敵は暴力であり、無知であり、不公正である。自分の弱さを恥じるのではなく、思いやりなさい。

自分自身の壊れたやり方から目をそらさず、深く見つめるとき、それを覆すことも可能になる。うっかり信じ込んだ嘘、知らずに加担した加害。意図せず誰かを傷つけてしまったとき、マインドフルネスは「他者との関係を修復できる自信」を与えてくれる[61]。

マインドフルネスは責任逃れの道具ではない。むしろ現実から目をそらすことを不可能にする。もちろんそれだけで魔法のようにバイアスが消えるわけではないが、マインドフルネスは心の奥に潜むものをさらけだし、それを直視するための助けになる。ユナ・カンの研究によると、慈悲の瞑想に取り組んだ人は、自分が傷つくようなメッセージを見ても過度に自己防衛的にならず、行動を変えることができた。たとえば肥満の人に健康な生活習慣を勧めるとき、自己正当化が最大の障害になりやすい。本人も引け目を感じているため、自分の行動に非があると認めたくないのだ。でも慈悲の瞑想を使えば、反射的に拒否したくなるような情報でも、よりオープンに受け止められる。[62]

言い訳や自己正当化をしているときの自分を冷静に観察すれば、それがあらゆる感情的な反応と同じく、何か重要な方向を指し示していることに気づくだろう。体がヒントを与えてくれているのだ。アメリカの人種差別の歴史についていえば、自己防衛的な反応はきっと、道徳的な責任を細胞レベルで感じている印なのだと思う。哲学者アーメン・マーソビアンが指摘するように、責任が生じるのは自分が直接手を下した加害だけではない。白人などの人種的集団にしても、警察などの組織にしても、集団はやがてアイデンティティとなる。そしてその集団への所属には道徳的義務がついてくる。過去にその集団が残虐な行為をしたのなら、現在のメンバーにはそれを修復する義務がある。警察の暴力は一握りの「腐ったリンゴ」のせいだけではない。組織に属するすべての人が、その行動に道義的責任を負っているのだ。[63]

過ちを修復するためにまず必要なのは、現在の行為を変えることだ。ただし、組織や集団のバイアスを減らすためには、個人の変化よりもずっと多くのことが必要になる。それがどこよりも明らかなのは警察だろう。警察組織の構造とインセンティブは、一人ひとりの警察官のふるまいを強く規定している。

変化を起こすためには、組織のあり方を根本的に考え直す必要がありそうだ。

第6章 The Watts Jigsaw ロス市警のジグソーパズル

「助けてもらえないでしょうか」

ロサンゼルス市警のトップからそんな言葉が出てくるとは思わなかった。2003年のある日、人権弁護士のコニー・ライスにとつぜん市警本部長から電話がかかってきたときのことだ。

それまでの15年間、ライスは市警や郡の保安官と対立関係にあった。弁護士仲間と一緒に、警察の人種差別を繰り返し告発してきたからだ。警察官は殴打や暴力的な尋問に加えて、黒人やラテン系の少年に警察犬をけしかけるなどの違法行為をおこなっていた。警察内部での偏見も問題だった。女性や同性愛者、黒人、ラテン系の警察官に対して、昇進差別や不当な扱いが横行していた。[1]

ライスは長年の闘いを通じて、ロサンゼルス市警の立ち回りをすっかり知りつくしていた。ちょうどボクサーがなじみの対戦相手の動きを体で覚えているように。もしも彼らから依頼があるとすれば、それは「余計なことに首を突っ込むな」であったはずだ。

ところが市警のビル・ブラットン本部長は、ライスに助けを求めてきた。そしてライスは引き受けた。

その背景を理解するために、ロサンゼルス市警とライスの来歴を少し見ておこう。

コニー・ライスは空軍大佐と生物学教師のもとに生まれ、幼い頃から世界中の米軍基地を転々として育った。母親は娘をレイシズムに備えさせるため、世の中には黒人を劣っていると考える人がいるけれど、それは頭の病気のせいなのだと教え込んだ。母の教えは一種の予防接種のように、これから待ち受ける人生に対する免疫をつけてくれた。白人の子どもがライスの悪口を言ったり、白人の大人がライスの「お利口」で「行儀がいい」様子に驚いたりするたびに、「ああ、この人たちは頭の病気なんだな」とライスは哀れんだ。[2]

しかしイギリスや日本、アリゾナやワシントンDCへと引っ越しを繰り返すうちに、米軍内部の狭い世界と、クラスメイトの境遇との落差がいやでも見えてきた。ワシントンDCの小学校で仲良くなった1年生の子は、小便の匂いの染みついた服を着ていた（その子をいじめから守ったのが人権弁護士のスタート地点だったと彼女は振り返る）。アリゾナ州フェニックスの中学校には出稼ぎ農場労働者の子どもが多くいて、街の外れにあるブリキ屋根のみすぼらしい小屋に住んでいた。ハーバード大学を出てニューヨーク大学法科大学院を卒業する頃には、ライスは社会で周縁化された人々の人権を守りたいと強く思うようになっていた。自分の関心が雇用主の方向性と合うかどうかわからなかったので、どこで働くときにも初日に辞表を書いておいた。[3]

１９９０年、ライスはロサンゼルスにある全米黒人地位向上協会（ＮＡＡＣＰ）の法的防衛・教育基金のオフィスに職を得た。元最高裁判事のサーグッド・マーシャルによって創設された、人権問題を専門に扱う機関だ（有名なところでは、教育機関での人種分離政策をめぐるブラウン対教育委員会裁判を担当した）。ライスはロサンゼルスに着くと、さっそく街を歩きまわって住民に最大の心配事は何かと尋ねた。「答えはみんな同じでした」とライスは言う。「上流階級のアフリカ系アメリカ人から最下層のギャングまで、口を揃えて言うんです。ロサンゼルス市警が自分たちの存在を脅かしていると」[4]

当時のロサンゼルス市警は、ライスに言わせれば、黒人その他の非白人に対する虐待と侮辱のキャンペーンを数十年にわたって繰り広げている最中だった。警察は準軍事組織のようなものに成り果て、その武力は非白人のコミュニティに向けられた。1960年代に各地でデモが起こったとき、真っ先にSWATチームを投入し、守るべき市民に向けて特殊火器を使用したのもロサンゼルス市警だった。あるときにはドラッグの捜索のために水陸両用装甲車を出動させ、長さ4メートルの鋼鉄の棒で民家のドアを打ち壊した。別のときにはアパートメント2棟に押し入って住民を殴打し、家具を叩き壊し、壁に穴を開け、大型ハンマーでトイレを粉々に打ち砕いた。ある部屋ではダイニングテーブルを窓から投げ捨て、リビングの壁をぼろぼろに壊して、ようやく白い粉の入った怪しい袋をひとつ発見した。あとで調べたところ、その粉はただの小麦粉だった。ドラッグやギャングを絶対に許さないという強硬姿勢を見せようとしたのだろうが、派手に暴れたあとで見つかったのは150グラム程度のマリファナと、30グラムにも満たないコカインだけだった。そして22人が、住む家を失った。[5]

何が起こっているのかを自分の目で確かめるため、ライスは夜のロサンゼルスを車で走りまわった。変装のために髪を覆い、パールのアクセサリーやセントジョンのオーダースーツを脱ぎ捨てて安物のストリート服を身につける。ホンダ・シビックを道路脇に停めて、警察官が黒人を家から引きずりだして眩しいスポットライトの下に並ばせ、一人ひとりタトゥーの写真を撮っているのを見た。「令状もなければ正当な嫌疑もなく、ただ黒人であるだけで、そんな扱いを受けるんです」とライスは言う。[6]

ところが黒人やラテン系の人が被害者の側になると、警察の動きは嘘のように遅かった。警察の取り締まりは一方では過剰で、他方ではまったく不充分だった。非白人の人を見かければ片っ端から逮捕してビバリーヒルズの高級住宅街から排除するのに、非白人が被害を被っていてもまるで気にかけないのだ。[7]

この過剰さと無関心の入り交じった態度は、ライスがロサンゼルスにやってきてまもなく、全世界の目にさらされることになる。1991年、白人警察官4人が無抵抗の黒人男性を警棒で執拗に殴り、スタンガンまで使って暴行を加える映像が広まった。被害者の名前をとってロドニー・キング事件と呼ばれている。警察官たちに無罪判決が出されると、ロサンゼルス市街では大規模な暴動が巻き起こった。黒人やヒスパニック、コリアンの住む地域も燃やされ、大きな被害を被っていたが、警察はなぜか介入しなかった。街がどんどん燃やされているというのに、市警本部長のダリル・ゲイツはブレントウッドの高級住宅街でのんきに資金集めのパーティーに出席していた。暴動による死者は50名以上、負傷者は2000名以上にのぼった。後の調査で、組織ぐるみのレイシズムを示す確たる証拠が明るみに出た。警察官は黒人その他のマイノリティからの通報に対して「NHI」という隠語を使っていた。NHIとは「No Humans Involved」の略で、要するに「被害者は人間ではない」という意味だ。*

それからというもの、ライスは同僚らと力を合わせて、ロサンゼルス市警に対する訴訟を地道に続けていた。電話が鳴ったのは、そんなある日のことだった。[9]

電話をかけてきたビル・ブラットンは、不祥事の後始末のためにロサンゼルス市警の本部長に登用されたところだった。その頃、ロサンゼルス市警はランパート・スキャンダルと呼ばれる汚職事件で大混乱に陥っていた。何十人もの警察官がひどい汚職に関与し、「ギャング撲滅」を謳う警察がまる

＊　こうした態度は組織のトップにまで徹底していた。当時の本部長ダリル・ゲイツは、警察がチョークホールドで黒人の首を圧迫して殺す事件が問題視されたのを受けて、次のような信じがたいコメントを残している。「一部の黒人では首を圧迫されたときに、普通の人間よりも頸部動脈の血流が戻りにくいようです」[8]

でギャングそのものの醜態を晒していた。銃を人の荷物に仕掛け、コカインを盗んで売り、容疑者を殴打・銃撃し、銀行強盗に加担し、無実の市民に罪を着せていた。さらには移民局と共謀し、目撃者を国外退去にすることまであった。上の人間は見て見ぬふりをしていた。ロサンゼルスの刑事司法システム全体を揺るがしかねない不祥事だった。数千件の有罪判決が疑問に付され、ロサンゼルス市を相手取った訴訟が140件以上起こされた。米国司法省も、市が連邦裁判所判事の監督下に置かれる「同意判決」に従わないなら訴訟を起こすと迫っていた。この同意判決のもとで、ロサンゼルス市警は組織改革に着手することになった。具体的には警察官の規律の強化、武力使用の見直し、苦情に対する調査の改善などだ。[10]

そうした改革の方針は、事件の根本的な原因に効いているのだろうか、とブラットン本部長は疑問に思っていた。そもそもなぜ、あんなひどい事態になったのだろう。その原因を探る手助けをしてもらえないか、と電話で依頼され、ライスは引き受けることにした。彼女も自分のやり方の限界を感じていたからだ。訴訟は強力で、ときに爽快でもあるけれど、その影響力は限られている。ロサンゼルス市警を数々の訴訟で打ち負かしても、それだけでは警察の行動を変えられない。訴訟にできるのは「けばけばしい暴力のネオンサイン」を抑えることだ、とライスは言う。憲法を順守させることはできても、親切な対応を学ばせることはできない。それどころか、行きすぎた暴力を一掃することさえできない。すべての暴力が違憲なわけではないからだ。警察官の裁量に委ねられた範囲内では、何をしようと彼らの自由だ。[11]

警察官の行動を本気で変えたいのなら、彼らの考えを理解する必要がある。そのためにライスは、警察の内部に踏み込んでいった。

* * *

あの電話から1年半のあいだ、2003年から2004年にかけて、ライスは警察官800人以上に会ってインタビューを実施した。対象は黒人、ラテン系、白人、アジア系を含む、男性および女性の警察官だ。そして見えてきたのは、大規模な汚職を可能にした警察文化の中心に、閉鎖的な内輪意識と「戦士」のメンタリティがあることだった。

「ひとつ発見だったのは、警察官同士の接し方もひどいということですね[12]」とライスは言う。

何より問題なのは、地域住民を守る立場の警察官が、住民とのつながりを持たないことだった。なかには心温かい警察官もいるのだが――実際に話してみてよくわかった――、地域住民と接するのは情報を探るときと逮捕するときに限られている。まともに関係を築く機会はない。そのため住民との距離感が遠くなり、住民全体をステレオタイプで見てしまう傾向があった。たとえばロサンゼルス南部のワッツは歴史的に黒人の多い地域で（最近はラテン系が多数）、人口の密集と雇用不足、学校の資金不足などの問題を抱えていた。ギャングを中心とした暴力事件も多かった。警察はワッツの住民に対し、ギャング予備軍のようなステレオタイプを抱いていた。

このステレオタイプのせいで、警察官にはワッツ住民に対する根深く差別的な恐怖心が広がっていた。といってもヘロニモ・ヤネスのようにその場かぎりの、息が止まるようなパニックではない。もっと長期的に、住民への不信感が蓄積していた。ワッツの住民全員が危険人物のレッテルを貼られていたのだ。

「誰かに恐怖を抱くと、相手が人間らしく見えなくなります」とライスは言う。「人間ではなく、危険の塊のように見えてくるのです。そのため、実際よりも恐ろしく感じられます」

恐怖心は脅威レベルの判断を歪め、悪化させる。従来の警察のやり方は、住民との距離を広げ、恐怖と非人間化を促していた。[13] そこが訴訟の限界だ、とライスは思った。法は人の行動に一定の制限をかけることはできるけれど、人の心までは変えられない。

「どんな裁判も、黒人の子どもに愛情を注ぎなさい、と命令することはできません。黒人を恐れるのをやめなさい、とは言えないのです[14]」

気持ちを変えるためには、人間的なつながりが必要になる。でも、どこから始めればいいのだろう？「まずは一緒に過ごすことです。そして相手を知ることです」とライスは言う。警察と地域住民がふれあえる場を提供できたら、警察側の理不尽な恐怖をなくせるかもしれない。

そこから何が生まれるかは未知数だった。親近感、相手への敬意。うまくいけば信頼が芽生える可能性もある。さらに関係が深まり、過去数十年の差別的対応がもたらした傷を徐々に修復できるかもしれない。さらに進んで、おたがいを好きになれるだろうか。それは高望みしすぎだろうか？

1954年、心理学者のゴードン・オルポートが『偏見の心理』という本を出した。偏見という現象を社会科学の視点から体系的に分析する初の試みだった。そこで語られる1950年代の光景は、不気味なほどに見覚えのあるものだ。難民は住みにくい土地をさまよい、非白人は「人種差別的な教義で自分たちの傲慢さを正当化した白人たちの蔑み」に耐え、世界各地のユダヤ人は「反ユダヤ主義に取り囲まれている」。オルポートの本はおもに偏見の現状を説明したものだが、偏見を減らすための方策もいくつか紹介されている。ひとつは一定の条件下での交流を通じて無知を減らし、相手を深く知ることだ。といっても、ただ社交辞令を言う程度の交流では意味がない。表面的な交流では意味のある情報を交換できず、おたがいの不信感がいっそう強まる結果になりかねない。偏見を減らすためには、異なる集団の人が対等な立場で集まり、力を合わせて何かに取り組む必要がある、とオルポートは言う。共通のゴールを設定し、さらに権威ある機関の後押しを得てはじめて、意味のある交流が可能になるのだ[15]。

こうしたオルポートの考えは「接触仮説」と呼ばれている。ある集団の人が別の集団の人と対等な立場で接触すれば、それまでの誤った思い込みが訂正され、より繊細で現実に即した理解が可能になるという説だ。これは直感的にもわかりやすいし、実際にうまくいった例も多い。たとえば第二次世界大戦の終盤、アメリカ陸軍はいくつかの戦闘師団を統合した。白人と黒人が肩を並べて戦うことになったわけだが、このとき白人側の人種に対する見方に大きな変化が起こったことが後の調査でわかっている。白人の将校や兵士はもともと黒人に偏見を抱いていたが、ともに戦ううちに尊敬の気持ちが芽生えたようなのだ。「我々の連隊のなかでも、黒人の部隊はもっとも優れている」とある将校は言う。「彼らのために大統領表彰が得られることを願っている」[*]。また１９８０年代のある実験では、学生たちに同性愛者と長時間にわたる会話をしてもらい、考えが変わるかどうかを調べた。その結果、会話をした学生はそうでない人にくらべて、同性愛者への偏見がかなり減少していた。職場で障害のある人と一緒に働いてもらった場合にも、障害者に対する偏見が改善されたという結果が出ている[16]。

もちろん、接触仮説にも限界はある。信頼できる権威に支えられていない場合、集団間の接触はそれほど効果がないとオルポートは述べている。ただ触れあうだけでは、社会的・政治的に力のある見

＊　白人の将校や兵士数百人を対象にしたこの調査の報告書は、公にされないまま終わった。公表すれば人種分離主義者の議員を敵に回すだろうし、全米黒人地位向上協会が軍隊のさらなる人種統合を求めて圧力をかけてくると考えられたからだ。

方を覆すことはできない。20世紀の歴史を振り返れば、日々の接触が偏見に抗えなかった例は枚挙にいとまがない。ドイツ人は同僚のユダヤ人を毛嫌いし、ルワンダではフツとツチの対立が家族同士をも引き裂いた。

偏見の研究の多くがそうであるように、接触仮説も優位に立つ側の態度や経験に焦点を合わせている。優位な集団の人がどう変化し、優位な集団にとってどんなメリットがあるかを論じているのだ。軍の調査は白人に話を聞くだけで、黒人兵士のほうの変化には目を向けなかった。対話によって同性愛者への偏見が減ったことはわかったが、同性愛者の側にどんな影響があったかは調査されなかった。その弊害はけっして無視できない。優位な集団の自己研鑽《けんさん》のために、周縁化されている集団が道具にされては本末転倒だ。接触仮説のアプローチが権力の不平等な分布に立ち向かうためのものなら、より権力の少ないほうに重荷を背負わせる形であってはならない。[17]

双方の集団が接触するとき、優位な集団とそうでない集団ではかなり体験が異なることも示唆されている。黒人と白人の会話を分析した研究によると、黒人は相手に偏見がある可能性を意識したとき、通常以上に努力して関係を築こうとする。そして会話のあとでは、嫌な気持ちになりがちだ。ところが同じ状況で、白人のほうは黒人への好意が高まっていた。同じ会話をしたはずなのに、立場によって印象がまったく違う。これはほんの一例だが、異なる集団間の交流にはそうした複雑さがつきものだ。その危険を軽視してはならない。リアルな状況で異なる集団を接触させてその効果を検証する実験は増えてきているが、実際どのような条件下で対話すれば人は変われるのか、その詳細はまだわかっていない。[18]

しかしコニー・ライスに話を戻すと、警察と民間人との接触の欠如によって、到底見過ごせないレベルの危険が生まれているのは明らかだった。ブラットンから電話で警察の改善に力を貸してほしいと頼まれたとき、ライスは社会のなかでも最底辺に置かれたコミュニティの問題を解決するため、法律と政策の専門家によるプロジェクトを進めているところだった。焦点は人々の安全確保に絞られてきていた。ライスはワッツ地区の公営住宅に住む人と接するなかで、彼らの強さと愛情、創造性とレジリエンスを何度も目にしてきた。しかし彼らの暮らしはまた、凶悪なギャングによる長年の恐怖と傷に染まっていた。差別の裁判で勝訴するあいだにも、クライアントは命を落としている。身の安全という基本的な人権が守られないなら、いくら就職や昇進、教育の権利のために闘っても意味がない。そしてギャング対策を進めるうちに、ギャングの活動は従来の警察のやり方と深く絡みあっていることが見えてきた。[19]

ロサンゼルス市警の暴力的なやり方は、住民の安全確保に失敗しているだけでなく、むしろ逆効果になっているようだった。警察と住民のあいだの信頼が破壊されると、そこにギャングの活動を助長する空隙が生まれる。警察が目撃者を守ってくれないのなら、誰も犯罪を通報したり警察の捜査に協力しようとは思わない。そのためギャングは人目を気にせず、堂々と犯罪を繰り返していた。

２００７年、ライスは弁護士仲間のスーザン・リーおよび各分野の専門家数十人と協力して、ロサンゼルス市警の対応がいかに大失敗であるかを１０００ページのレポートにまとめて発表した。ギャングは住民の生命と健康を蝕む病理だが、市警はそのことを認識し損ねている。マクロの戦略が必要な局面で、目先の戦術しか見ていない。本来なら大規模なプランを立てて人々の行動や規範、インセンティブや機会を変えていかなくてはならないのに、場当たり的にギャングのメンバーを逮捕しているだけだ。まるで感染症のパンデミックを前にして、大規模な検査やマスク着用、接触者追跡をおこなわず、ただ熱を出した個人を入院させるだけの無能な対応ではないか。[20]

市警の失策は数字にも明らかだった。「ギャングとの戦い」を30年近く続けていながら、効果はさっぱり見られない。１９８０年代から２０００年代初頭までに10万人の住民が撃たれ、警察官も50人が亡くなっていた。ロサンゼルス郡の殺人事件は年間１０００件を超えるレベルが長年続いていた。[21]

必要なのは、暴力を許容している状況に切り込む包括的な戦略だ。地域住民のコミュニティを強く健全にし、若者がギャングの道に引き込まれないような環境を用意しなくてはならない。そのためには学校を改善し、家庭を支援し、刑事司法制度に埋め込まれた不平等を解消し、人生のチャンスを増やし、ロールモデルを提示するなどの施策が考えられる。要するに若者の選択肢を増やすのだ。司祭としてギャングのメンバーに関わってきたある人は、希望を持った子がギャングに加わるのは見たことがない、と語っている。[22]

ライスにとって最優先の仕事は、住民の暮らしの安全確保だった。そのためには、警察と地域住民との信頼関係を築いていく必要がある。それはつまり、警察官の行動を根本的に変えることを意味していた。

小さな動きはすでに生まれていた。２００６年に有志が立ち上げたワッツ・ギャング対策委員会というグループがある。メンバーのなかにはギャングのせいで親しい人を失った人もいれば、ギャングの元メンバーで今はギャング関係者への介入支援の仕事をしている人もいた。彼らはコミュニティ主導のギャング対策を進めるため、定期的に会合を開きはじめた。初期の会合に参加していたのが、当時ワッツを含む地域の取り締まりを監督していた警察官フィル・ティンガリディスだ。彼は50代の白人で、ロサンゼルス南部の出身だった。ティンガリディスが会合にやってくると、住民たちは過去の警察の暴力に対する怒りを口々にぶつけた。ティンガリディスは黙ってそれに耳を傾けた。言い訳もしなければ、責任逃れもしなかった。彼は積極的に、歴史をその身に引き受けていた。警察の暴力について語るときには、「私たち」という主語を使った。私たちがその少年を撃ったとき。私たちが彼の身柄を拘束したとき。

住民の不満に応えて、ティンガリディスは地域の犯罪捜査のやり方を刷新していった。態度の悪い警察官は配置換えをし、ほかの警察官には思いやりをもって住民に接するよう指導した。さらに別の部署の巡査部長エマダ・カスティロ（のちにフィル・ティンガリディスと結婚し、エマダ・ティンガリディスに改姓した）と協力して学校とのコネクションを作り、地域担当の警察官を派遣して子どもたちへの読み聞かせを始めた。[23]

ただ、この試みには広がりが欠けていた。より持続的な変化を起こすためには、上からのサポートが必要になる。しかし組織はたいてい大きな変革を望まないものだし、政治家はよほどの理由がないかぎり弱い立場の人のために動こうとはしない。貧しい地域の子どもが治安の悪さのせいで学校まで歩いて行けないとしても、目先の失業率が上がるわけではないからだ。そしてライスたちが提案している改革は、かなり大がかりなものだった。

そんなある日、転機がやってきた。２０１０年、ライスはワッツの公営住宅地の治安に関するレポートをまとめていた。このレポートが公開されたのと同じ日に、ワッツの公営住宅に越してきた一家が引っ越しの最中にギャングに襲われ、金品を盗まれた。悲鳴を聞きつけた作業員が駆けつけなければ、そのままレイプされているところだった。[24]

ライスとスーザン・リーはすぐに市警に連絡をとり、新しく本部長に就任したチャーリー・ベックと会って話をした。レポートならいくらでも書けるけれど、どれだけ紙を積み上げたところで現状は変わらない。今回の強盗事件はワッツの警察が住民の安全を守れていない証拠だ。ライスとリーはそのように主張し、警察に新たなチームを創設することを提案した。[25]

新たなチームには警察官50人ほどを配置し、ワッツとその近郊にある3つの公営住宅地を担当する。昔からギャングの暴力によって傷ついてきた地域だ。警察官はパトカーではなく、徒歩で地域を巡回する。5年間は配置換えなしでチームにコミットしなくてはならず、その見返りとして給与を上乗せする。そして重要なのが、通常の警察とは異なるインセンティブだ。このチームの警察官は容疑者の逮捕よりも、住民との関係づくりを重視して働くよう指示される。昇進も逮捕件数ではなく、住民との信頼関係を築けたかどうかで決定される。[26]

これは警察で何十年と続いてきたやり方を覆すような提案だった。「なるほど」ベック本部長はうなずいた。「やってみましょう」

このプログラムはコミュニティ安全パートナーシップ（CSP）と名付けられ、エマダ・ティンガリディスが責任者に就任した。警察官たちの応募書類を読みながら、彼女は地域住民を理解できそうな人生経験の持ち主を探した。ティンガリディス自身も子どもの頃はワッツに住んでいた。公営住宅地のすぐ向かい側だ。母親が15歳のときに生まれた子どもだったので、幼少期は施設で過ごした。そういう背景から、彼女はワッツの住民をとても身近な存在に感じた。苦しい状況にいる人から「あんたにはわからないよ」と言われると、彼女は「いいえ、よくわかります」と返した。そして彼女はワッツの住民のすばらしさもよく理解していた。彼らには矜持《きょうじ》がある。何世代も苦境を生き抜き、人生を良くしようとしてきた人たちだ。[27]

エマダ・ティンガリディスは応募者のなかでも黒人やラテン系に目をつけた。とくに複数言語を話せて、住民との共通点がある人がいい。従来のやり方にとらわれないタイプで、揉めごとの解決に長けている人、またはその素質がありそうな人を選んでいった。もちろん相手が暴力的な場合には逮捕するし、事態が悪化すれば応援を呼ぶ。でもそれは最後の手段であって、まずは対話で解決するスキルを重視した。ＣＳＰの定員は45人だが、実に４００人近くの応募者が殺到した。

ライスとリーはそれから地域の家を一軒一軒訪問し、住民のニーズを聞いてまわった。ＣＳＰの取り組みについても、誠実に説明した。長年暴力をふるってきた警察に協力してくれと頼むのだから、適当にごまかすわけにはいかない。住民は家族を殺され、殴られ、無実の罪で逮捕されてきたのだ。

「自分でもできそうにないことをみなさんにお願いしようとしています」とライスは住民に言った。「警察に協力してほしいのです。私たちは警察を変えなくてはいけません。そしてあなた方の助けなしには、警察は変わることができません」[28]

疑ってかかる人もいれば、怒りを露わにする人もいた。「警官に金を払ってうちへ来させるっていうんですか？」「顔を合わせて、ひどい暴言を黙って聞いていろと？」一方で、このような取り組みをずっと前からやるべきだったのだ、と静かに認める人もいた。[29]

住民の理解を得るため、地域でギャングの介入支援に携わっている人たちにも広報活動に加わってもらった。彼らも初めは懐疑的だった。介入支援の専門家アンドレ・クリスチャンは、ＣＳＰが一歩まちがえれば抑圧の道具になると指摘した。見かけは穏やかでも、実態は監視・統制プログラムになりうるというのだ。長年の経験から身に染みて知っていたことだった。彼自身もこの地域で育った１人で、口の利き方が失礼だという理由で警察官に首を絞められたこともある。とはいえ、ライスとはギャング対策を通じてすでに知り合っていたし、彼女なら信用できると思った。最低でも5年間は続けるという約束も、すぐに立ち消えになる子ども騙しのプログラムとは違っていた。そこでクリスチャンは、仲間と一緒にＣＳＰの広報活動をやることにした。彼らは日頃からギャングの緊張関係を鎮めたり報復行動を防止するなどの実績があり、住民から信頼を得ている。いきなり訪ねていって警察と協力しようと言いだしても、異星人がやってきたような扱いは受けないはずだとクリスチャンは言う。またスーザン・リーも、「日々地域のギャング対策に貢献している頼もしい知り合いが話してくれるのですから、小柄なアジア系女性が訪ねていくのとは違いますよね」とコメントしている。[30]

プログラムへの配属が決まった警察官は、従来とは違うトレーニングに参加する。武器の取り扱いや呼吸法に加えて、対話と背景理解の研修が取り入れられた。ライスとリーは専門家に依頼してワッツの歴史を話してもらい、そして警察官たちの最大の疑問に答えてもらった。「なぜ住民はこんなに警察を嫌うのか?」という疑問だ。とくに若い世代では、警察官の制服がアメリカの暴力の歴史を背負っているという認識がない人も多い。[31]

話は奴隷制の時代にさかのぼる。警察学校で教えられる歴史では北部の警察機関を現在の警察の起源としているが、それらが成立したのは19世紀半ばになってからだ。南部で「奴隷パトロール」が結成されたのはさらに昔、1700年代のことだった。奴隷パトロールは初めて公的な資金で結成された取り締まり機関で、ある州知事が言うように「州の治安維持と密接に結びついていた」。奴隷パトロールは黒人の住処を捜索し、集会を解散させ、黒人の動きを統制するのを主な任務としていた。奴隷が外出する際に携帯を義務づけられていた通行証をチェックし、何の理由でどこへ行くのかをいちいち確認した。キャプテンと呼ばれる上長に率いられて持ち場を巡回し、通行証を持たずに出歩いている黒人奴隷を見かければ激しい暴行を加えた。ライスは当時の奴隷パトロールのつけていたバッジが、現代の警察官のバッジに酷似していると指摘する。[32]

地元のギャングに詳しいメルヴィン・ヘイワードも研修に参加し、公営住宅のコミュニティに混在する異なる文化を警察官に説明した。現在の住民はラテン系が多数を占めているが、リーダー的地位は今でも黒人が多く、警察とのやりとりも黒人が受け持っている。ラテン系の住民はあまり表に出てこない。何世代もここに住んでいるチカーノ（メキシコ系）の人は問題を内輪で解決することを好む。警察が完全に腐敗した国から最近移住してきた人たちは、警察との関わりをなるべく避けようとする。関わり合いになれば国外退去になるのではないかと恐れる人たちもいる。[33]

住民とのつながりを深めたいなら、こうした文化的背景の理解は欠かせない。「街で出会う黒人の子を、自分の子どものように扱ってください」とライスは警察官たちに言う。「自分の子どものように守ってあげてください」。その言葉を噛みしめるように、部屋に沈黙が広がったのをライスは覚えている。「逮捕はもはや目的ではありません」とライスは続ける。「みなさんの仕事は、信頼関係を築くことです[34]」

信頼関係を築くために、ライスは地元のリーダー的立場の人たちを研修室に招いて、警察官と共同作業をしてもらった。参加したのは牧師や地区長、よく住民の相談に乗っている年配者などだ。リーダーが机の上に巨大な地図を広げ、参加者と警察官にカラフルなシールを手渡す。そして犯罪が多い場所や安全上の不安を感じる場所にシールを貼っていくよう指示する。[35]

なかには尻込みする人もいた。警察への密告のように感じたからだ。でもやがて、1人が立ち上がり、注意が必要な路地に丸いシールを貼った。別の人も続いて、小遣い目当ての喝上げが多い場所にシールを貼る。それは協力関係の最初の一歩を示す印のようだった。警察はじっくりと話を聞き、アイデアを出した。住民は警察が逮捕よりも地域の安全を考えている様子を直に見ることができた。ワッツの住民に先入観を持っていた警察官のほうも、住民が地域の問題やすでに実施している対策について堂々と語るのを目の当たりにした。[36]

そこには共通のゴールがあり、相互の協力関係があった。どちらの側も、相手のなかに新たな一面を見いだしていた。なかでもうまくいった会合では、住民と警察がおたがいに電話番号を交換する場面もあった。

コミュニティ安全パートナーシップ(CSP)は2011年11月に始動した。ある警察官の言葉を借りるなら、「地域警備の特別版」の始まりだ。チームの大半が所属するサウスイースト署の責任者には、ワッツ・ギャング対策委員会にも関わっていたフィル・ティンガリディスが就任した。ティンガリディスは部下に、少年たちの心をつかむプログラムを考えてくるよう呼びかけた。「法的・倫理的に問題がなければ、どんどん試してみよう」と。[37]

正式なキックオフの日には、警察官が屋台やバーベキューを用意して住民に自己紹介をした。草野球にも参加した。数週間は手探り状態で、とにかく住民とのつながりを作っていった。住民の話に耳を傾け、過去の過ちをわびて許しを請うた。正直に警察への印象を聞かせてほしいと頼み、話してくれてありがとうと礼を言った。[38]

うまくいく日ばかりではなかった。ジョーダンダウンズの団地でやっている父親たちの集まりに数人の警察官が事前連絡なく顔を出したことがあったが、警察官たちは肩身が狭そうに、無線機をいじりながら立っているだけだった。子育ての悩みを話し合っていた父親たちは、警察の登場ですっかり当惑してしまった。1人の警察官が地域の厄介者について話しはじめ、「あのバカ」とか「クソガキ」などと言いだしたので、進行役の人があわてて止めに入り、この集まりではそういう悪口を禁止しているのだと説明した。その警察官はなんとか取り繕うため、あとで謝罪の言葉と笑顔の顔文字を名刺に書いて参加者に渡した。

その場にいた父親の1人は、別の警察官を指さして立ち上がった。「あんた、あのときの警官だろ。忘れてないぞ。俺は何もしてないのに、いきなり子どもの前で手錠をかけられて留置所に放り込まれたんだ。気づいたらムショで13年過ごす羽目になってた。あんたのおかげでな」

彼はそう言うと、そのまま部屋を飛びだした。残された参加者は無言で顔を見合わせていた。非難された警察官は次の集まりにやってきて、記録を確認したが逮捕したのは自分ではない、自分はその日は非番だったのだ、と説明した。誰かと取り違えていたようだ。でもあの父親は、もう集まりに戻ってこなかった。[39]

警察官たちは、何年もかけて体に染みついたやり方をなんとかして手放す必要があった。なかには過去に住民に冷たく当たり、顔を知られている警察官もいた。ギャング介入支援者のアンドレ・クリスチャンは、参加している警察官の1人がパトカーから飛び降りて攻撃的な行動をするのを過去に何度も目にしていた。そのふるまいは子どもの頃に誰にも抱きしめてもらえなかった人のようだった、とクリスチャンは語る。CSPのプログラムが始まったあとも1度、その警察官は住民の男性を追いかけて乱暴に逮捕したことがあった。ティンガリディスはその警察官をこっぴどく叱りつけた。逮捕は最後の手段だと何度も言ったはずだ。古いやり方にしがみついていたら、このプログラム全体がぶち壊しになってしまうぞ、と。クリスチャンによれば、叱られた翌日の警察官はやけにおずおずとしているので、一目でそうとわかったという。[40]

それでもゆっくりと、警察官は地域住民の力になる方法を覚えていった。ドラッグや売春に使われている裏路地をきれいにしてほしいとお年寄りに頼まれれば、トラックとホースを用意してゴミをすっかり掃除した。キャンプ旅行を企画し、ワッツ初のガールスカウトを結成し、住民とバスケットボールを楽しんだりもした。通学用のバックパックを寄付し、健康管理のフェアを開いた。お年寄りのニーズに耳を傾け、日々安全に生活できるように遠近両用の眼鏡を提供した。[41]

大事なのは「白馬に乗って住民を救いに来た」などと思わないことだ、とティンガリディスは言う。

すでに住民がやっている取り組みを後押しすることも多かった。たとえばロサンゼルス東部にあるラモナガーデンズの団地では、生鮮食品を売る店が近くにないため、住民が無許可の市場を開いて果物や野菜を売買していた。そこで警察官は営業許可の取得を手伝ったり、商品の陳列台や日よけのタープを入手したりして、合法的に商売できる市場の創設に力を貸した。またニッカーソンガーデンズ団地では、住民のルピタ・ヴァルドヴィノスと警察官のジェフ・ジョイスが協力して若者のためのメンタープログラムを始めた。みんなで集まってサッカーをしたり、宿題を教え合ったり、ストレス対策や健康的な食事法を教える週末クラスを開いたりした。サッカーのコーチは地元住民とジョイスが一緒に担当した。[42]

警察官の行動は、目に見えて変化していた。母親たちは、子どもに対する警察の接し方に驚いた。脅したり嫌がらせをしたりせず、優しく話しかけてくれる。「見た目も違うし、雰囲気も変わりましたね」と子育て中の母親メロディ・カルペッパーは言う。また1970年代からニッカーソンガーデンズに住んでいるルセリア・フーパーという住民も、「まともに愛情と敬意を持って接してくれるようになった」と満足げだ。ある住民が発作を起こして倒れたときには、警察官がすぐに心肺蘇生にとりかかり、口に溜まっていた吐瀉物《としゃぶつ》を直接吸いとって人工呼吸をおこなった。「自分でもあそこまでできなかったと思います」と住民は語っている。[43]

警察官の側の恐怖心も減っていた。最初に住民と野球をしたときには防弾チョッキと拳銃を身につけたまま試合に参加していたのだが、1年後にはTシャツと短パンという格好で、拳銃は車に置いてきていた。ある日ニッカーソンガーデンズで子どもが9ミリ拳銃のようなものを持って走ってきたときも、警察は自分の銃に手を伸ばそうとはしなかった。子どもたちと多くの時間を過ごしたおかげで、敵意がないことがわかったのだ。誰もその子を傷つけなかった。銃はただのおもちゃだった。もしもオハイオ州の少年タミル・ライスが同じように扱われていたなら、彼は今でも元気に生きていたことだろう。[44]

地域住民のほうにも変化は起こった。警察官とのポジティブな交流があるたびに、その影響は波紋のように広がった。警察官が敬意と思いやりをもって接してくれたという噂が口から口へと伝わり、住民は警察官に会釈をしたり手をふったりするようになった。知り合いの警察官と握手をし、スポーツの話をする人もいた。フィルとエマダ・ティンガリディスは非番の日にもその近所へ足を運び、入院している住民のお見舞いに行ったりした。仕事としてではなく、親しい友人としてだ。警察官が子どもたちを自宅に招いて夕飯を振る舞ったり、住民が警察官を誕生日や卒業式、お葬式に招待することもあった。警察官に子どもの洗礼の代父《パドリーノ》を頼む人もいた。「コミュニティが善意であふれかえっているようです」とクリスチャンは言う。「良い変化がどんどん起こっている。これからもっと良くなります[45]」

ＣＳＰの警察官も、逮捕や武力行使をしないわけではない。ギャングの通報は今も時おり入ってくる。それでも今のところ、かつてのような抑圧的なやり方を大々的に取ることはない。因果関係を明示するのは難しいが、第三者機関による分析で、ＣＳＰが人口あたりの逮捕率の低下をもたらした可能性も示唆されている。ＣＳＰの対象になっている公営住宅地では、２０１９年末時点での逮捕率がＣＳＰ導入前年にくらべて約半分のレベルにまで低下した。発砲事件の犯人が公営住宅地にいるという情報が入ったときにも、警察はドアを蹴破って力尽くで捜索したりはしなかった。そのかわりに、２時間かけて住民を一軒一軒訪問し、いま何が起こっているかを説明した。１時間後、容疑者の居場所について複数の住民から情報が入ってきた。容疑者は無事に逮捕された。地域の子どもたちに恐怖やトラウマを植えつけることなく。[46]

地域の安全も向上した。ＣＳＰの対象地域と、別の同じような公営住宅地を比較分析した結果、ＣＳＰの対象地域では犯罪率が予測値より4分の1近くも下がっていた。とくに殺人事件の減少率には目を見張るものがあった。ＣＳＰが導入される前の10年間、対象地域のなかでも治安の悪い3つの団地では殺人事件が70件起こっていた。ジョーダンダウンズだけでも25件だ。それがＣＳＰ開始後の9年間では、3つの団地を合わせても21件しか殺人事件が起こらなかった。ざっくりいえば、年間7件から2件に減ったわけだ。しかもティンガリディスによれば、ほとんどの事件が2週間以内に解決している。[*] 住民が携帯電話でＣＳＰの警察官に連絡をとり、すぐに犯人の情報を教えてくれたこともあった。「逮捕が減って犯罪も減る」という現象にロサンゼルス市警の幹部は困惑したようだが、この結果は多くの学者の見解とも一致する。犯罪を減らすために住民をどんどん逮捕する必要はないし、暴力で抑えつける必要もないのだ。[47]

警察のふるまいと犯罪の発生には、見過ごせない関連がある。法学者トレイシー・ミアーズや社会学者アンドリュー・パパクリストスをはじめとする研究者によると、人々が警察や司法を正当なものだと認識すれば、それだけで犯罪の減少が期待できるという。過去に逮捕歴のある人でも、警察に良い印象を抱いた場合、法律の正当性をより強く信じるようになった。そして法律の正当性に対する信頼が強いほど、法律を順守する傾向が高まった。警察が人々を公平で丁重に扱えば警察に対する印象は良くなるのだから、警察官の公正なふるまいはそれだけで犯罪防止につながる可能性がある。さらに地域住民や元ギャングの人たちは、こう付け加える。希望があり、充分なリソースがあり、誰かが自分を気にかけてくれるという確信があれば、誰も犯罪には走らないのだ、と。[48]

犯罪率が減ったといっても、周辺地域に追いやっただけではないのか、という疑問もあるかもしれない。しかし調査の結果、そうではないことがわかっている。カリフォルニア大学ロサンゼルス校が

２０２０年3月に発表した詳細なレポートによると、ＣＳＰのプログラムによって周辺地域の犯罪が増加した形跡はなかった。ちょうどロサンゼルス全体で犯罪率の低下が見られた時期と重なっていたが、ＣＳＰによる犯罪の減少は全体的な傾向を明らかに上回るペースだった。同レポートの試算によると、ＣＳＰによって防止された暴力犯罪の件数は6年間で約２２１件、それによって節約された予算は９０００万ドル以上にのぼる。また１００件以上のインタビューと28件のフォーカスグループで住民の意識調査をおこなった結果、安心して外出できる、近所の人と交流できる、不安なく公園を利用できるなど、生活に確実な変化が起こっていることがわかった。インタビューを受けた警察官は、何よりも住民が安全だと感じてくれることに仕事のやりがいを感じると語っている。[49]

ＣＳＰの取り組みには、オルポートの接触仮説で提示された要素がいくつも含まれていた。相互の協力関係があり、コミュニティの安全を守るという共通のゴールがある。ロサンゼルス市警および地域のリーダーの後押しも得ている。そしてもうひとつ、オルポートは言及しなかったけれど、このプロセスに欠かせない要素があった。宿題を教えあうホームワーク・クラブに関係するものだ。

教育における人種分離を違憲としたブラウン対教育委員会裁判から15年ほど経った頃、社会心理学者エリオット・アロンソンのもとに、テキサス州オースティン市から力を貸してほしいという連絡があった。オースティンでは遅まきながら学校の人種統合が始まり、黒人やメキシコ系の児童が白人の

＊　司法当局では、犯罪の認知件数に対してどれだけの容疑者が特定・逮捕されたかを「検挙率」と呼び、犯罪解決の指標にしている。ロサンゼルス市警の殺人事件の検挙率は60から70％で、ほぼ全国平均と変わらない。しかしＣＳＰの当初の対象である3つの公営住宅を含む地区では、高いときで検挙率が87％に達している。

通う学校に連れてこられた。教室ではほんの2週間ほどでケンカが始まり、校庭は人種ごとに縄張りをめぐって争う戦場となっていた。[50]

視察にやってきたアロンソンは、競争を駆り立てるような学校の雰囲気が事態を悪化させていることに気づいた。子どもたちはいつもほかの子に負けないよう頑張っていて、相互理解や尊重をうながす活動はどこにもない。やり方を変えれば、児童の関係を修復し、おたがいを好きになれる空気を作りだせるのではないか。アロンソンはさっそく実験にとりかかった。[51]

いくつかのクラスで子どもたちを6人ずつのチームに振り分け、それぞれのチームに複数のルーツの子どもが含まれるようにした。そしてグループワークでは、複数の要素がジグソーパズルのように組み合わさる課題を用意した。児童はそれぞれに、パズルのひとつの鍵となる要素を担当する。たとえばガーデニングの課題なら、ひとりは花について調べ、別の子は土について、また別の子は野菜について調べる。そのようにすべての子が専門分野を持ち、その分野についての教材を与えられる。花の担当の子は、花の担当同士で集まって、学んだ内容を話し合う。ほかの担当についても同じように専門知識を深めて、その専門知識をチームに持ち帰り、仲間に共有する。チームメンバーは専門家の話に耳を傾け、課題に関連した質問をする。チームの成功は全員の肩にかかっていて、ひとつでもピースが欠けるとうまくいかない。メンバーひとりひとりが、チームに欠かせない存在だ。

6週間後、このチーム制を採用したクラスでは、子どもたちの自己肯定感がほかのクラスよりも高くなっていた。学校が楽しくなり、ほかの子の立場に立ってものを考えられるようになっていた。そして、ケンカがなくなった。チームメンバーと仲良くなったおかげで、異なる人種の子に対する好感度が上がったのだ。その効果は同じチームだけにとどまらなかった。クラスのみんなに対して実験前よりも良い印象を抱き、以前は不信感を持っていた相手とも仲良くするようになっていた。

アロンソンは校舎の屋上へのぼり、校庭を俯瞰する写真を撮った。そこに映っているのは、さまざまな人種や民族の子どもたちが混じり合い、ともに遊んでいる光景だった。[52]

アロンソンのやり方は、ジグソーメソッドとして知られるようになった。ジグソーメソッドではチームメンバーひとりひとりが課題に対して重要な貢献をする。すこし自信のない子も担当分野の集まりで専門知識を深められるし、それによってチームに欠かせない存在になっていく。チームの仲間はみんな大事な情報を教えてくれるし、助け合うことでチーム全体が成功できる。オルポートの接触仮説から言っても、ジグソーメソッドは文句なしのやり方だ。対等な立場、協力関係、共通のゴール、それに権威からの後押しがすべてそろっている。

ジグソーメソッドは、ドイツからオーストラリアまで実にさまざまな学校で、偏見やステレオタイプの軽減に効果を発揮してきた。ただ実をいうと、アロンソンがジグソーメソッドを確立するより半世紀も前に、ジュリエット・デリコットという若い黒人女性が大学における人種統合のために似たようなやり方を試していた。1920年代、デリコットはYWCAの同僚だった白人女性と一緒に、白人と黒人の学生を集めて話をした。自己の内にある矛盾に直面したときに人は変われるという社会心理学者ミルトン・ロキーチの理論を先取りするように、デリコットらは学生に向かって、クラスメイトと仲良くできないのにキリスト教徒を名乗るのは偽善的ではないかと指摘した。そして奴隷制の歴史やレイシズム、黒人の文化的貢献について調べるグループ課題を与えた。それから1年間、学生たちは黒人と白人混合のチームで課題に取り組んだ。グループワークの成果はめざましく、やがて各チームは自分たちの発見を大学全体に共有して、黒人の詩と音楽を紹介する公開講座を実施するまでになった。[53]

オースティンの学校に話を戻すと、アロンソンらの取り組みで、もうひとつ重要な発見があった。

与える行為が、与える人を変えるのだ。

ジグソーメソッドでは、児童がおたがいに知識や労力を与え合う。アロンソンによれば、誰かのために何かをするとき、その相手に対するネガティブなステレオタイプがあると、心の中で葛藤が生まれる。この不快な葛藤を減らすために、人は相手に対する見方を変えていくのだという。「私があなたに偏見を持っていたとしますよね」とアロンソンは私に語った。「そしてあなたのために非常な努力をしているとする。あなたを助けるためにです。そうすると、あなたに対するネガティブな考えに意識が向かなくなります。それよりもポジティブな面に目が行くはずです[54]」

与える側だけでなく、受けとる側にも変化は起こる。ルイス・ハイドの古典的名著『ギフト』によると、贈り物は「ひとつのアイデンティティを帯びていて、贈り物を受けとることは新たなアイデンティティを取り込むことを意味する。まるで贈り物が体内をくぐり抜け、私たちを作り替えるかのように」。また贈り物は社会的なつながりに新たな感情を吹き込み、「両者のあいだに新たな絆を作りだす[55]」という。

相互依存的なつながりと、与えることの力を考慮するなら、戦場で肩を並べて戦う兵士がすぐに偏見から解放されたのもうなずける。兵士は自分の命をたがいに捧げる覚悟でいるからだ。スポーツが偏見を減らすのに効果的なのも、同じように理解できるかもしれない。プレイヤーはおたがいの存在を頼りにし、自分のスキルや、あるいはボールを、相手のために差しだすからだ。最近の研究で、クリケットのリーグで8か月間同じチームメイトと戦う状況を作りだし、インドの異なるカースト間で偏見が減るかどうかを検証したものがある。イラクのサッカーリーグでクリスチャンのチームとムスリムのチームを統合した実験もある。いずれも集団間の偏見が軽減される結果になった。ムスリムの選手と一緒にプレイしたクリスチャンのサッカー選手は、のちに宗教混合チームに志願する率が高まり、またスポーツマンシップの賞でムスリムの選手に多く投票した。異なるカースト出身の人と同じチームでプレイしたインドの選手は、対照群の選手とくらべて、クリケット以外の場面でも異なるカーストの人と交流することが増えた。さらにその後、一緒にプレイするチームメイトを選ぶ際に、異なるカーストの人を選ぶ率が高まった。[56]

ロサンゼルス市警のCSPプログラムも、ある意味でジグソーメソッドの実践に近い。住民と警察官がタッグを組んで地域の安全という共通のゴールのために協力し、どちらの側も相手にとって価値があるものを提供しているからだ。ニッカーソンガーデンズでは警察官と住民が共同でコーチになり、子どもたちのサッカーチームを監督している。またセーフパッセージというプログラムでは、子どもたちが安全に学校へ行けるよう、警察官と保護者がチームを組んで通学路を巡回している。

住民のために働くことは、そのコミュニティへの投資である、とライスは言う。「あなたのために働くとき、私はあなたに投資しています。新たな価値や信頼を注ぎ込んでいるのです」

ホームワーク・クラブやキャンプ旅行を通じて住民のために行動した警察官は、たしかにその行為によって変容していた。[57]

＊　＊　＊

複雑な意思決定に直面したとき、人は思考のショートカットを利用する。心理学者のエイモス・トベルスキーとダニエル・カーネマンは、１９７４年の論文でそう論じた。このショートカットはヒューリスティックとも呼ばれている。不確実な状況で答えを予測するために脳が利用する便利なアルゴリズムだ。たとえば自分が交通事故に遭う確率を考えるときには、最近見かけた交通事故のことが頭に浮かび、それをもとに事故の危険が大きいな、などと判断する。これは「利用可能性」と呼ばれるヒューリスティックだ。こうしたヒューリスティックは効率的で、役に立つ。つねにあらゆる情報に目を通して状況を検討していたら、生活が立ち行かないからだ。ただしヒューリスティックは便利な反面、過ちにもつながりやすい、とトベルスキーとカーネマンは警告する。ステレオタイプも一種のヒューリスティックで、人を理解するための便利なショートカットだが、実態とかけ離れた誤解につながることも多い[58]。

とはいえ、瞬時の判断が実際に正しいときもある。意思決定に詳しい心理学者ゲーリー・クラインは著書『決断の法則』のなかで、人々が思考のショートカットを使って一瞬のうちに、ときには命を左右するような意思決定をうまくやってのける例を大量に紹介している。新生児集中治療室の看護師は、ずらりと並んだ低体重の赤ちゃんのなかから、感染症にかかっている子のわずかな徴候を瞬時に見分けられる。熟練した消防士は、足で踏んだときの若干ふわりと沈む感覚だけで、屋根が崩壊することを予測できる。こうした直感的な判断は、往々にして当を得ている[59]。

ショートカットを使った判断が正しいときとそうでないときの違いは何だろうか。クラインとカーネマンは共著論文（「意見の対立に失敗する」という副題がついている）のなかで、重要なのは意思決定の状況や性質であると述べた。慣れ親しんだ場面であれば、直感でかなり正確な予測をすることも可能だ。でもそれが可能になるには、あらかじめその状況を学び、熟知している必要がある。見たものを正確に把握する能力を磨かなければならないのだ[60]。

猫を認識するプロセスを例に挙げよう。幼い子どもが猫を見分けられるようになるには、まず猫のカテゴリーに当てはまるさまざまな実例を見る必要がある。雑種猫にペルシャ猫、太った猫に小さな子猫。それぞれの猫を見るたびに、その生き物についての感覚情報が脳に入ってくる。脳はそれらの共通点を探し、猫というカテゴリーの主要な特徴を学習する。ふわふわで、ヒゲがあって、大きさはひざに乗るくらい。こうしたカテゴリーごとの特徴は、脳のニューロン（神経細胞）の活動パターンとして脳に記録されていく。そして猫に似たものが目に入ると、猫に対応するニューロンが発火する。「猫だ」という信号が脳内をかけめぐるイメージだ。[61]

　街を歩けば、あらゆる感覚情報が飛び込んでくる。木漏れ日のきらめき、ビルの谷間に落ちる影、友達のあたたかい微笑み。それらすべてがニューロンの活動を刺激する。ただし脳はいつでも予測に余念がないため、知っているパターンと部分的に一致するだけで、その刺激の正体を当ててしまうことも多い。路地を歩いていて視界の端にふわりとした生き物がよぎったら、脳は「猫だ」と認識するだろう。猫のパターンがすべて満たされなくても、ほんの一部で答えが出せる。

　これは「パターン補完」と呼ばれる現象で、ほんの数百ミリ秒のうちに起こることが知られている。情報がすべて入ってくるのを待たずに、脳は知覚したものを記憶のパターンと照らし合わせて、うまく一致するカテゴリーを探しだす。比較的強くニューロンが反応するパターンが見つかれば——周辺の似たようなカテゴリーよりも「猫」に近いとわかれば——脳は「猫」が正解だろうと結論づけ、見えたパターンを自動補完する。文字通り結論に飛びつくわけだ。この性質がステレオタイプと結びついたとき、脳のせっかちさは重大な、ときには致命的な結果をもたらしうる。アイトラッキング（視線追跡）を使った実験では、シミュレーション環境で銃を持った黒人の姿を見せられたとき、黒人でない被験者は瞬時に、まだ銃の情報を充分に視界に取り込む前に、身を守るため発砲する判断を下した。[62]

　日々の生活で感覚情報を正しいカテゴリーに分類できるかどうかは、ニューロンの活動パターンが適切に識別されるかどうかによって決まる。そのなかには意図的に学んだパターンもあれば、まわりの環境によって自然と染み込んだものもある。パターンが学習されていない場合、ひとつのものと別のものを見分けるのは難しい。外国語がその良い例だ。音声情報も脳の中にニューロンのパターンとして保存される。そして話し言葉を理解するためには、音声をうまく区別して聞きとる必要がある。しかし英語を母語とする人にとっては、トルコ語でLにあたる複数の音や、ヒンディー語のT、韓国語のKにあたる音の微妙な違いを聞き分けるのが難しい。英語話者の多くは日常的にそういう音声にふれてこなかったため、別々の音として区別する能力が発達していないのだ。

自分と違う人種の人の顔が覚えづらいのも、こうしたニューロンのパターン（の欠如）によって説明できる。脳の中にその人種の顔パターンがあまり登録されていないため、個々人の顔を識別しづらいのだ。これは顔認識の「人種効果」と呼ばれ、とくに自分と同じ人種とばかり接している人で顕著になる。たとえば韓国で育った韓国人の大人は、東アジア人の顔はうまく見分けられるけれど、白人の顔を見分けるのに苦労する。一方、幼い時期に養子に出されてヨーロッパの白人家庭で育った韓国ルーツの人は、逆に白人の顔のほうが見分けやすく、アジア人の顔を見分けるのが苦手になる。[63]

同じ人種の別人と間違えられるのは屈辱的な体験だが、屈辱にとどまらず、冤罪につながることもある。最近の調査によると、米国で不当な有罪判決を受けた人のうち約30％は、他人種の目撃者によって誰か別人と誤認されていた。そしてDNA鑑定で判決が取り消されたケースの3分の1で、白人が黒人の顔を取り違えていたことがわかった。実際、殺人罪で有罪判決を受けた人のうち、冤罪が判明して無罪になるケースは黒人のほうが白人より38％も多い。[64]

人間はある意味で、なじみのある集団の人の顔を見分けるエキスパートだと言っていい。異なる人種間の接触が少ない社会では、なじみのある集団とはすなわち自分と同じ人種の人たちだ。研究によると、他人種と接する機会が増えればその人種もなじみのある集団になり、人種効果が薄れることがわかっている。ある集団の人を見分ける経験を積めば積むほど、その集団に属する個々人の特徴がよく見えてくる。スキルを磨けば、感覚情報をより細やかに扱えるようになるということだ。

ある道の達人とは、そのジャンルの物事が引き起こすニューロンの活動パターンを細かく識別することに長《た》けた人だと言えるだろう。同じものを見ても、初心者はそれを大雑把にしか把握できない。私はサッカーに詳しくないので、ペナルティーキックを見ても「ボールが勢いよくゴールに飛んでいったな」くらいのことしかわからない。でもワールドカップ級のゴールキーパーなら、助走の角度や軸足の位置、腰や頭の向きをすべて把握して、一瞬のうちにどんなボールが飛んでくるかを識別（すなわちカテゴライズ）できるかもしれない。サッカー選手も新生児集中治療室の看護師も消防士も、みんなヒューリスティックを使って瞬時に判断を下している。その道に熟練しているからこそ、時間をかけて検討しなくても、一瞬の直感で的確に状況を識別できる。[65]

こうした識別能力は、状況判断に役立つだけでなく、他人とのつきあい方にも大きく関わってくる。心理学者のエレン・ランガーが1980年代におこなった実験はそれを見事に実証した。実験の対象はボストンに住む小学校6年生の子どもたちで、あるクラスの子は障害がある人の写真をスライドで見せられ、別のクラスの子は障害がない人のスライドを見せられた。スライドの内容に関する冊子が全員に配られたが、一部の冊子にはひとりひとりの特徴に注意を促すような質問が載っていて（車椅子の人はどうやって自動車を運転するでしょうか？　目の見えない音楽家はどんな点で有利で、どんな点で不利でしょうか?）、別の冊子にはとくに注意を促すことは書かれていなかった。

数日間そういう授業をしたあとで、障害者に対する子どもたちの態度を調べたところ、結果は一目瞭然だった。まず、特徴に注意を促す質問をされた子どもたちは、障害がある人たちの特徴をより正確に把握できるようになっていた。車椅子競走やロバのしっぽゲーム（福笑いのような目隠しゲーム）で誰と組みたいかを尋ねられると、ゲームに有利になる特徴を持った人を正しく選ぶことができた（たとえば目隠しゲームなら、目が見える子よりも、見えない子をパートナーに選ぶというふうに）。さらに障害が関係ない場面でも、障害のある子と一緒に過ごしたいと答える子が多かった。障害がある人の特徴について質問された子はピクニックに誘う相手に障害のある子を選ぶ傾向が高く、ゲーム一般のパートナーに目の見えない子や車椅子に乗った子を選ぶ率は対照群の2倍以上になっていた。[66]

熟練度が上がり、特徴を正しく識別できるようになると、多くのことが可能になる。ある集団のなかのさまざまな違いを見分けられれば、一人ひとりがどんな点で特別なのかを正確に理解できる。そして細かい違いに注意を払うと、大雑把なステレオタイプがばかばかしく見えてくる。同じ集団のメンバーでも一人ひとりこんなに違うのに、画一的なステレオタイプが当てはまるわけがない。違いを正しく理解した子どもたちが障害のある子に包摂的な態度を見せたのはそのためだろう。ネガティブなステレオタイプが意味をなさなくなったのだ。

識別する能力を高める訓練によって、警察の暴力が減った例もある。とくに弱い立場にあるグループ、たとえば精神疾患のある人たちへの暴力だ。精神疾患は社会的スティグマが大きく、とても偏見を受けやすいグループなのに、警察官の側にはその知識がほとんどない。さまざまな精神疾患の人の経験や行動について警察官が知る機会といえば、せいぜい数時間程度の講習だ。そうしてよく知らないまま現場に出て、精神疾患の人が困っている場面に出くわすと、警察官はそれを危険な行動だと誤解してしまう。ナイフを持って取り乱す人は凶暴に見えるけれど、実は幻覚に怯えているのかもしれない。警察によって銃殺された人の4分の1に精神疾患があったという調査結果もある。その多くは自宅で、銃を持っていないのに撃ち殺された。ミネソタ州では2000年から2015年に警察によって殺された人のうち、実に45％が深刻な精神的不調を抱えているか、あるいは過去にそうした履歴のある人だった。[67]

この問題に対処するため、最近では危機介入チーム（ＣＩＴ）というアプローチが導入され始めている。精神疾患のある人への対応改善に特化した取り組みだ。さまざまな精神疾患に関わる感情や行動を理解し、正しく区別するために、警察官たちはＰＴＳＤや躁病などの精神疾患に加えて、外傷性脳損傷による脳機能障害や、アルツハイマー病などの特徴を学んでいく。たとえば警察官と目を合わせようとしないのは自閉スペクトラム症のせいかもしれないし、指示に従わないのは認知機能の問題で指示内容をうまく理解できないためかもしれない。[68]

そうしたことを学ぶなかで、脅威だとみなされていた行動のカテゴリーが警察官のなかで細分化され、精緻になっていく。ナイフを持って意味のわからないことをつぶやいている人の姿は、何も知らない人には危険に映るだろう。でもＣＩＴの訓練を受けた警察官なら、幻覚や妄想といった症状の可能性を考慮できる。その人の掲げるナイフは、他人を傷つけるためではなく、想像上の危険から自分の身を守るためのものかもしれないのだ。

警察官の知識が深まれば、状況に合わせて柔軟な対応を取れるようになる。不審な行動で通報されたケース１０００件以上を調査した結果、ＣＩＴの訓練を受けた警察官はそうでない警察官にくらべて、対話によってその場をおさめた割合が高かった。また警察への通報６００件を対象にした別の調査によると、ＣＩＴの警察官はたとえ相手の危険度が高い場合でも、武力に頼る場面が通常より少なかった。前章で紹介したオレゴン州ベンドの警察官たちも、武力の使用が減った理由はＣＩＴの訓練によるところもあると語っている。車にマインドフルネスのステッカーを貼っていると話していたベンドの警察官エリック・ラッセルは、かつて精神疾患の人を「頭がおかしい」と思っていたが、今では「どんな支援を求めているのか」という点に集中できると言う。

ＣＩＴよりさらに効果的なのは、警察と無関係な危機介入支援の専門家だろう。オレゴン州ユージーン市では警察に通報があったとき、精神疾患やストレスによる問題行動の場合は銃を持たない危機対応チームに出動を依頼する。メンタルヘルスおよびディエスカレーション〔興奮をやわらげて穏やかな状態に戻すこと〕の高度な訓練を受けた専門家たちだ。2019年には、この危機対応チームが2万4000件の通報に対応し、そのうち警察の応援を呼んだケースは150件だけだった。30年間活動してきて、危機対応チームが相手に大きな怪我を負わせたり殺してしまったことは一度もない。武器のかわりに専門知識を身につけているからだ。[69]

無知な初心者から、熟練した専門家へ。ワッツのコミュニティ安全パートナーシップ（CSP）はまさにその変容を可能にした。「問題は、警察が人々の生活を理解していないことでした」とライスは言う。「だから本当の危険かそうでないかを見抜けなかったんです」

ニッカーソンガーデンズでおもちゃの銃を持った子どもを見かけたとき、CSPの警察官は、銃を抜く必要のない場面だとすぐに判断できた。その子が遊んでいるだけだと理解し、冷静に対応できた。加害者か被害者かという思考はすでに脱していた。彼らが見たのは犯罪者ではなく、1人の子どもだった。何が本当の脅威で、何が不安の投影なのかを今ではきちんと見分けられる。真の危険と幻影を混同することはない。[70]

ロサンゼルス市警の分析課で主任研究員をつとめるジョージャ・リープによると、CSPが導入される前の警察官は、住民を見ると2つのカテゴリーのいずれかに分類していた。加害者か、被害者かだ。でもCSPで日々住民と接するうちに、誤った二分法は薄れて消えていった。もちろんワッツにも暴力事件はあるけれど、たとえ治安の悪い地域でも、誰かに危害を加えるのはほんの一握りの人にすぎない。CSPのプログラムを通じて地域に溶け込んだ警察官は、住民を多面的で差異に満ちた人間として見られるようになった。その過程で、警察官の心にはあらたなカテゴリーが生まれた。地域の仲間《パートナー》たちだ[71]。

住民の側にも変化は起こった。ＣＳＰ導入以前は、警察のバッジをつけた人を見ると、暴力や威嚇のイメージが思い浮かんだ。でも今では、警察官も人間であることがわかる。一枚岩ではなく、自分たちと同じように多様な人間だ。カテゴリーの種類が増えただけでなく、相手を個人として見られるようになった。１人にひとつのカテゴリーだ。

「だんだん顔見知りになって、相手のファーストネームを教えてもらいますよね」とライスは言う。「ニックネームでもいいんです、プーキーとか。もしプーキーがギャングのメンバーだとしても、まあ一緒にゆっくり話をして、たまに朝食に誘ってみる。それで仲良くなって、週に2回ほど会ってバスケをしたりする。するとどうなります？　プーキーと一緒にいるとすっかりリラックスできて、もう怖いと感じなくなるんですね。ギャングのメンバーなんだけど、悪いやつじゃないなと。そういうのがわかってくるんです。私たちはそれを地道に進めてきたわけです[72]」

バイアスを克服するためのひとつの戦略は相手の視点に立つことだが、相手と深い関係を築けば、想像だけでなく実際に相手の見方を理解できる。頭を使ってステレオタイプを崩そうとしなくても、相手を見ていれば自然にステレオタイプとは違う面が見えてくる。そして相手の事情をあれこれ推察しなくても、実際にその人がどんな状況にいるのかを自分の目で確かめられる。

異なる集団を知り、理解を深めることは、つきつめれば相手を人間として見ることだ。「警察に地域住民の人間らしさを知ってもらい、地域住民に警察の人間らしさを知ってもらう。それが我々のやっていたことだと思います」とフィル・ティンガリディスは言う。ある住民はＣＳＰの警察官についてこう語る。「近所の人と交流するようになってから、警察の人も変わりましたね[73]」

若者のためのメンタープログラムを立ち上げたルピタ・ヴァルドヴィノスは、今ではホームワーク・クラブの運営に携わりながら、こうした細やかな相互理解がより広い地域に波及していくよう願っている。「ワッツに悪いイメージを持っている人がいたら、見せてやればいいんです。ワッツはこんなにきれいな花を咲かせましたよ、と」[74]

もちろん問題がないわけではない。ロサンゼルス市警のレポートによると、今でもCSPの目指すところが理解できない警察官や住民はいる。地域住民と警察の他部署との橋渡し役としてうまくやっているメンバーもいるけれど、なかには住民との関係を育みながら警察として取り締まりもするという二重の役割を負担に感じる人もいる。コミュニティ中心のサービスに満足している住民もいれば（ある子育て中の人は期待以上だと喜びを語った）、取り残されたように感じたり、ギャングのリスクにさらされやすい青年期の若者に対する支援が足りていないと感じる人もいる。また「地区によって取り組みに落差がある」という意見もあり、CSPに配属される人の適性を慎重にチェックする必要性が指摘されている。CSPを熱心に支持する住民もいれば、警察らしい仕事をしてほしいと不満を漏らす住民もいる。警察の存在感が薄く、犯罪への対応に一貫性がないという意見もある。また一部の住民によると、いまだに警察が黒人をステレオタイプ的に扱うことがあり、屋外での集まりのときに嫌がらせをされたという報告もあった。[75]

2020年のジョージ・フロイド殺害事件とその後の混乱を受けて、ロサンゼルス市はCSPのプログラムをさらに明確で一貫したものにするための部署を立ち上げた。リーダーに抜擢されたのは、本部長補佐に出世していたエマダ・ティンガリディスだ。しかし世の中全体の警察への不信感は、CSPにも影響を与えないわけにはいかなかった。ジョージ・フロイド殺害事件以降、一部の住民は警察官との関わりに消極的になった。CSPが警察官にやらせているのは、ソーシャルワーカーに任せるべき仕事なのではないか、という鋭い批判も出てきた。あるいはオレゴン州ユージーンのように、精神的な危機介入の専門家に任せたほうがいいのではないか。ティンガリディスも批判を真摯に受けとめ、CSPの職務の一部を外部に移行したほうがいい可能性を認めている[76]。

それでも、コミュニティ内からの批判には前向きなものも多かった。ロサンゼルス市警の分析によれば、住民はCSPの活動を減らすことよりも、増やすことを望んでいた。もっと顔を合わせる機会を、もっと多くのプログラムを。CSPの警察官が携わる社会的活動の幅を増やしてほしいという要望もあった。子どもが警察官と一緒にいると安心できると語る母親もいた。問題を抱えた子どものためのプログラムを拡充してほしいという声もある。「そういう子こそ、CSPによる支援を必要としているんだと思うんです」。9年間の活動を経て、住民の多くは——少なくとも投票をおこなった2つの地域では——CSPの存続を望んでいた。ラモナガーデンズでは、存続に賛成の人が住民の8割近くを占めていた[77]。

CSPはひとつの経過的措置と捉えるのがいいかもしれない。信頼を築き、警察官のふるまいを変え、犯罪多発地区の犯罪を減らすために一時的に必要な存在だ。人々の安全に責任を負う機関が今後どのような形をとっていくかはわからないが、とにかくCSPのプログラムは、深く持続的な関係を築くことで人は変われると教えてくれた。信頼関係が、恐怖や不信を終わらせたのだ。

より広い文脈で考えるなら、CSPは構造的な変化が個人の変化に果たす役割を実証したと言えるだろう。インセンティブや目標を変更し、ルールや任務を書き換えることで、CSPは警察官の行動や感じ方、仕事への向き合い方を変えていった。ヴァルドヴィノスと一緒にメンタープログラムの立ち上げに携わった警察官ジェフ・ジョイスはこう表現する。「相手が人間であることは前からわかっていたかもしれません。でも今では、人間らしく接することができます[78]」

ライスの当初の目的は、警察官の地域住民に対する理解を深めることだった。おたがいを知り、恐怖や不信を敬意や協力関係へと変えていくことだった。うまくいく兆しは早くから見えていた。CSPが始動した2011年に、フィル・ティンガリディスともうひとりの警察官が、ワッツの子どもたちと一緒にサーフィンを練習していた様子を彼女は思いだす。西海岸のロサンゼルスに住んでいるのに、その子たちは海を見たことがなかった。そこでティンガリディスがバスを手配し、子どもたちをビーチに連れて行ったのだ。「そのときの光景をよく覚えています」とライスは言う。「その光景を言葉にするなら、愛でした[79]」

ジェフ・ジョイスの話もしておこう。彼はニッカーソンガーデンズの南西にあるプール付きの2世帯向けの家に住んでいて、数年前の独立記念日にはニッカーソンガーデンズの住民たちを自宅に招いて庭でバーベキューをした。「なんか、すごく信用されてるんだなと思いました」と、ある10代の若者は言う。住民との絆はさらに深まっていった。2020年の春には、コロナ禍で学校の卒業式が次々とキャンセルされるなか、ジョイスの家の庭に生徒や保護者が集まり、ソーシャルディスタンスを保った卒業式がおこなわれた。サッカーチームの生徒が木材で演壇を作り、卒業生が1人ずつそこに呼ばれて卒業証書を受けとった。立派なスピーチがあり、涙があふれ、保護者は芝生の庭で誇らしげに我が子を見守っていた。その頃には、ジョイスはガレージの2階にある一人暮らし用の部屋に移り住み、メインの住宅は貸しに出すことになった。引っ越してきたのは、ニッカーソンガーデンズに住んでいた一家だ。日曜の夜にはいつも、ジョイスとその一家で夕食をともにする。料理は交代で受け持ち、メキシコ料理のケサディーヤが出てくるときもあれば、アメリカ風のフェットチーネ・アルフレードのときもある[80]。

それは誰も予想しなかった、新たな家族の誕生だった。

PART Ⅲ

Making It Last
新たな場所にとどまる

第7章 Designing for Flawed Humans 不完全な人間のためのデザイン

クリスに出会ったのは、ウィスコンシンの田舎にある小さなカトリック系の高校に入学して間もない頃だった。

カトリック系とはいっても生徒はやんちゃで、学校にある等身大のイエス・キリスト像の指にタバコをぎっしりと挟んだり、ミサをさぼって向かいのファストフード店でフライドポテトを食べたりするのが常だった。クリスは頭の切れる上級生で、愉快そうにクククッと低く笑うのが印象的だった。私は目を輝かせた新入生で、ゴシック系でクールを気取っていたけれど、内心では友達を求めていた。クリスとそのまわりの子たちはスクールカーストから微妙に外れた位置にいて、思春期の空騒ぎをどこか達観したように眺めていた。

私はクリスに近づきたくて、なんとなく視界に入りそうな場所をうろついてみたりした。昼食のグループに加わるよう手招きされると、そのたびに胸が躍った。クリスは切れ者だけどいつも優しくて、アメリカ中西部らしい皮肉っぽさと、まっすぐな真摯さの両方を兼ね備えていた。彼女が笑うと、心が落ちついた。そんな何かを持っている人だった。

高校を卒業してからは、自然と連絡が途絶えていた。私は東海岸へ移り住み、クリスは中西部に残ってミネソタ大学に進んだ。彼女は学費を捻出するために、老舗デパートのデイトンズでアクセサリーを売っていた。あるときには同僚との賭けに負けた罰ゲームで、けばけばしいゴールドのネックレスをありったけ首に巻きつけ、まるでミスター・T〔米国の俳優、レスラー。金のネックレスを大量につけるファッションで知られる〕を小柄にしたような格好でフロアを1周したこともある。やがてアダムという背の高いクラスメイトと結婚してからは、世間並みの幸せに落ちついた。弁護士になり、娘を2人もうけた。ＹＷＣＡで仲間と一緒に走り、朝食にオートミールを作る、そんな暮らしだった。何年かして偶然出会った彼女は昔のように尖ってはいなかったけれど、真摯な優しさとふざけた趣味は健在だった。私の暮らしぶりを尋ね、真剣なまなざしで話を聞いてくれた。女友達と一緒にネイルに行くと、誰よりも派手でキラキラした色を選び、満足げに笑った。

２０１０年、35歳になったクリスは、急な腹痛を覚えて病院に駆け込んだ。説明しがたい痛みだった。今までのどんな痛みとも違うけれど、うまく言い表せない。医師は消化不良だろうと言い、そのまま帰らせた。でも痛みはその後も繰り返し襲ってくる。やけに疲れやすくなり、便秘にもなった。クリスはふたたび病院へ行った。何かがおかしいんです、と彼女は言った。疲れやすいのは仕方ないでしょう、と医師は言った。お子さんがいるんだし、ストレスも溜まりますよ。疲れて当然です。

真剣に取りあってもらえないことにがっかりして、彼女は別の病院を探した。けれど、どこも同じようなものだった。仕事と子育てでお疲れなんですね。リラックスを心がけましょう。食物繊維をとってくださいね。

症状はだんだん悪くなった。体に力が入らず、つねに疲弊していた。友達とコーヒーを飲んでいる最中にも眠くなる。ちゃんと休むようにと言われ、睡眠薬を勧められた。ある医師は検査のことを口にしたが、やっても何も出ないでしょうね、と付け加えた。

２０１２年になる頃には疲労がひどすぎて、近所まで歩くこともできなくなっていた。午後の３時には倒れ込むように眠ってしまう。夫のアダムが見かねて、子どもの頃にかかっていた医師に診てもらうよう勧めた。車で40分のところにある開業医だ。その医師は血液検査をしてくれた。鉄分の値がひどく下がっていた。体内で出血している可能性があるということで、すぐにＣＴと内視鏡検査の予約を入れてくれた。

体内にゴルフボールくらいの大きさの腫瘍が見つかったとき、クリスは思わずほっとした。ああ、やっぱり病気だったんだ。ずっと具合が悪いと言いつづけて、ようやく原因がはっきりした。ただし、その安心は長くは続かなかった。６日後の手術で、腫瘍が腹腔内に散らばっていることが判明したのだ。若干37歳で、クリスはステージ４の末期がんを宣告された。[1]

＊
＊
＊

医療格差の研究、つまり社会的集団によって健康状態や病気のかかりやすさに差がある理由についての研究は、もともと患者の特徴を調べる方向でおこなわれていた。その集団の人はどんな状況にあり、どんな行動をとりがちなのか。たとえば、ある人たちは病院にかかるのが遅れたり、医師の指示に従わない傾向がある。それは彼らが医療を好まないからだろう、というような考え方だ。ある研究によると、医療格差を減らすための30年間の研究のうち、実に80％は患者や周囲の人の行動を変えようとするものだった。

アメリカに住む黒人についていえば、健康状態の格差は体質に起因すると長く考えられていた。19世紀の医療におけるレイシズムがそういう見方を広めたのだ。医学雑誌を開けば、黒人の体のありもしない生理的欠陥について考察する論文があふれていた。19世紀後半に統計上の死亡率が上昇した現象についても、社会的・経済的な抑圧や排除を示すものではなく、黒人が肉体的に劣っているからだとされた。なぜアメリカ建国のための労働を黒人奴隷に担わせながら、黒人の体が弱いなどと言えたのだろう？　その論理は単純だ。黒人は、自由にさせると病気になるのである。当時の医師ジョン・ヴァン・イヴリーに言わせれば、黒人の死亡リスクは「〈公平な自由〉が押しつけられる度合いと正確に比例して上下する」らしい。[*2]

今世紀に入ると、医療格差の研究対象は社会的・環境的要因へとシフトしてきた。保険加入や医療へのアクセスを含めたさまざまな因子が健康に影響を与えるという考え方だ。新型コロナウイルス感染症の影響が非白人にとりわけ重くのしかかった事実を見れば明らかだろう。感染症は平等に分布するわけではなく、社会的格差の絡み合いによって濃淡が出るのだ。そこにはリスクの高い労働環境や、必要な物資を入手しづらい状況がある。さらには日々の不平等やレイシズム、社会的排除、環境汚染などに起因する慢性的な疾患も関わってくる。トランスジェンダーの人たち、とくに非白人のトランス女性でこうした格差の被害は深刻だ。社会の周縁に追いやられたトランスの人たちは、貧困や職場における差別、失業、酷い精神的苦痛といった問題に苛まれ、シスジェンダーの人よりもはるかに高い割合で喘息や慢性閉塞性肺疾患、うつ病、ＨＩＶなどの慢性疾患にかかっている。トランスジェンダーおよそ2万８０００人を対象にした米国の調査では、医療費が払えないせいで必要な医療をあきらめている人が3分の1にのぼった。それにくらべると、白人で安定した仕事のあるシスジェンダー女性だったクリスは、社会経済的に恵まれた立場だったと言えるかもしれない。医療保険に入れて、受診をためらう必要がなく、難解な医療の迷路をかき分けてまともな医師に辿りつくだけのリソースがあったのだから。[4]

最近では、医療を提供する側が医療格差に加担しているという指摘も増えてきた。医師などの医療従事者が、患者の扱いに差をつけているということだ。相手の属性によって医療従事者の態度が変わることを示した研究が、続々と発表されている。

たとえば黒人の患者は白人とくらべて、鎮痛剤を処方されづらい。患者がまだ子どもであってもだ。「黒人は痛みをあまり感じない」という誤ったステレオタイプがその原因ではないかと研究者らは指摘する。このステレオタイプは奴隷制の時代から、黒人に対する非人道的な仕打ちを正当化する口実として使われてきた。黒人と白人のあいだに偽の生物学的差異を想定し、医学界がそれを喧伝してきた結果として、悪名高いタスキギー梅毒実験のようなことも起こった。この実験は黒人の梅毒患者にあえて治療を施さずに病気の進行を見るという非人道的なもので、１９７２年まで40年間も続けられた。２０１６年の調査によると、白人の医療系学生のおよそ半数が、人種間の違いに関する誤った考え（黒人は白人よりも皮膚が分厚いなど）をいまだに信じている。

問題は医学教育に広く蔓延している。「人種」は単に病気のリスク因子として教えられ、レイシズム関連のストレス要因が積み重なった結果であることは語られない。しかしたとえば、カリブ海諸島から移住してきた黒人は、移住後しばらくはアメリカ生まれの黒人にくらべて高血圧や循環器疾患のリスクが低いのだが、移住から20年程度でアメリカ生まれの黒人と変わらないレベルに悪化する。これは一般に、アメリカ特有の人種差別を受けるようになった結果だと考えられている。[5]

また黒人の患者は、保険の加入状況や病気の重症度、病院の種類による影響を計算に入れても、受

＊　どんな証拠からでも都合のいい結論を引きだそうとする19世紀科学者の熱意はとめどなく、黒人の「自殺率が低い」という事実でさえ黒人の心理的な弱さを示す証拠とされた。[3]

けられる治療処置が白人より少ない。心臓発作を起こした黒人はガイドラインに沿った治療を受けられる可能性が低く、集中治療室に運ばれても心臓の専門医に診てもらえないことが多い。生死を分ける状況にもかかわらずだ。こうしたバイアスは、医師との対話の質にも影響する。数多くの研究で、医師が黒人患者に対して否定的な言葉を多く使い、一方的に議論を支配しがちであることが示されている。さらに血管系の病気の場合、医療の利用しやすさや病院の質、病気の重症度を考慮に入れても、黒人の患者は下肢切断手術になる割合が高い。下肢を温存する治療の選択肢を白人ほど与えてもらえないのだ。[6]

退役軍人病院を対象におこなわれた少なくとも2つの調査によると、黒人患者は白人患者にくらべて、安全で低侵襲な手術を受けられる確率が低い。救急外来では黒人患者が暴力をふるう可能性があると見なされ、白人よりも高い割合で身体を拘束される。また研究者らは、オピオイド危機〔米国ではオピオイド系鎮痛剤の濫用が大きな社会問題となっている〕が白人のあいだで最初に広まった理由も、人種差別的なステレオタイプのためだと考えている。黒人は「ドラッグをほしがっている」と決めつけられ、そもそもオピオイド鎮痛薬を処方してもらえなかったからだ。[7]

医療におけるバイアスの例は枚挙にいとまがない。医師は太った患者に対して心理的に距離を置きがちだ。トランスジェンダーの人は医療の場であからさまな偏見や差別を受けやすい。3万人近くのトランスの人を対象にした調査によると、過去1年間に医療従事者から嫌な扱いを受けたという回答が3分の1にのぼった。なかには治療を拒否された例もある。不当な扱いをされるのが怖くて、医療機関を受診できないという人も4分の1近くいた。トランスジェンダーの人は危険な二択を迫られている。トランスであることを明かして差別のリスクを負うか、トランスであることを隠して誤った治療のリスクを負うかだ。ちなみに性的指向については医療記録に含まれないため、医療の場で性的指向による差別がどれくらい起こっているかはわからない。[8]

女性も一般に治療を受けられる頻度が少なく、処置が遅れがちで、鎮痛剤を処方されにくく、なかなか専門医に紹介してもらえない。400以上の病院の患者およそ8万人を対象にした研究によると、女性で心臓発作を起こした人は治療が危険なまでに遅れがちで、入院後の死亡率も高かった。命を取り留めてもリハビリテーションにつないでもらえず、適切な投薬を受けられないことが多い。50歳以上で女性の重症患者は、同じ年代の男性にくらべて救命治療を施される割合が低いというデータもある。膝の痛みで受診した場合、女性は膝関節置換の手術が受けられる病院に紹介してもらえる率が男性より22倍も低い。患者50万人近くを対象にしたカナダの研究では、重症度を調整したうえで、女性はＩＣＵ滞在時間が男性より短く、生命維持治療を受けられる率が低いことがわかった。また50歳以上の女性では、重篤な病気になった場合に死亡する率が男性より大幅に高かった。[9]

非白人の女性はとりわけ不適切な治療のリスクにさらされやすい。最近おこなわれた出産体験の分析によると、非白人の女性は医療従事者から横柄な話し方をされ、コミュニケーションがうまくいかず、見下すような扱いを受けることが多い。無理やり帝王切開にさせられたと感じている人たちもいる。世界的なテニスプレイヤーであるセリーナ・ウィリアムズの出産体験はとくに話題を呼んだ。彼女は血栓症の既往歴があり、出産後にその症状を感じたため、すぐにＣＴスキャンと必要な処置を受けたいと伝えた。ところが看護師も医師も、彼女の意見に耳を貸そうとしなかった。ウィリアムズの場合は手遅れになる前に治療を受けられたが、このように症状や苦痛が無視されるせいで、アメリカに住む黒人やアラスカ先住民、アメリカ先住民の妊産婦死亡率はかなり高くなっている。黒人だけで見ても、出産時の合併症で亡くなる率は白人の3倍から4倍だ。[10]

こうした医療格差は、単に社会経済的な格差によって説明できるものではない。実際、黒人女性と白人女性で心疾患の罹患率をくらべたとき、もっとも大きな差が出るのは教育水準が高い層だ。黒人女性のセクシュアリティに関する偏見も、古くから医師によって広められ、診断に悪影響を与えてきた。20世紀初頭のある医学雑誌は「アフリカ人の生まれ持った性的狂気」をまじめに論じている。20世紀後半になっても状況はそう変わらなかった。ある黒人の婦人科医によると、子宮内膜症で彼の治療を受けている黒人患者のうち、40%はそれ以前に骨盤内炎症性疾患と誤診されていた。骨盤内炎症性疾患は性行為によって感染する病気だ。[10]

黒人にかぎらず、女性が適切な医療を受けられない大きな理由は、苦痛を訴えても大げさだと決めつけられ、信じてもらえないことだ。女性は昔から、過度に感情的で大げさに苦悩をわめきちらす「ヒステリック」な存在というステレオタイプで見られ、女性の体の不調はたいてい心理的な問題の表れだとされてきた。子どもが痛がっている様子を見て大人に痛みの強さを評価してもらったところ、痛がっているのが女の子だと言われた場合には、痛みの評価が小さくなったという研究結果もある。[11]

不適切な治療には、構造的な要因も絡んでいる。女性は歴史的に、医学研究の対象から外されてきた。それにはさまざまな理由がある。妊娠する可能性のある女性に薬の治験を受けさせたら胎児に悪影響が出るかもしれないという配慮もあれば、女性ホルモンは研究をややこしくするから避けたいという事情もある。男性の命のほうが大切だという暗黙の価値判断も入っている。老化と心臓病に関する重要な研究の多くは、女性をまったく含めていない。MRFITという大規模な心疾患の研究は男性だけを対象にしているが、その背景には働き手である男性が心疾患になるのは国家的損失だという考えがあった。心疾患は女性にとっても主要な死亡原因であるにもかかわらずだ。さらに極端な例では、乳がんと子宮がんに対して肥満がおよぼす影響を調べる実験で、女性を研究対象から外しているものもあった。男性のほうがホルモンが「シンプル」で、研究費が「安く上がる」からだという。

こうした問題の背景には、男性こそがデフォルトの人間だという基本的な前提が居座っている。女性は研究対象から外しても問題ない程度の、人間の下位カテゴリーなのだ。ただしそこには、もちろん矛盾がある。女性は男性と違って複雑だから研究対象に向いていないと言いつつ、男性の結果をそのまま適用できるだろうと見なしているわけだ。１９９０年代になって、アメリカでは国立衛生研究所（ＮＩＨ）が資金提供する研究に女性被験者を含めることが義務づけられた。それ以前はたいてい薬の治験も男性だけを対象におこなわれていた。女性は男性より50～75％高い割合で薬の副作用に苦しむというデータがあるが、研究対象から女性が排除されてきた事実と無関係ではないだろう。[12]

ひとつ注意しておきたいのは、「男性」「女性」の線引きは明確ではなく、流動的であるということだ。インターセックスやトランスジェンダー、ノンバイナリーの人も世の中にはたくさんいる。またどんなカテゴリーであれ、あまり強調しすぎるのは危険だ。社会学者のスティーブン・エプスタインが指摘するように、医学はしばしば社会・政治的に意味のあるカテゴリーから出発するけれど、それが必ずしも医学的に重要な分類であるとはかぎらない。ときには政治的にそれほど意味を持たない分類が、医学的には重要なこともある（たとえば赤毛がパーキンソン病の危険因子であるように）。人種などの社会的カテゴリーに頼っていると、医療格差の社会的要因が覆い隠され、誤った有害な考えが医療現場に定着してしまう可能性もある。「黒人はもともと肺機能が弱い」という前提で考えていると、黒人に分類された患者の肺疾患が見逃されるかもしれない。しかし同時に、性差のような違いを無視するのも危険すぎる。女性の存在を無視してきた結果、医学はいまだに女性の症状に無知なのだ。たとえば女性の心臓発作は「非典型的な症状」を伴うと言われるが、実際は非典型的でもなんでもない。女性にとっては、典型的な症状だ。それが非典型的と言われるのは、単にそうした症状がこれまで研究されてこなかったからである。[13]

女性と男性ではさまざまな病気へのかかりやすさも違えば、その症状や経過も違ってくる。薬の効き方も同じではない。わかりやすい例として、女性は男性よりも胃酸の分泌が少ないため、胃酸で溶けるタイプの薬が効きにくいことがある。また女性は腎臓で血液を濾過するのに時間がかかるため、薬の成分がなかなか体から抜けない場合もある。以前大流行した抗ヒスタミン剤のテルフェナジンは、女性で致死性不整脈を引き起こしやすいことが判明し、販売中止になった。女性はQT間隔（心臓が収縮するときの電気信号が元のレベルに戻るまでの時間）が男性より長く、QTに影響する薬によって致命的な副作用が出やすいのだ。[14]

病気に男女差がある理由については、まだわかっていないことも多い。体脂肪率やホルモンはその一因だが、細胞レベルでの違いもあるようだ。生殖器に限らず、体中のすべての細胞にはXXまたはXYの染色体が含まれる。人によってはそれがXXYやXXX、XO（X染色体がひとつだけ）の場合もある。これらは通常それほど注目されないが、細胞のふるまいに何らかの影響を与えている。生殖器以外の細胞で性染色体がどんな違いをもたらすのかは、まだようやく研究が始まったところだ。ある研究では、細胞が「男性」か「女性」かによってストレスへの反応が異なることが示された。性ホルモンに一切ふれていなくても、染色体の違いだけでそうなるらしい。こうした細胞レベルでの違いは、さまざまな病気へのかかりやすさに影響している可能性がある。多発性硬化症や全身性エリテマトーデス、関節リウマチが女性に多いのも、そのあたりの要因が絡んでいるかもしれない。[15]

女性の体に関する知識が不足しているために、医師は違いがないのにあると思い込んだり、違いがあるのに見落としてしまったりする。ジャーナリストのマヤ・デューセンベリーは著書『有害な医療』（Doing Harm）のなかで、こうした無知が昔ながらのステレオタイプと結びついて致命的な結果をもたらすと論じている。女性の訴える症状が男性中心の医学の教科書と一致しないとき、医師は「医学的に説明がつかない」というレッテルを貼る。そして肉体的な病気ではなく、精神的なものではないかと考える。女性の症状は「医学的に説明がつかない」ことがあまりに多いため、女性は病気でもないのに大げさな苦痛を訴えるというステレオタイプが強化される。するとステレオタイプのせいで、女性が自分の症状を語っても余計に信用してもらえなくなる。* ある研究によると、過敏性腸症候群の男性は検査を受けられる可能性が高いのに対し、過敏性腸症候群の女性は精神安定剤を処方され、生活習慣の助言をされて終わることが多い。私の友人のクリスが痛みと疲労を訴えたときにも、医師からは睡眠をとりなさいと言われたのだった。[17]

クリスにようやく適切な検査を受けさせてくれた医師は、若い女性が症状を訴えても「ストレスのせいだ」と言われて診断が遅れるケースを数多く見てきたと語った。数々の研究も、世界中の女性が多種多様な病気で診断の遅れを経験していると指摘する。クローン病やエーラス・ダンロス症候群、セリアック病、結核などもそうだ。患者1万6000人以上を対象にしたイギリスの研究によると、各種のがんについても診断の遅れがあることがわかった。膀胱がんや胃がん、頭部がん、頸部がん、肺がん、悪性リンパ腫。クリスがかかっていた大腸がんについても、やはり女性は診断が遅れやすい。クリスは何年も症状に苦しんでいて、大腸がんの典型的な特徴である1センチほどの細い便もあった。それなのに誰も、症状について尋ねようともしなかった。[18]

＊　卵巣がんは長年、自覚症状のない「サイレントキラー」だと考えられてきた。実際は多くの女性が症状を訴えていたが、聞き入れてもらえなかったのだ。有名な医学誌JAMAに載ったある論文はケーススタディを引きながら卵巣がんの早期発見が困難だと主張しているが、そのなかの「ミセス・M」のケースは「まったく症状がなく」、ただ「1年前から続く便秘と強い腹部膨満感があるだけだった」と述べられている。今では便秘と腹部膨満感は卵巣がんを示す症状として知られる。[16]

医師はたとえ誤診しても、フィードバックを受ける機会がほとんどない。このことも問題を悪化させている、とデューセンベリーは指摘する。間違った治療をしても、それと気づかないままに終わってしまうのだ。[19]

私はクリスの夫に、以前かかった医師たちには大腸がんのことを伝えたのか、と訊いてみた。伝えていない、と彼は言った。誤診した医師たちに、クリスは二度と会わなかった。がんが判明してからは、とにかく回復に全力を注いだ。手術と化学療法をくぐり抜け、2013年1月の検査ではがんがすっかり消えていた。でも腫瘍はまた現れた。今度は温めた抗がん剤をお腹に直接投与する、腹腔内温熱化学療法（HIPEC）と呼ばれる治療を受けた。半年後には寛解した。クリスは自分を闘士と名乗り、「がんを蹴散らす」デザインのカウガール・ブーツを自分と娘たちと夫におそろいで買った。がん患者のための無料法律相談も始めた。2014年7月には、小さな白いドットのちりばめられたネイビーのドレスを身にまとい、サバイバーとしてがん患者支援団体の聴衆の前に立った。

その年の12月、クリスのがんは再発した。状態は以前よりも悪く、どんどん体が弱っていった。もう痛みのコントロールがきかなかった。クリスは自分の葬儀の計画を立てはじめた。黒い喪服を着てほしい、と彼女は言った。しんみりとアヴェ・マリアを流して、みんなで泣いてほしい。「生きったお祝いじゃないからね」と彼女は言った。「これは悲劇だから」

在宅緩和ケアのベッドが自宅に運び込まれると、クリスは「死の床をリビングルームに置くことになるとは」と皮肉めかして言った。仲の良かった友人にパールの指輪を贈り、つけてくれないと化けて出るよ、と軽口をたたいた。ベッドに横たわるクリスに友人がネイルサロンの写真を見せると、クリスはせつなそうな顔で「キラキラしたいな」と言った。

クリスは2015年6月3日に亡くなった。40歳だった。葬儀の日は雲ひとつなく晴れて、何もかもが輝いて見えた。クリスの子どもの頃の写真と、新婚時代と、子どもができて弁護士として活躍した時期の写真が飾られた。彼女の望みどおり、むせび泣く声とアヴェ・マリアの歌声が響きわたった。妹が遺灰を運んだ。

16歳の頃のクリスの面影が今もまぶたに浮かぶ。その眼前にはあらゆる道が広がっていた。まだ見ぬうつくしい未来が。

＊＊＊

誤診によって命を落とす人は、毎年8万人に上ると見られている。そのうち約75%がバイアスなどの認知的な要因によるものだ。どうすればクリスの死を防げたのか？　医師が自身のバイアスの可能性を自覚し、それを克服しようと努めることは不可欠だろう。マインドフルネスと感情コントロールの実践も役に立つかもしれない。精神的な負荷がかかっていると、バイアスが表れやすくなるからだ。自分とは異なる集団の人と信頼関係を築くこともきっと助けになる。ある研究によると、緊急救命室の医師が男性の場合、女性医師と働く機会を多く持つ人のほうが女性の心臓発作患者の生存率が高くなるという。別の研究では、研修医の時期に黒人とのつながりを多く持った非黒人の人は、数年後の調査で人種バイアス（潜在的、および意識的）がほかの人よりも低かったことが示されている。[20]

しかしもうひとつ、バイアスを減らすための重要なアプローチがある。前述のような試みを支え、対人認知バイアスのリスクにさらなる保護層を加えるためのアプローチだ。

エリオット・ハウトは、優れた病院として名高いジョンズ・ホプキンズ病院で外傷外科医として働いている。童顔で人当たりのいいハウトは、安全管理について話すときがいちばん楽しそうに見える。オフィスの机には、回避可能だった死についての本が積み上がっている。コンピューターに貼られたメモには「システムエラーを減らせ」と書いてある。病院の外傷外科というと、たいていは交通事故や作業中の事故の患者が来るものだが、ジョンズ・ホプキンズ病院には銃で撃たれたりナイフで刺されたりした患者も多く運び込まれる。ある患者は、ビール瓶の大きな破片が首に刺さった状態でやってきた。ギザギザの破片にそって「バドワイザー」の文字がはっきりと読みとれたのをハウトは今も覚えている。

15年前、外傷外科で業務改善の責任者をやらないかと声がかかった。治療の質を上げて、患者の予後を向上させるのが狙いだ。病院の膨大なデータに分け入りながら、ハウトはあることに気づいた。患者の血栓症の発生率があまりにも高すぎる。

血栓とは、血液が凝固してゼリー状の塊になったものだ。血管内にできた血栓は、血流にのって肺動脈までやってきて、心臓から肺への血液の流れを止めてしまうことがある（出産直後のセリーナ・ウィリアムズの命を脅かしたのも、肺に詰まる血栓だった）。アメリカでは年間10万人程度が血栓症のために亡くなっている。これは乳がんとエイズと交通事故の死亡者数を合わせたよりも多い数字だ。病院のベッドでじっと寝ていると血液の流れが悪くなり、血栓のリスクが高まる。外傷も止血のために血液の凝固が促されるため、血栓ができやすい状態になる。

血栓症は多くの場合、正しい措置をとることで予防できる。血液を固まりにくくする薬もあるし、弾性ストッキングやフットポンプで脚の血流を促す方法もある。ところがジョンズ・ホプキンズ病院では、高リスク患者のうち3分の1しか正しい血栓予防措置を受けていなかった。

「ありきたりな手術をするだけなのに、1週間後には患者さんが肺塞栓症で亡くなってしまうんです」

メリーランド州ボルチモアにある病院のオフィスで、ハウトは私にそう語った。問題を抱えているのはジョンズ・ホプキンズ病院だけではなかった。米国全体で見ても、適切な血栓予防策を施される患者は40％ほどにとどまっている。米国公衆衛生協会もこれを危機的状況として警告しはじめていた。[21]

なぜ医師は血栓症の予防に失敗するのだろう、とハウトは考えた。血液を固まりにくくする抗凝固薬の危険性を高く見積もりすぎている可能性はある。きっと無事に治療を終えるケースよりも抗凝固薬の合併症で亡くなるケースのほうが印象が強く、頭に浮かびやすいのだ。ハウトはこのとき集団による格差のことは考えていなかった。とにかくすべての患者で、正しく血栓症を予防する必要がある。

ハウトの率いるチームは対策を検討し、医師ピーター・プロノヴォストが開発した手法に行きついた。プロノヴォストもジョンズ・ホプキンズ病院で働く医師で、自身の父親をがんの診断ミスで亡くした経験を持つ。彼は医療ミスを減らすために、飛行機の操縦士が使っているテクニックを医療の現場に持ち込んだ。といっても大げさなものではなく、シンプルなチェックリストだ。必要な手順をすべてリストにして、ひとつひとつチェックしていく。記憶に漏れがあればすぐに気づくので、ヒューマンエラーを効果的に防ぐことができる。ICU（集中治療室）での治療を例に挙げれば、1日あたりに必要な手順はおよそ200項目。ひとつかふたつでも欠けると、患者の命が危なくなる恐れがある。

プロノヴォストは集中治療室でのタスクをチェックリスト化し、医師が毎回決められた手順に確実に従うだけで、患者の感染症リスクが減少することを示してみせた。100以上のICUを対象にした試行実験では、スタッフに簡単な5ステップのチェックリスト（手を洗う、患者の皮膚を消毒するなど）を実行してもらうだけで、カテーテル関連の血流感染症が66％も減少した。その効果は18か月にわたる実験のあいだ持続した。8つの病院を対象にしたある実験では、チェックリスト導入後に術後の合併症が36％減少し、死亡率は47％も下がった[22]。

ハウトのチームはこれにならい、血栓症予防のためのチェックリストを作成した。患者が登録されると電子化されたチェックリストがスクリーンに表示され、血栓症の危険因子や抗凝固薬による出血リスクをひとつひとつ確認できるようになっている。医師がそれらにチェックを入れると、推奨される処置が画面に出てくる。抗凝固薬や血流を促すフットポンプなど、患者に合った対策が自動的に提案されるのだ。医師は原則として提案どおりの処置をおこない、もし変更する場合は理由を書面に残さなければならない。

このアプローチはうまくいった。チェックリストを導入してから適切な血栓症予防を施される患者の割合が大幅に上がり、予防可能な血栓症の発生率はゼロに近くなった。1か月にわたって入院患者を追った調査では、内科系の患者のうち、退院後90日以内に血栓症で病院に戻ってくる人の数は20人だったのが2人にまで減少した。そして致死性の肺塞栓症の発生率は、チェックリストの導入後に半減した[23]。

普通なら、そこで話が終わったかもしれない。でもハウトのオフィスのふたつ隣には、アディル・ハイダーのオフィスがあった。医療におけるジェンダーおよび人種格差の研究をしている医師だ。ハイダーと話すうちに、ハウトは血栓症予防の成功率にジェンダー格差があったのだろうかと疑問に思った。あらためてジェンダーという軸でデータを分析してみると、憂慮すべき傾向が浮かびあがった。もともと血栓症予防策に問題があったのは男性の外傷患者で31％だったが、女性の外傷患者では45％にのぼっていた。言いかえれば、女性は男性より50％高い確率で血栓症対策の過失に遭い、そのせいで命を失う危険が高かったということだ。

ジェンダー以外の要因も絡んでいた可能性はある。たとえば銃で撃たれた患者の大半は男性だった。

こうした危険な状態の患者には、いっそう注意深く予防策を講じたのかもしれない。しかしデータを分析した研究者らが指摘するとおり、その格差は女性が最善の治療を受けられないという、大規模で一貫した既知のパターンにぴたりと一致していた[24]。

チェックリスト導入後の数字を見てみると、このジェンダー格差はすっかり解消されていた。女性も男性もまったく同じ割合で、適切な血栓症予防の手順を受けられるようになっていた。チェックリストのおかげで、ジェンダーギャップが消えたのだ[25]。

２００８年、シカゴ大学の経済学者リチャード・セイラーと法学者のキャス・サンスティーンが「選択アーキテクチャ」という言葉を考案した。状況や文脈が私たちの選択に大きな影響を与えるという考え方だ。物理的な環境が私たちの行動を制約するように（カフェの電源をふさぐとノートパソコンで作業する客が減るように）、形のないプロセスもまた人の行動を変化させる[26]。意思決定の環境を設計するという意味で、これは一種のアーキテクチャ（構造設計）と考えることができる。

たとえばミネソタ大学の研究者は、昼食時の手順を変えて、子どもたちに野菜を多く食べてもらうことに成功した。学校の食堂の列に並んでいるとき、おいしそうなフライドポテトやピザの横ににんじんがあっても、生徒はわざわざにんじんを選ぼうとしない。そこで研究者らは、食堂のトレイを持ったらまず最初に、にんじんの小皿が目に入るように動線を変更した。いちばん空腹な状態で、にんじんを目にするわけだ。この戦略はうまくいった。子どもたちはにんじんを以前よりずっと多く食べるようになった。ポイントは、にんじんを「勝てる勝負に参加させること」だった。フライドポテトと競っても勝てないけれど、空腹とにんじんの勝負ならにんじんに勝ち目がある。子どもたちににんじんを食べてもらうのに、ビタミンＡの効用を一生懸命説く必要はない。アーキテクチャを変えれば、選択は変わるのだ。[27]

ジョンズ・ホプキンズ病院のチェックリストも、一種の選択アーキテクチャだと言える。説得によってではなく、デザインによって医師の行動を変化させるからだ。ハウトは医師にバイアスについて考えるよう促したわけではない。ただ、意思決定のプロセスに介入しただけだ。チェックリストを使うとき、医師は経験や勘に頼るのではなく、決められた手順をひとつひとつ踏んでいく必要がある。プリズムが太陽光を虹の七色に分解するように、チェックリストは意思決定のプロセスを個々の要素に解きほぐしてくれるのだ。

チェックリストはまた、人間の判断を支援するツールでもある。ひとつひとつのステップを忘れないようにするのがチェックリストの本来の役目だが、バイアスの原因は忘れることではない。意識的かどうかにかかわらず、何らかの前提をもとに相手を決めつけてしまうことだ。医師のなかには、定型化されたチェックリストに頼るより、人間の判断のほうがいいと考える人もいる。チェックリストには医師がふだん考慮する要素がすべて組み込まれているわけではない、という指摘もある。チェックリストで確認できるのはその時点でのリスクだけだが、経験豊富な医師であればその患者が明日手術を受ける可能性を考え、その時点でリスクの状況が変化する可能性まで考慮に入れることができる。チェックリストにはそのような柔軟性はない。複雑なケースでは、チェックリストは医師の判断を代替するものではなく、ミスを防ぐための安全装置と考えたほうがいいかもしれない。[28*]

それでもチェックリストは、たしかにバイアスを減らすのに役立っている。イリノイ州では意思決定のプロセスを構造化した結果、若い低リスク患者の精神科入院率において、ヒスパニックおよび黒人の患者と白人患者とのあいだにあった隔たりが縮まった。メイヨー・クリニックでは心臓発作後のリハビリテーション科への紹介を自動化した結果、男性と女性でリハビリテーションが受けられる率の格差が消えた。そうした効果は医療だけにとどまらない。心理学者のジェニファー・エバーハートはオークランド警察と一緒に、たったひとつの質問からなるチェックリストを作成した。「この人物を特定の犯罪に結びつけるような情報がありますか?」それだけで、アフリカ系アメリカ人に対する職務質問が43%も減少した。エバーハートは同様のアプローチで、SNS上での人種的偏見にもとづく通報を大幅に減らすことにも成功している。[29]

行動デザインでバイアスを減らす実践は、古くは1952年にボストン交響楽団が取り入れたブラインド・オーディションにさかのぼる。それまでオーケストラのオーディションは審査員の前に立って演奏するのが普通だったが、ボストン交響楽団は審査員と演奏者のあいだに仕切りを置き、姿が見えないようにした。靴音で性別がばれないように女性の演奏者はヒールのついた靴を脱ぎ、かわりにステージ上を男性が歩いて靴音を立てた。

ブラインド・オーディションはその後アメリカのオーケストラに広く取り入れられた。分厚い布を天井から吊り下げたり、ステージ上にアコーディオンのように間仕切りを並べるなどして演奏者の姿を隠す。1990年代になる頃には、そのやり方が主流になっていた。経済学者のクラウディア・ゴールディンとセシリア・ラウズはオーケストラの記録数千件を分析し、ブラインド・オーディションを取り入れているかどうかで審査員の女性に対する評価が変化することをデータで示した。それによると、演奏者の性別を隠した場合、女性のオーディション通過率はそうでないときより50%も上昇し

＊　忘れてならないのは、ここで紹介したチェックリストを含めて、どんなアルゴリズムもバイアスを内包しうるということだ。たとえばAIのアルゴリズムは、学習用のデータによって左右される。学習用のデータが特定のグループの人を多く含み、別のグループの人を含まない場合、その性能には偏りが生じる。実際、顔認識のAIで黒人女性の顔がとくに認識されづらいことが指摘されている。

ていた。それだけでオーケストラに女性が増えた理由の大半が説明できる、と彼女らは述べる。現在では、オーケストラ奏者の約40％が女性になっている。[30]

もちろん医療の現場では、患者の性別を隠すわけにはいかない。医師が患者を直接診るのが基本だからだ。チェックリストのように手順化された意思決定ツールは、それに近い効果を得るための策だと言える。できれば対面でのコミュニケーションが不要な場面では、社会的アイデンティティを隠したほうが有害なステレオタイプを避けられるだろう。先入観や思い込みにつながる情報を遮断すれば、表向きの基準にしたがって判断せざるをえないからだ。粗削りなやり方ではあるが、それでも大きな変化が期待できる。

＊＊＊

数値を見たとき、シンシア・パークはすぐに何かがおかしいと気づいた。２００１年のことだった。テキサス出身のおおらかな人柄で、わずかな南部訛りのあるパークは、フロリダ州ブロワード郡で公立校のデータアナリストとして働いていた。生徒の出席率や教員の評価などを分析する仕事だ。この仕事に就く前は出身地テキサスの学校で、彼女の言葉を借りるなら「ただならない才能《ギフテッド》のある」子どもたちを教えていた。パークはその子たちの意外な行動や、斬新な質問が大好きだった。フロリダに移ってからも、そういう特別な子どもたちへの興味は続いていた。ギフテッドとされる生徒は、いったいどんな子どもたちなのだろう。同じ部署の人たちは、とくにそういうデータはとっていないようだった。そこで彼女は自分でデータを分析してみることにした。出てきた結果は、かなり気がかりなものだった。

ブロワード郡公立校学区は生徒数25万人を超える、米国でも6番目に大きな学区だ。その人口分布と比較すると、ギフテッド教育を受けている子どもの分布は、あまりにも偏りすぎていた。学区の生徒全体で見ると白人は少数派なのに、ギフテッドに分類された子どものほぼ6割は白人だった。ブロワード学区の多数を占める黒人およびヒスパニックの生徒は、ギフテッド教育のなかで見ると28%しかいない。また、とくに非白人の生徒が多い十数校の小学校には、1人もギフテッドがいなかった[31]。

パークは変わり者の家庭で育ったので（父親は人づきあいが苦手なロケット科学者だった）、勉強の才能がある子どもたちも困難を抱えていることを理解していた。テキサスで教えていた子たちは、タイムトラベルについて理路整然と論じられるのに、校舎を出るといつも遊具の棒にぶつかったりしていた。アートに飛び抜けた才能を見せたある生徒は、字を書こうとすると頭が石を載せたように重くなるというので、口述で作文をさせてあげた。別の生徒は社会的スキルに困難があり、いつも髪の毛をぐちゃぐちゃに絡ませたまま学校に来ていた。パークは定規を使ってその子に人との適切な距離の取り方を教えたり、休み時間には髪の毛をとかしてあげたりした。気の散りやすい生徒たちには集中の助けになるように、手で揉んだりできるベルベットのクッションを縫ってあげた。ある生徒はベルベットよりも紙やすりの刺激を好み、集中したときには指から血が出るほどこすっていた。

ギフテッドの子は従来の支援学級の子と同じくらい、特別な配慮やリソースを必要としていた。ギフテッドの子もまた、見えない障害物にぶつかっているのだ。人と違うというのは孤独で苦痛なものだ。クラスになじめず、みんなからいじめられることもある。彼らは大人の理解を必要としていた。ありのままの彼らを受け入れ、助けてくれる存在が必要だった。ブロワード学区では、「ギフテッド」のラベルはそうした特別な配慮を保証するものだった。

だからこそ、ブロワード学区のデータは問題だった。これほど分布にゆがみがあるとすれば――それは統計的にはまず考えられない数字だった――学区には特別な配慮を必要としながら、それを受けられない子どもが山ほどいることになる。

それから2年後、パークはブロワード学区のギフテッド教育の責任者に任命された。問題に取り組むチャンスだと思った。そのためには統計データのおかしさを、否定できない形で明確に示す必要がある。教育委員会のメンバーには数字に明るくない人もいるので、伝え方を工夫したほうがよさそうだ。

パークは数字を視覚化することにした。まずブロワード郡の地図を大きな紙に印刷した。そしてギフテッドの子どもがいる公立校の所在地に、赤色の丸いシールをひとつひとつ貼っていった。ブロワード郡はフロリダ州の南端近くにある広大な長方形の区域で、大西洋に面した海岸沿いには有名なリゾート都市が並び、内陸側には落ちついた郊外都市がある。沿岸部に住む裕福な家庭の子どもは私立校に行くことが多く、内陸側の子どもは公立校に行くことが多い。シールを貼り終えた地図は、まるで海岸沿いに集まった赤が潮に乗って内陸に運ばれ、裕福な白人の住む一部の地区にぽつぽつと置いていかれたように見えた。ギフテッドと認定される子どもが、白人の多い地域に集中しているのは一目瞭然だった。[32]

当時ブロワード学区では、小学校1年生か2年生でギフテッドの判定がおこなわれていた。教員によって見込みがあると判断された子どもは、まずスクールカウンセラーに紹介されて知能検査を受ける。あるいは親が自費で心理学者を雇って検査を受けさせてもいい。そしてＩＱが１３０以上だった子どもは、ギフテッド教育の審査に進むことができる。貧困家庭の子どもや英語があまり得意でない子は知能検査で不利になるため、カットオフ値が１１５と低めに設定されている。

ところがこの知能検査の結果が、どう見てもおかしかった。普通はなめらかな正規分布になるはずなのに、IQ129でガクッと人数がゼロに落ち、130でまた急に増えている。あまりにも多くの子どもがギフテッドの基準値ぴったりのスコアを叩きだし、それより1点だけ低い子どもはまったく、ひとりも存在しない。これが偶然であるはずがない。

後にこのデータを分析した経済学者のローラ・ジュリアーノは、乾いた声でこう言った。「どうやらIQスコアが市場で売られているようですね」

親が自費で雇う心理学者は、表向きは知能を測定することになっているけれど、実際は数百ドル盛ればギフテッドのスコアを売ってくれる商売人だった。ジュリアーノ自身、子どもが就学年齢に近づいてくると、まわりの親がおすすめの心理学者についてささやいているのを耳にした。「おすすめ」とはつまり、IQ130の数字をうまく出してくれるという意味だ。[33]

このIQ売買は、ギフテッドの不均衡を説明するひとつの鍵だった。裕福な、おもに白人の親が、わが子のためにギフテッド枠を購入しているのだ。でもそれだけでは説明がつかない部分もあった。黒人やラテン系、英語がまだ堪能でない子、それに低所得家庭の子どもたちで、ギフテッドの絶対数が少なすぎる。仮に裕福な白人家庭の子が過剰にギフテッド判定されていたとしても、それは白人以外のギフテッド数を押し下げるものではないはずだ。

そもそも最初のステップに問題があるのではないか、とパークは考えた。つまり教師や親が、子どもにギフテッドの検査を受けさせるかどうかを判断する段階だ。そこで2003年11月、パークは赤いシールを貼った地図を教育委員会に見せて、ギフテッドの選別過程を一新するよう提案した。どの子が検査を受けるべきかについて、親であれ教師であれ個人の判断に頼るべきではない。ブロワード学区の子ども全員に、平等に検査を実施するべきだ、と。不平等が鮮やかに視覚化された地図を前にして、教育委員会は満場一致でパークの案に賛成した。

2005年、ブロワード郡は小学校2年生の子ども全員にギフテッドのスクリーニング検査をおこなう方針を実行に移した。スタッフは時間外勤務手当を受けとり、2万人を超える対象者ひとりひとりに検査をおこなった。標準的なIQ検査は文化的バイアスが大きいため、かわりに非言語的な認知能力の検査を使用してバイアスをできるかぎり減らした＊。つまり特定の文化に関連する言語や画像を使わず、より一般化された問題解決能力を測定したのだ[34]。

検査が終わると、パーク率いるチームはひとつひとつの学校に出向いてギフテッド認定書を対象者に渡した。親が内容をよく理解できるように、認定書にはハイチ語やポルトガル語、スペイン語の記載も加えた。うちの子に何か問題があるのですか、と心配して問い合わせてくる親もいたが、担当チームが丁寧に応対し、とても優秀であるという意味だと説明して、安心して次のステップに進めるようにした[35]。

結果は期待以上だった。全員のスクリーニング検査を取り入れたあと、黒人およびヒスパニックの子どものギフテッド認定数は3倍になった。翌年からギフテッド教育のプログラム参加者が数百人増加し、そのうち8割は低所得層および英語がまだ堪能でない子どもだった。その多くは検査で基準値を大幅に上回るスコアを出していた。それほど優秀な子どもたちが、以前は見過ごされていたのだ[36]。

問題はその子たちに才能がないことではなく、誰もそれに気づこうとしないことだった。

変化はそれだけではない。ブロワード学区の規定では、学校に1人でもギフテッドの子がいる場合、成績優秀者クラスを設けることが義務づけられている。成績優秀者クラスは特別な訓練を受けた教員が担当し、通常よりも高度な内容の授業を進める。そしてクラスの定員に空きがある場合は、検査の基準値に近い生徒がそこに参加できる。たとえばギフテッドの生徒が4人いたとして、クラスの定員が24人なら、ギフテッドに届かない子も成績順に20人が成績優秀者クラスに入れるわけだ。その子たちも特別なプログラムの恩恵を受けられる。速いペースの授業、充実した課外活動、教員の高い期待、優秀な同級生との助け合い。ローラ・ジュリアーノが同僚のデヴィッド・カードとともにおこなった分析によると、黒人およびヒスパニックで成績優秀者クラスに参加した子は、算数と読解の点数が大幅に伸びていた。成績優秀者クラスに参加する前は同じIQの白人生徒にくらべて算数と読解の点数が低かったのだが、その差はすっかり消えていた。その結果、多くの生徒が継続してギフテッドのカリキュラムで学べるようになり、より高度な進学先へと道が開かれていった[37]。

黒人とヒスパニックの生徒に対する影響は、成績優秀者以外にも広く及んでいた。全員がスクリーニング検査を受けられるようになる前は、黒人およびヒスパニックの生徒はギフテッドに選ばれにくいだけでなく、学習障害の判定を受けることが多かった。そしてこの過剰判定が、IQスコアの分布全体に反映されていた。一律のスクリーニング検査が始まってからは、黒人およびヒスパニックの生徒のスコアは白人生徒と変わらないレベルになった。

ほかにも恩恵を受けたグループがいる。女の子だ。パークが検査の変更を提案したときには気づいていなかったが、実際のところ親の期待もジェンダーバイアスから自由ではなかった（グーグルで「うちの娘はギフテッド?」と検索する人よりも、「うちの息子はギフテッド?」と検索する人のほうが2・5倍多いというデータがある[**]）。一律のスクリーニング検査が導入されると、それまで少なすぎた女の子のギフテッ

＊　採用された検査はNNAT（Naglieri Nonverbal Abilities Test）と呼ばれるもので、文化的バイアスが少ないとされる。白人、黒人、ラテン系の各グループでほぼ同じ割合の子どもが95パーセンタイルに入ることを示すデータもある。

＊＊　ちなみに「うちの娘は太りすぎ?」と検索する人の数は「うちの息子は太りすぎ?」と検索する人の2倍だ。男の子のほうが肥満率が高いにもかかわらず。

ド数は急増した。[38]

ブロワード学区のやり方は要するに意思決定の経路を書き換え、ギフテッドの選定プロセスから身近な大人の判断を取りのぞいたのだった。教師や親のバイアスに正面から立ち向かうのではなく――教師や親の判断にバイアスが存在することを認めさせる手間すらかけずに――パークは人間の判断が間違いを引き起こすポイントを特定し、そこを迂回する経路をデザインしたのだ。

人を変えるのではなく、やり方を変える。こうしたアプローチはさまざまな場面で広まっている。各種の学術誌では論文を査読するときに、著者の名前を消すようになった。最近はハッブル宇宙望遠鏡の貴重な資源を利用する研究提案の審査でも、応募者のプロフィールを隠すことにしている。過去の研究提案1万5000件以上を分析した結果、男性の応募者のほうが女性より採用されやすいことがわかったからだ。応募者の名前を隠して審査するようになってからは、男女差はむしろ逆転した。[39]

職場に行動デザインを取り入れてバイアスを減らす取り組みも増えている。人材採用はバイアスの宝庫だ。人は直感的に「しっくりくるかどうか」で採用を判断しようとする。それはつまり、面接官が自分と似たような応募者を選びがちになるということだ。人が自分と似た人に惹きつけられる現象には、ホモフィリー（homophily／同じものを愛すること）という名前もついている。社会学者のローレン・リヴェラは、そうしたホモフィリーがいかに人材採用の現場に浸透しているかを明らかにした。投資銀行や法律事務所、コンサルティング会社の人材採用を調査した結果、採用側の人間が大学時代にスポーツをしていた場合、大学でスポーツをしていた応募者を採用しやすい傾向が見られた。それだけでなく、スポーツの種類まで影響していた。同じスポーツをしていた人は、いっそう採用されやすかったのだ。[40] ホモフィリーはバイアスの働きが二重の打撃になりやすいことをよく示している。バイアスは社会で不利な立場にいる人を排除する方向だけでなく、意思決定権を持つ人と似たような人をいっそう有利にする方向にも働くのだ。

判断基準が具体的に規定されていない場合、自分の気に入った応募者に合うように採用要件を読み替える傾向があることも示されている。ある実験では、警察署長の候補者の経歴を参加者に見せて、誰がふさわしいかを判断してもらった。候補者は女性のミシェル、または男性のマイケルという名前で、それぞれ2種類の経歴のうちの一方が割り当てられた。現場経験の長いたたき上げの警察官か、経験は少ないが優秀な学歴があるかのいずれかだ。たたき上げのほうは治安の悪い地域で働いてきたタフな人材で、同僚とうまくやっている。高学歴のほうは管理職の経験があり、政治的な駆け引きやメディア対応に優れている。

実験では高学歴の候補者が男性のマイケルである場合と、女性のミシェルである場合の両方のバージョンを用意した。そして実験の参加者たちに、警察署長になるために重要な資質は何かとたずねてから、どちらの候補者を選ぶべきかを判断してもらった。興味深いことに、高学歴の履歴書の名前がミシェルの場合でもマイケルの場合でも、参加者は同じ程度に候補者を頭が良く、コミュニケーションに優れ、政治的手腕に長けていると評価した。ただし、女性のミシェルが高学歴である場合には、実験参加者はそれらの資質を採用にあたって重要でないと判断した。男性のマイケルが高学歴である場合には、それらの資質が職務遂行に欠かせない能力であると判断した。さらには「家庭を大事にする」などの女性的とされる特徴でさえ、マイケルの場合には警察署長にふさわしい要素だと判断された。こうして実験参加者は、高学歴のミシェルではなく、高学歴のマイケルを警察署長に選んだ。評価ではなく判断基準を、男性候補者に有利になるよう調整したのだ。この現象を専門家は「優秀さの再定義」と呼んでいる。優秀さの評価軸をずらして、自分の気に入った候補者に合うように定義し直すという意味だ。実験をおこなった研究者たちは、雇用差別を減らすために、「候補者の選定を始める前の段階で、あらかじめ評価基準を明確に定義する必要がある」と述べている。[41]

ホモフィリーや優秀さの再定義といったバイアスを克服するために、採用プロセスを工夫する企業も出てきている。IT企業では昔から「ホワイトボード面接」というやり方がよく使われていた。面接官の前でコーディングの課題を即興で解き、その過程を逐一見られる試験だ。あるエンジニアによれば、面接の部屋には「ヒゲを生やしたお偉方が3人、イラついたように足を踏みならしたりスマホをいじりながら座っている」のが定番だという。このやり方にはいくつかの欠点があった。まず面接官のバイアスが入り込みやすい。それに人前で、見定めるような視線を受けながら自分の思考過程をホワイトボードに書いていくのは、無駄にストレスの大きな作業だ。ステレオタイプ脅威——自分がステレオタイプを受けるのではないかという心配で、ネガティブなステレオタイプが現実になってしまう現象——によって、女性など過小評価されやすいグループの人が実力を出せない恐れもある。最近の研究でもこうした面接のデメリットが指摘されており、ホワイトボード面接のようなストレスの高い状況のもとでは、パフォーマンスが普段の半分程度に落ちるとも言われている。[42]

あるIT企業では、オーケストラのブラインド・オーディションと同様のやり方を導入することにした。応募者は自宅または社内の個室で、落ちついて課題を解く。課題の評価は性別などの情報を消したうえで、決められた基準にしたがっておこなわれる。また面接の質問も事前に決めておき、すべての応募者が公平に、企業の求める具体的な要件に沿った質問を受けられるようにした。さらにこの企業は、求人情報のなかで使う言葉も変更した。以前は「尖った人材」「マニア求む」のような言い方をしていたが、より広い層に届けるために「深い関心」「持続的な関係性」といった言葉を使うようにした。その結果、女性など数の少なかった人たちが、技術系や管理職のポジションに続々と採用された。[43] 選択アーキテクチャを再設計したおかげで、人材採用のバイアスが減ったのだ。

もしも意思決定のプロセスが適切に設計されていたなら、友人のクリスは死なずにすんだのだろうか。医師が自分自身のバイアスの可能性を自覚し、積極的にバイアスに立ち向かい、チェックリストなどの診断補助ツールでミスを防止していたなら、単にリラックスしなさいと言われて終わることはなかったのではないかと思う。でも確かなことは言えない。診断を下すのはあくまでも医師その人だ。そして実際のところ、医学的知識の性差や診断のステレオタイプを考慮しても、女性に対する治療が劣っている理由をすべて説明できるわけではない。メイヨー・クリニックの心臓専門医シャロン・ヘイズによると、明らかな心臓発作など診断に疑問の余地がなく、薬の種類など治療のガイドラインが明確に決まっている場合でも、やはり女性患者に対する治療の質は男性より劣るという。[44] これは判断ミスよりもさらに根深い問題が存在することを示唆している。

カナダでおこなわれたある研究は、興味深い視点からそこに切り込んでいる。心臓疾患で入院した患者1000人を対象に、画像検査や投薬、および血管形成術の処置がどれくらい迅速におこなわれたかを調査したものだ。それに加えて、職業や生活習慣、性格特性を調べる詳細なアンケートにも答えてもらった。女性はやはり検査や処置が遅れがちだったが、とくに長く待たされていたのは男女問わず、「女性的」とされる性格特性を持つ人（優しい・世話好き）、および家事を主に受け持っている人だった。伝統的に「女らしい」とされるステレオタイプに当てはまる人ほど、病院での扱いは悪くなるのだ。[45]*

*「女性性」のスコアが1ポイント上がるごとに、患者がタイムリーに介入を受けられる可能性は31%下がった。逆に「男性性」のスコアが1ポイント上がるとタイムリーな介入の可能性は62%上がった。

ここから考えられるのは、医師に悪気がまったくないとしても、やはり女性的とされるものの価値を低く見ているのではないかということだ。医療の男女格差をなくしたいなら「女性の命は重要だ」という認識をまず持たなければならない、とヘイズは指摘する。[46]

数年前、医療のジェンダーバイアスについての記事を書いたとき、私は原稿の最後を数字で締めくくった。バイアスがなかったら救えたはずの女性の人数だ。ある編集者が原稿に手を加えて、これはつまり母親や娘たち、祖母たちの命を救うことになるのだ、と書いた。まるで女性の命そのものには価値がなく、何らかの役割を持ってはじめて価値が生まれるかのように。

ここに選択アーキテクチャの限界がある。どんなにうまくプロセスを設計しても、それをとりまく価値体系が変わらなければ、真価は発揮できないのだ。ブロワード郡の教育はうまくいったが、やがて予算削減でプログラムが続けられなくなり、黒人やヒスパニック、低所得者、英語学習中の子どものギフテッド認定率は以前の水準まで押し戻された。ヨーロッパのある有名なメディアではブラインド・オーディション型の採用試験を試験的に取り入れて、最終選考に残る民族的マイノリティの数がおよそ3倍になったけれど、結局は上層部の支持が得られず立ち消えになってしまった。[47]先に挙げたIT企業も、選考課程の見直しによって従業員の多様性が増した一方で、非白人の女性には依然として定着率や昇進率が低い傾向が見られた。

選択アーキテクチャはたしかに役に立つけれど、それだけでは現状維持の方向へ押し戻そうとする大きな力には対抗できない。

ではどうすれば、現状維持の圧力に打ち勝てるのだろう?

第8章　Dismantling Homogeneity　多様性の存在証明

2013年春、当時28歳だったブラジル生まれのイギリス人ジャーナリスト、キャロライン・クリアド＝ペレスが、ある抗議運動を立ち上げた。とくに目立つような話ではない（と当初は思っていた）。イギリスの紙幣に女性の肖像を残そうというものだ。

5ポンド紙幣の肖像が、刑務所改革に貢献したエリザベス・フライ――イングランド紙幣の肖像で唯一の女性だった――からウィンストン・チャーチル元首相に変更されることになり、クリアド＝ペレスはこの決定を覆すためにオンラインで署名を集めることにした。もしもチャーチルに変更されれば「女性は誰も紙幣になるほど立派なことをしていない」というメッセージが世の中に伝わってしまうからだ。まもなく女性たちがイングランド銀行の前に集まり、戦いの女王ブーディカなど歴史上の人物に扮装して抗議デモをおこなうようになった。

抗議運動が功を奏し、イングランド銀行は10ポンド紙幣に女性作家ジェーン・オースティンの肖像を載せることを発表した。だがその頃から、クリアド＝ペレスはツイッターで激しい攻撃を受けはじめた。ほとんど拷問だった。ひどい時には毎分新たなレイプ脅迫や殺害予告がやってきた。ツイッター社に苦情を入れると、当該ツイートを報告するように言われた。1ツイートにつき9段階の手順を踏む煩雑な質問形式だった。結局は警察が介入し、2名が逮捕されて懲役刑となった。対応を迫られたツイッター社は「ツイートを報告する」ボタンを追加した。[1] 実質的には同じ煩雑な質問を、別の形で提示しただけだった。

それでも攻撃や脅迫はやまなかった。クリアド＝ペレスだけでなく、ツイッターを使う何万人という人が同様の恐怖にさらされていた。2020年の調査によると、アメリカの女性政治家がツイッターで受ける言及のうち、15～39％が攻撃的な内容だった。男性政治家では5～10％程度だ。非白人の女性の場合はさらに状況が悪い。アムネスティ・インターナショナルがアメリカとイギリスに住むジャーナリストおよび政治家に向けられたツイートを分析したところ、黒人・アジア系・ラテン系・そしてミックスルーツの女性は、攻撃的なツイートを受けとる率が白人女性よりも34％高かった。黒人女性だけで見ると、白人女性より84％も高い割合でツイッター上のハラスメントを受けていた。イギリスでは半年間で女性議員に向けられた攻撃的なツイート2万6000件のうち、半数がたった1人の黒人女性議員に対するものだった。アメリカでもっとも多く攻撃的なツイートを受けていたのはソマリア出身のイルハン・オマル議員で、全体の39％が彼女に対する攻撃だった。[2]

2006年のサービス開始時から、ツイッターはつねにこの問題を抱えていた。2018年にはツイッター共同創業者でCEO（当時）のジャック・ドーシーが対応の遅れを認め、ツイッターが暴言やハラスメントの温床になることを予測できなかったと述べている。しかし同社の元従業員たちに言わせれば、創業者らはそれと気づかないまま、サービス設計のなかに暴力のメカニズムを埋め込んでいた。誰もが誰にでもツイートできる仕様、リツイートで発言が拡散され、「いいね」の数によって序列ができる世界。それはハラスメントに最適なデザインだった。[3]

「ツイッターの得意なことは2つ。リアルタイムな情報と、嫌がらせです」。ツイッター社で以前エンジニアリング・マネジャーとして働いていたレスリー・マイリーは私にそう語った。「どちらもまったく同じしくみで拡散されます。ニュースがバズるのと同じ経路で、ヘイトや嫌がらせも一気に広まるんです」[4]

ツイッターのホーム画面では、ユーザーが興味を持って反応しそうなツイートがアルゴリズムによって選びだされ、タイムラインに表示される。そして人がもっとも強く反応するのはネガティブなコンテンツであり、不安や怒りをかき立てるツイートだ。[5] ニュースコンテンツはそれを読んだ人によってリツイートされ、より広いオーディエンスに拡散される。一方、嫌がらせは悪意ある大量のユーザーによって増幅され、特定の狭いターゲットに押し寄せる。ときには、たったひとりに向かって。「ツイッターのプラットフォームは、情報を武器化しやすく、攻撃を止めにくい方向性で作られているんです」とマイリーは言う。[6]

でもどうして、ツイッター社はこれほど大きな問題を予見できなかったのだろう？

ひとつの答えは、初期のコンピューター科学者メルヴィン・コンウェイの有名な法則が教えてくれる。コンウェイはソフトウェアの構造が、それを作った組織の構造をつねに反映していることに気づいた。たとえば4つのチームに分かれて開発された製品は、4つの異なるパーツを持つシステムになる。

「設計チームを編成するその行為が、明示的かどうかは別として、すでにデザインの意思決定がなされたことを意味している。……設計チームが組織されながら、そこに何のバイアスもないということはありえない」[7]

コンウェイの法則は広く現代にも当てはまる。ソフトウェアにはかならず、それを作ったチームの特徴が反映されるのだ。

ツイッターを作ったチームの大きな特徴は、その同質性だった。創業者は4人とも若い白人男性だ。ツイッター社で働いていた人の多くが指摘するように、この同質性は致命的な死角を生んだ。[8] 創業者たちが嫌がらせを予期できなかったのは、オンラインハラスメントが――なかでもクリアド＝ペレスに向けられたような、悪質で身体的攻撃の脅迫を含む暴力的なものが――彼らのネット体験からすっぽり抜け落ちていたからだ。

創業者のひとりエヴァン・ウィリアムズは、初めてインターネットに出会ったときの衝撃をあるインタビューで語っている。ネブラスカの田舎で生まれ育った少年が、90年代前半に初めてオンライン掲示板に触れたときの興奮。ダイヤルアップで接続すると、とつぜん世界中の人が画面の向こうに座っている。世界は人の考えでいっぱいなんだ、と彼は思った。それぞれの人がアイデアをたっぷり持っている。そして「インターネットは、誰かの考えをいくらか取ってきて別の誰かの頭に移すことができる巨大なマシンなんだ」と。[9] やがて彼は、そうやって人の考えをリンクさせるような仕事がしたいと考えるようになった。思考を脳から脳へシームレスにつなげたいという彼の夢が、純粋な形で体現されたのがツイッターだった。

でも社会のなかで弱い立場にいる人から見れば、それが単純に喜べる話でないことは明らかだった。世界中の人の考えをそのままつなぐというビジョンには、初めから危険が含まれていたのだ。優しい考えならば、直接伝わってきても問題はない。けれど相手の考えが憎しみや攻撃性に満ちているなら、待っているのはただの悪夢だ。

レスリー・マイリーはソーシャルメディア以前のインターネットで、ウィリアムズとはかなり異なる経験をしていた。彼は男性なのだが、レスリーという名前のせいで、ネット上で女性にまちがえられることが多かった。「非公開のチャットルームによく誘われたんですが、入室を断ると、ビッチと罵られました」とマイリーは言う。そういう経験をしている人なら、ツイッターが悪意あるユーザーに利用されることも予測できたはずだ。「異なる経験を持つメンバーがいれば、あらかじめ疑問が出てきたはずです。『自分はこんな嫌な思いをしたんだけど、攻撃的なユーザーから身を守るツールはどうするの？』と。僕みたいな人が初期のメンバーにいたなら、『そこはしっかり考えようよ』と言えたと思うんです」[10]

ツイッターが嫌がらせの増幅装置になりうることがわかってからも、創業者たちは行動を起こさなかった。創業者らの友人アリエル・ウォルドマンはリリース直後にツイッターを使い始め、まもなく嫌がらせツイートを受けるようになったが、創業者らに相談しても真面目に受けとってもらえなかった。エヴァン・ウィリアムズはあるインタビューで、ツイッターに「フォローする」機能がついたときのことを語っている。フォロー（後をつける）という語感は気味が悪くないだろうか、まるでストーカーではないか？　そう訊かれると、「我々もそれは考えました」とウィリアムズは言った。「そのネタでかなり盛り上がりましたね」

ツイッター創業者と実際のストーカー被害者との心理的な距離はあまりに大きく、創業者らの目にはそれがただの冗談に映ったらしい。[*] サービス開始から15年が経っても問題は解決されていない。2020年の例を挙げるなら、プエルトリコ系の女性議員アレクサンドリア・オカシオ＝コルテスに向

＊　ツイッターは現実世界でのストーキングにも使われている。あるイギリスの女性はツイッターでうっかりフォローした男性に繰り返し嫌がらせを受けていたが、あるとき帰宅するとその男性が家の前に立っていた。彼女は警察を呼んだ。裁判のとき、男性は自分がその女性とつきあっていたのだと主張し、ツイッターでフォローされたことをその証拠に挙げた。[11]

けられたツイートの16・5%は攻撃的な内容だった。特定の攻撃的な単語を禁止する試みがなされたこともあるが、まったく役に立たず、逆に開発側の無知をさらけだす結果になった。「問題は言葉ではなく文脈だということが、彼らには理解できていなかったんです」とマイリーは言う。個々の単語を見るのではなく、さまざまな発言によって醸し出された空気を見なければ、問題は把握できないのだ。[12]

影響はどんどん広がった。2018年、フェイスブック社（現在のメタ社）のチームはフェイクエンゲージメントと呼ばれる問題に直面していた。偽のアカウントを買ってコメントさせるなど、リアクションを不正に水増しする行為のことだ。ソフィー・ジャンという若いデータサイエンティストが精力的にこの問題に取り組み、有力な政治家による大規模な不正を発見した。アゼルバイジャンからインド、ホンジュラスまで、世界各地の政治家が不正に関わっていた。ところがフェイスブック社は、この問題に取り組もうとしなかった。アメリカに拠点を置く同社は、アメリカと西ヨーロッパ以外の問題にリソースを割きたくなかったのだ。ソフィー・ジャンは上層部に問題の深刻さを訴えた。政治や外交はまったく自分の領域ではないが、トップの人間なら何とかしてくれるはずだと思った。しかしだめだった。困った問題だ、と誰もが同意したけれど、誰も責任を引き受けようとはしなかった。ジャンは仕方なく、一人きりでこの問題に立ち向かうことにした。ときには週に80時間も働いた。ボリビアでは大統領選をめぐって大規模な混乱が起こり、暴動に発展していた。ジャンはボリビアでの不正を発見していたが、対処できなかった。数十人が死亡した。「国の大統領に関係するような意思決定を、自分ひとりでやってきました。上司は力になってくれませんでした」と、ジャンは2020年の内部告発文書に書いている。彼女は到底抱えきれない量の仕事に疲れきり、上からは別の仕事に集中しろと言われ、やがてパフォーマンスが悪いという理由で解雇された。ここには数多くの要因が働いているが、もしも不正に影響される国の人々が意思決定に関わっていたなら、問題の深刻さは違ったふうに捉えられていたのではないだろうか。[13]

ツイッターを作ったチームのような同質性について指摘されると（現状テック業界の74・8％は男性で、ソフトウェア開発者のなかで女性の占める割合は18％にすぎない）、多くの人はどうしようもないと首を振り、「供給経路」の問題なのだと説明する。そもそも業界に入ってくる女性や非白人の数が不足しているんだ、と。でも供給が問題なら、医療や法律やビジネスのリーダーは女性であふれていてもいいはずだ。もう何十年も前から、女性はそれらの業界に男性と同じくらい参入している。ところが今これを書いている時点で、フォーチュン500に入る大企業のCEOは、白人で身長約180センチ以上の男性が50％を占めている。人口比から言って、ちょっとありえない数字だ。アメリカに住む人のなかでそれらの特徴を備えた人は、わずか4・65％しかいない。[14] CEOにつながる供給経路には、この稀少な長身男性が大量に入ってくるというのだろうか？

一流大学のコンピューターサイエンス系学部は、黒人やラテン系の卒業生を続々と送りだしている。そのペースは企業の雇用ペースの3倍だ。数学・コンピューターサイエンス・電気工学の学位取得者の18％は黒人とラテン系なのに、グーグル・マイクロソフト・フェイスブック・ツイッターで働く技術系人材のなかで黒人とラテン系が占める割合は4％にすぎない。また女性はSTEM〔科学・技術・工学・数学〕の学位を取得しても、12年後には半数がその分野から離脱する。バイアスや職場環境を理由に挙げることが多い。アジア系の男性と女性は同じ割合で工学系のPhDを取得するが、全米技術アカデミーの会員数を見ると、アジア系女性はアジア系男性のわずか10分の1しかいない。[15]

若い時期からその分野に親しむ機会を作ったり、入り口を広げたりするのはもちろん大事だ。でも同質性を維持しようとする圧力が強く働いているなら、その道に入ってきた人をいかに守るかも考えなければならない。優秀な人材が道半ばで離れていかないように、業界の道筋そのものを作り替える必要がある。

＊
＊
＊

住み慣れた土地を離れ、カリフォルニアで心機一転働きはじめた物理学者ペコ・ホソイのもとに、妙な電話がかかってきたのは2002年のことだった。

ホソイはハービー・マッド大学で教えるために、ロサンゼルスの北東にあるパサデナの街に越してきたところだった。ハービー・マッドは理系教育に特化したエリート大学で、ホソイは流体力学の専門家としてそこに招かれていた（流体力学とは液体や気体の運動を研究する分野で、血管内の血液の流れから膨張する宇宙におけるガスの動きまで実に多様なものを扱う学問だ）。まだ着任したばかりで、彼女のオフィスはほとんど空っぽだった。机がひとつ、コンピューターはまだ無し、固定電話がひとつ。その電話が、やかましく鳴り響いていた。いったい誰が電話などかけてくるのだろう。まだ誰も、自分のオフィスの番号を知らないはずなのに。

「アネット・ホソイさんでしょうか」と電話の主は言った。ホソイは不審に思った。知り合いはみんな彼女のことを本名のアネットではなく、ペコと呼んでいる。幼いころに日本人の祖母がつけてくれた愛称だ。

「私はローハン・アベヤラトネと申します。ＭＩＴで機械工学部長をしております。本日は採用の件でお電話差し上げました」

採用？　ホソイは困惑した。何かのいたずらだろうか。たしかにＭＩＴの機械工学部の教員に応募したことはあるけれど、もう2年も前の話だ。先方からはまったく音沙汰がなかった。不採用の通知さえ来なかった。それがいきなり、学部長が直々に電話をかけてくるとは。そんなことがありうるだろうか？

少し考えさせてください。そう言ってホソイは電話を切った。せっかく念願のハービー・マッド大学で働けるチャンスを手に入れたところだった。優秀な学生、素敵な同僚、陽光あふれる暖かい気候。でも学部生に教えるのが中心のハービー・マッド大学と違って、MITなら大学院生と一緒に働く機会も多いし、何より世界トップクラスの機械工学部で研究に邁進できる。まだキャリアを踏みだしたばかりの彼女にとって、それは将来を大きく左右する決断だった。[16]

そのときのホソイはまだ知らなかったが、この電話はある試みの一環だった。MITの機械工学部はそのころ、ちょっとした危機に追い込まれていたのだ。

2002年当時のMITは、かなり変わった大学だった。私自身、大学の最初の2年間をそこで過ごしたのでよく知っている。私が入った新入生寮では、金属ナトリウムの塊をチャールズ川に投げ込み、水にぶつかって爆発するのを見るのが入学時期の風物詩だった。廊下のカーペットにイソプロピルアルコールをしみこませ、火をつけたテニスボールで室内ホッケーをしたこともある。娯楽予算は全額フレネルレンズを買うのに注ぎ込んだ。

MITは知的・肉体的冒険に満ちた大学ではあったけれど、女性にとってはちょっと心細い場所でもあった。私が入学するころにはMITの女性比率は40％程度になっていたのだが、大学側は新入生に「女子トイレツアー」をおこなって歓迎の意を示したりしていた。MITに女子トイレがあるというのがなんだか珍しかったらしい。教室は男女の偏りが大きかった。専攻によって、生物学や化学は女子学生が多かったし、工学は男子学生が大半だった。ホソイに仕事を打診した機械工学部では、学部生でも24%ほどしか女性がいなかった。米国全体で見て、機械工学を学ぶ女性の数は、石油工学よりも原子力工学よりも、鉱山学を学ぶ女性よりも少なかった。

「孤立感はありましたね」と、当時MITで機械工学を専攻していたジュナ・コプリー＝ウッズは言う。貧困家庭で育った彼女は、経済的安定を手に入れるためにMITにやってきた。実験の授業では自分以外みんな男性であるときも多く、たいてい実験パートナーにあぶれた男子生徒が彼女と組むことになった。でも文句は言わなかった。厄介な奴と思われて、実験パートナーをうんざりさせたくなかったからだ。あるときには大事な試験の日に寝坊して、とにかく手近な服だけ引っかけて試験終了間際の教室に駆け込んだことがある。残りの時間だけでも試験を受けさせてください、と教官に頼みこんだが、さっさと単位をあきらめるように言われた。「人間として尊重されていない感じがしました」と彼女は振り返る。MITの授業はとても厳しく、学生は仲間同士で集まって協力しながら宿題をこなすのが普通だ。でもコプリー＝ウッズはほとんど独力でやりとげた。「ほかにどうしようもなかったんです」と彼女は言う。[17]

機械工学を専攻していた別の女性は、機械工作の実習のときに、講師が男子学生にしか機械の使い方を教えなかったのを覚えている。女子学生がやり方を尋ねると、教えるのではなく、かわりにやってしまうのだ。女性扱いされたくなくて、同じクラスの女子学生と仲良くするのもはばかられる感じがあった、と彼女は振り返る。

私自身も似たような経験をした。専攻を物理学に決める前、材料工学の入門クラスをとったことがある。機械工学と近い分野だ。教官がとても優秀な人で、講義はとても面白く、毎回テーマに合わせた音楽まで流していた。ある講義では引張応力とせん断応力の違いを実演するため、分厚い電話帳を素手で引き裂いてみせた。私は試験の成績もよかったし、この分野に進んでみようかという気になっていた。そんなある日、大学のキャンパスを歩いていて、その教官を偶然見かけた。私は勇気をふりしぼって、講義がすごく面白いですと伝えてみた。すると教官はウインクをして、「男の教員みんなにそう言ってるんじゃない？」と言った。二度とその教官に話しかけることはなかった。

のちに出会った別の教官は、圧電素子（ピエゾ素子）といって、機械的な刺激を電圧に変換する性質を持つ物質について研究していた。この教官が研究プロジェクトに参加しないかと誘ってくれた。上級生の男子学生が指揮をとっているという。私は喜んで参加したのだが、集合場所がころころ変わり、誰もそれを私に教えてくれない（まだ携帯電話の普及していない時代だった）。指定された場所に行っても誰もいないということが何度も続き、やがて行くのをやめてしまった。ふてくされてもいられないので、今度は雰囲気の違う分野の教官にコンタクトをとってみた。MITメディアラボの人だ。会って話をするあいだ、彼はずっと手元のテープを輪っかにするのに夢中で、私のほうを見ようともしなかった。その後、連絡をとることはなかった。* これが白人女性である私の経験だ。ある黒人女性のクラスメイトは、当時の経験をひとこと「悲惨」と表現する。[18]

孤立という点では、女性教員も同様だった。ペコ・ホソイのもとに電話がかかってくる数年前、MITの女性教員たちがファクトに基づく説得力ある報告書を大学側に突きつけ、女性教員の置かれたひどい状況を露わにした。それによると、理学および工学スクールにおける女性教員のテニュア（終身在職権）取得率は男性と変わらなかったが、時とともに女性の労働環境はきつくなり、逆に男性は働きやすくなっていった。全体の8％を占める女性教員は、充分なリソースを与えられず、給与が低

＊　この教官はやがて別の大学の学長に就任した。

く、共同研究のチャンスが少なく、研究スペースも男性より狭かった（メジャーで丁寧に測定した結果）。男性よりも頻繁に受け持ち授業の変更を依頼され、重要なミーティングには招かれず、キャリアアップに必要な役職からも外されていた。ある女性教員は、同僚たちの研究に欠かせない貢献をしたにもかかわらず、誰も自分の研究成果を認めてくれなかったと報告している。[19]

女性を支援するために作られた制度すら、女性の状況を悪化させていた。子育てを支援するために、子どもが生まれた親は男女問わず、テニュア取得までの期間を1年延長できることになっていた。女性はこの制度を子育てのために利用したのだが、男性はこの期間を本来の目的ではなく、キャリアアップのために利用しはじめた。世界中を飛びまわって講演をしたり、会社を立ち上げたり、研究を売り込んだりしたのだ。* 経済学部におけるテニュア延長制度の効果を調べたある研究によると、そうした「ジェンダーニュートラルな制度は実際のところ、研究重視の大学においてはジェンダーギャップを増加させる」という結果が出ている。[20]

大学の職を手に入れたばかりの女性は、とにかく結果を出そうと考える。家事育児の負担はあるけれど、頑張って結果を出せば認められるはずだと。ところが現実に彼女たちを待っているのは、男性中心社会からの疎外と周縁化だ。アントニン・スカリア判事が考えていたような上意下達のあからさまな差別ではないけれど、じわじわと影響が積み重なり、結果的に女性は排除されていく。女性が男性と同じ割合でテニュアを取得しているのはすばらしいことだが、そのための犠牲は計り知れない。一部の女性教員は、自分たちが女子学生にとっての「だめなロールモデル」になっているのではないかと危惧している。[21]

そういった状況をふまえれば、MITから就職を打診された女性の4割が辞退していたのも驚くにはあたらないだろう。そうして負のスパイラルができあがる。排他的な職場環境が女性の参入を妨げ、そのせいで中にいる女性はいっそう孤立無援になっていく。ＭＩＴの性差別に関する報告書作成を主導した生物学者のナンシー・ホプキンスは、女性教員の労働環境を改善することが不可欠であると論じている。そして職場の文化を変えるために、まず女性の人数を一定まで増やす必要がある、と報告書を締めくくった[22]。

機械工学部は報告書を受けて、自分たちがまずい状況にあることを理解した。教員〔プロフェッサー等〕はその時点で70人いたが、女性は歴代合わせても5人しかいない。報告書が提出された時点で在籍していたのはたった1人だ。この現実に直面して、機械工学部は選択を迫られた。職場環境の改善を図り、女性が応募してくるのを首を長くして待つという選択肢がひとつ。そしてもうひとつは、なんとかして女性教員を多数採用し、文化が変わるだけの人数をまず揃えるという選択肢だ[23]。言ってみれば、ディナーテーブルをセッティングして客がどこからか噂を聞いてやってくるのを待つか、それとも招待客の目星をつけて招待状を渡し、迎えの車を用意して会場まで連れてくるかの二択である。

ここで論争が巻き起こった。ローハン・アベヤラトネを含む一部のメンバーは、積極的なアプローチを推した。ただ待っていたら、女性が増えるのにいつまでかかるかわからないからだ。しかし意図的に女性を多く採用するというやり方に疑問を持つ人もいた。既存のプロセスを飛ばして簡単に採用されたとしたら、どうせ働きはじめてもテニュアを取得できないだろう。そうなったら採用しても無駄骨だ。また、ある人は次のような力強い反論を出してきた。どんな形であれ女性を特別扱いすれば、他の教員はその人たちを下に見て、本当は能力がないのに採用されたと考えるはずだ。女性を支援す

＊　2016年の調査で、こうしたテニュア期間の猶予は男性と女性で逆の効果をもたらすことが示されている。男性のテニュア取得率は上がり、女性のテニュア取得率は下がっていた。

るためのプログラムが、女性の立場をさらに悪くすることになるのではないだろうか？[24]

この説得力のある反論を出したのはメアリー・ボイス、機械工学部の女性教員のなかで唯一辞めずに残っていたその人だった。学会では名の知られた大物で、材料のふるまいに関する理解を変革するような科学的発見を成しとげてきた。彼女としても、女性研究者を差別から守りたい一心でそう言ったのだと思う。そもそも彼女は、工学分野における女性教員の待遇に関する報告書の筆頭執筆者でもあったのだから。

アファーマティブ・アクション（積極的格差是正措置）は登場した当初から、多くの議論を呼んできた。現在その言葉はさまざまに定義されるが、ここでは能力のある女性やマイノリティの候補者を、同じだけ能力のある男性や白人候補者よりも積極的に採用するという意味で使いたい。アファーマティブ・アクション推進派は、積極的な策をとることによって機会に恵まれない候補者を発掘し、過去と現在の不公正を正し、少数派の人が孤立しないだけの人数を確保できると主張する。懐疑派は、アファーマティブ・アクションが不公平で、浅はかで、対立を煽るものだと主張する。

懐疑派のもうひとつの主張は、すでに差別を受けている人をいっそう苦しめる可能性があるというものだ。ＭＩＴのメアリー・ボイスは、女性を優先的に採用すれば男性から見下される要素が増えるのではないかと危惧していた。同様に経済学者のトーマス・ソウェルも、アファーマティブ・アクションで大学に入った黒人学生は「懐疑の影のもとで」卒業していくことになるだろうと述べる。また法学者のリチャード・サンダーは、学生の能力と大学側が求める水準との「ミスマッチ」を危惧している。女性を優先的に雇用してもテニュア取得に至らないだろうというＭＩＴの懐疑派の主張と同様に、サンダーもアファーマティブ・アクションの学生は学業で成功しないだろうと主張する。さらにアファーマティブ・アクションの恩恵を受けた事実が内心のやましさを生み、自分はここに属していないという感覚につながるという意見もある。[25]

懐疑派の主張するようなことは、本当に起こるのだろうか？　実をいうと、サンダーの主張はすでに覆されている。ミシガン大学ロースクールで27年間にわたっておこなわれた調査の結果、アファーマティブ・アクションで入学した学生の卒業率はそうでない学生とほぼ変わらず（それぞれ96％と98・5％）、その後の所得も同程度だった。アファーマティブ・アクションの学生のほうが、白人よりも積極的に社会奉仕活動に参加しているというデータも得られた。社会学者のデレック・ボックとウィリアム・バウエンは高等教育におけるアファーマティブ・アクション研究の集大成である著書『川のかたち』（The Shape of the River）のなかで、能力の「ミスマッチ」という神話とは裏腹に、積極的に黒人を入学させる大学のほうが黒人学生の中退率が低いことを明らかにしている。しかも学業成績は固定的なものではなく、しなやかに変わるものだ。たとえばジョージア工科大学では、黒人とヒスパニックの学生の成績が白人より低かったので、夏期集中プログラムを開講することにした。それから2年もしないうちに、黒人およびヒスパニックの学生の成績は白人学生を追い抜いた。[26]

ボックとバウエンはまた、アファーマティブ・アクションで入学した学生がスティグマを抱くわけではないとも述べている。人種での配慮に居心地の悪さを感じる人もいないわけではないが、エリート大学に入学した黒人学生は全体として、白人学生よりも大学での経験をポジティブに評価していた。哲学者のアニタ・アレン――彼女自身もアファーマティブ・アクションの恩恵を受けた一人だ――が指摘するように、歴史的に高等教育から排除されてきた人々にとって、アファーマティブ・アクションは過去の過ちに対する当然の償いであり、傷の修復であり、与えられるべくして与えられたチャンスなのだ。弁護士のアシュリー・ヒベットは、ハーバード・ロー・スクールの同窓生がアファーマティブ・アクションについてどう感じているかを調査してみたが、回答は本当に人それぞれだった。「白人がやりがちな初歩的ミスを犯してしまいました」と彼女は言う。何人かに話を聞けば、黒人の総意を表す明確なパターンが表れるのではないかと考えてしまったのだ。[27]

私自身、MITの学生だったころ、ソウェルの言う「懐疑の影」を感じたことはある。入学許可の具体的な基準は公開されていなかったし、当時MITが掲げていたアファーマティブ・アクション指針には女性やマイノリティの入学を「強化する」とだけ書かれていた。[28] 自分の能力には自信があったし、1年生のときのアドバイザーの先生からも、ほかの男子学生より高校の成績もテストの点数も上だと教えてもらった。それでも、MITが女子学生を優先的に入学させているという事実は、つねに靄《もや》のように空中を漂っていた。

チューターに勉強を教えてもらいに行くことがたまにあったのだが、部屋の中はたいてい女子学生だらけだった。そこに足を踏み入れるのは気が重かった。恥のような感覚があったのだと思う。男性のチューターにどう思われているのかと気になった。女性は理系が苦手だというステレオタイプを、私たちは確証していたのだろうか？　後になって知ったのだが、大学のフラタニティ（男子学生の社交クラブで、学部生の男性のうち半数以上が所属していた）では過去問を集めた「バイブル」が流通していたらしい。固い絆で結ばれた男子学生はそのバイブルを見ながらみんなで寄り集まって勉強していたのだ。大学生活の隅々にまで不公平は組み込まれていた。* でも当時はそんなことは知らず、他人から見下されるのを自分のせいだと思っていたし、そのうち能力のなさが露呈するのではないかとびくびくしていた。初年度に物理学の単位をひとつ落としたときは、マクスウェルの方程式が夢に出るほど猛勉強した。

心理学者のマデリーン・ヘイルマンは職場におけるアファーマティブ・アクションの影響を調べる

ため、管理職数百人に架空の従業員の業績評価をしてもらった。その従業員がアファーマティブ・アクションで雇われた女性だと言われた場合、よほど目立った成果がないかぎり、通常よりも低く評価されるという結果になった。この研究は90年代のものだが、今でもMITの女子学生は同様の偏見にさらされている。現在のMITの学生受け入れ方針は、入学志願者の経歴や能力を「総合的に」判断するというものだ。男性よりも女性志願者のほうが高い割合で合格していることを大学側も認めている。と同時に、女子学生のほうが卒業率およびGPA〔大学の成績の平均点〕が高いこともわかっている。女性のほうが学業で成功しているのだ。[29] 女性の合格率が高いのは、応募の際に自分で高い基準を課しているからかもしれない。よほど優秀でないとそもそも応募しないのだろう。女性の成績がいいのも、おそらくステレオタイプの不安に突き動かされての結果ではないだろうか。**

周縁化された人々が感じるスティグマは、アファーマティブ・アクションがあろうとなかろうと存在する。法学者のアンジェラ・オンウァチ＝ウィリグと同僚たちは有名ロースクール7校の学生――そのうち4校はアファーマティブ・アクション有り、3校は無し――の学生生活を分析し、アファーマティブ・アクションの有無にかかわらず黒人およびラテン系の学生がスティグマを感じていることを明らかにした。カリフォルニア州では25年前にアファーマティブ・アクションを禁止したが、マイノリティの学生はその後も、自分はここにふさわしくないという周囲からのほのめかしや劣等感に苦

* 私自身の恵まれた育ちがフラタニティに似た排他的なものであったことに気づいたのは、さらに数年後の話だ。

** その一方で、裕福な白人学生に対する一種のアファーマティブ・アクションが問題にされることはほとんどない。ハーバードに合格した白人の実に43％が卒業生の子どもや親族、スポーツ選手、それに寄付者や教員の子どもだ。最近の分析によると、そのうち75％の入学者は、通常であれば不合格になるはずの人だった。[30]

しめられつづけた。[31] ＭＩＴの女性教員についても、積極採用の方針があろうとなかろうと、ステレオタイプに起因する見下しは存在したのではないかと思う。そもそも女性教員のひどい状況に関する報告書が書かれたとき、ＭＩＴの教員採用にはアファーマティブ・アクションも何もなかったのだから。

メアリー・ボイスは結局、議論に負けた。ＭＩＴの機械工学部は女性教員を増やす方向で戦略を立てはじめた。ある意味でこれは工学的な問題だった。現実世界の制約のもとで、いかに望ましい結果を得るかを考えるわけだ。まず重要な課題として、ＭＩＴ全体の採用方針から大きく外れないようにする必要がある。たとえばジュニアレベルの教員でも、かならずテニュアを目指せる人材を採用する。ＭＩＴのテニュアになるということはその分野で世界トップレベルの研究者になることを意味するわけで、人材採用の際はそれだけのポテンシャルを持った人を雇わなくてはならない（すべての大学がそうではないが、ＭＩＴの教員採用はテニュアを前提としている）。もうひとつの制約は、必要な条件を満たす女性の絶対数が少ないことだ。工学や物理学の分野でＰｈＤを持つ女性は、それほど多くはなかった。

この2つの制約をクリアするため、機械工学部では採用のルールに大きな変更を加えた。それまで機械工学部は、細分化した専門分野ごとに教員を募集していた。たとえば力学という括りではなく高分子の力学に限定し、そのフィールドで一流の成果を挙げている人に募集をかける。しかし機械工学は全体的に女性が少ないため、特定の分野の専門家となるとさらに探すのが難しくなる。そこで細かい専門ではなく、より広い分野で募集をかけることにした。ナノスケール・センシング研究者の募集だったものは、広くナノエンジニアリング研究者の募集になった。こうして入り口の定義を広げれば、採用基準を下げなくても、ずっと多くの研究者に応募してもらえる。

採用活動のやり方も変更した。以前は教員公募の情報を出して、あとは応募や推薦がやってくるのを待っていた。今度はそうではなく、積極的に女性を探しだすことにした。仕事仲間や全国の大学に声をかけて、誰かいい人がいたら紹介してもらう。過去に見落としていた応募者のなかから、優秀な人を今一度掘り起こす。ペコ・ホソイもその一人だ。そして新規の女性応募者については、工学系の統括責任者《ディーン》がすべての応募書類に直接目を通した。有望な応募者を却下する場合、採用担当者はその理由を報告しなければならない。[32]

ホソイはＭＩＴの誘いに応じることにした。フランスでポスドクをしていた中国人のヤン・シャオ＝ホーンもＭＩＴにやってきた。シャオ＝ホーンの専門は金属・材料工学で、リチウムイオン電池の技術革新についていち早く研究を進めていた。それから数年で、機械工学部は申し分ない経歴を持つ女性を６人採用した。製品デザインの基本原則を追求する機械工学者や、ナノ構造体を専門とする若いエンジニアなどだ。その後も女性は増え、非線形システムにフォーカスした電気工学者や、ヒトにおける病原体の感染法則（要するに、くしゃみの物理学）を研究する応用数学者がやってきた。

こうして採用された女性教員らは、重要な発見を次々と成し遂げた。ホソイは流体動力学の専門家としてやってきたが、ロボットに興味を持つ大学院生と接するうちに、その両者を融合させる道を考えはじめた。ホソイの研究は、ソフトロボティクスという分野の推進力となった。柔らかいロボット、たとえばタコのようにしなやかに収縮するロボットを研究する分野だ。またホソイは生物学とデザインを組み合わせ、マテ貝の穴掘り技術を応用した掘削ロボットを開発したり、コウモリが花の蜜を飲むときに舌に生えた毛を使うしくみを解明したりした。ホソイは無事にテニュアを取得し、今ではアソシエイト・ディーンとしてＭＩＴの工学系学部全体をリードする立場になっている。かつては応募しても返信すらもらえなかった大学で、彼女は文句のつけようのない成功を収めたのだった。

ホソイと同じ時期に採用された女性教員たちも、砂漠の空気から飲料水を取りだすシステムを開発したり、生物の細胞を電子回路のように組み替えて機能させるバイオ回路の開発に飛躍的な成果をもたらしたりした。当初採用された6人のうち、テニュアを取得したのは4人。MITのテニュア取得率は平均で47％だが、このグループでは66％を達成している。[33]

機械工学部に長く在籍している人が語ってくれたが、こうした女性のめざましい成功は、以前のプロセスがいかに不充分であったかを露わにするものだった。「以前の採用はバイアスがかかっていました。我々が何を変えたかというと、彼女たちを不採用にすることを前よりも難しくした。それだけですよ[34]」。アファーマティブ・アクションは、能力が低い人を採用することを意味しない。すばらしい人材に対する障壁を取りのぞくだけなのだ。

ほかにも大きな変化が続いた。メアリー・ボイスは機械工学部のトップに就任すると、入門レベルの授業を女性に担当させる方針を打ちだした。そうすれば学生たちは早くから、女性の教員と接することができる。さらにカリキュラムを更新し、ロボット工学やナノテクノロジー、サステナビリティといった新たな専攻分野を導入した。その結果、学生は自分たちの学びをより広い社会的文脈に位置づけられるようになった。たとえば新しい燃料の物理的性質だけでなく、その社会的影響を視野に入れて研究するというふうに。

もうひとつ、予期していなかった変化も起こった。機械工学を専攻する学部生のなかで、女子学生の占める割合が増えたのだ。変化は一目瞭然だった。どこからか急に降ってきたみたいに、廊下ですれ違う女子学生の数がどんどん増えている。ローハン・アベヤラトネはその時期に、ホソイの研究室の前を通りかかったときのことを振り返って言う。「オフィスアワーになると、彼女の部屋に女子学生がどんどん出入りして、部屋の前にもぎっしり集まって待機しているんです。驚きましたね」。そしてこう付け加える。「ロールモデルが本当に大事だということがよくわかりました[35]」

ホソイがＭＩＴにやってきた年、機械工学部生の女性比率は32・５％だった。しかし女性教員が増えるにつれて、女子学生の数も着実に増えていった。今これを書いている時点で、ＭＩＴで機械工学を専攻する学部生の50・４％が女性だ。一般の学部生の女性比率と比べても高い数字になっている。高等教育全体でそういう傾向があったわけではない。ＭＩＴと同じような工学系の大学でも、ジョージア工科大学やカリフォルニア工科大学では、女子学生の比率はそれぞれ21％と30％にとどまっている。一方ＭＩＴでは、授業によっては女性が圧倒的に多い。２０１６年のデータで、たとえば「機械振動学」や「構造の工学」といった授業を履修する学生の70％以上は女性となっている[36]。

優先採用のせいで自分の適性を疑うことがあったか、とホソイに尋ねてみたところ、彼女はきっぱりと否定した。自分の研究分野には優秀な人がいくらでもいるが、ＭＩＴのような場所で採用されるためには、優れた能力と運の両方が必要になる。誰であろうと、その人がどんなアイデンティティだろうと、採用された人は運がいいのだ。そうホソイは言った。ただし、別の女性教員は違ったふうに感じていた。自己不信は確かにあると。そして強いコネクションを持たない女性が候補者のなかから選ばれるのは公正なことだが、しかしこの状況のなかで選ばれた男性のほうが政治的にしたたかで、強いコネクションを持っている傾向があるのも事実だ。だから男性のほうがその後の昇進で有利になる場合もある。やはりこの解決策にも、コストがないわけではないらしい[37]。

それでも急ごしらえの解決策にしては、充分すぎるほどの成果だった。ＭＩＴは教授陣の同質性を崩すために人材採用の改革に乗りだしたわけだが、女子学生を増やす施策はとくにおこなっていない。新入生を機械工学部にスカウトすることもなければ、機械工学系の導入授業を必修にして流入経路を作ろうともしなかった。女子学生を励ますメッセージを浴びせたわけでもない。ただ女性の教員を増やしただけだ。それが「自分たちと似た人が活躍しているんだ」という生きた実例となり、思いがけず女子学生の増加につながったのだった。

ロールモデルはなぜ効果的なのだろう？　心理学者のニランジャナ・ダスグプタはそれを調べるため、工学系を専攻する女子学生に、男性または女性の上級生をメンターとして付ける実験をおこなった（比較のための対照群にはメンターを付けなかった）。メンターは1年間、女子学生と定期的に会い、信頼関係を築きながら大学生活のアドバイスを与えた。その年とメンター終了後の翌年にかけて調べたところ、男性メンターのグループも女性メンターのグループも、同じ程度に勉強の難しさへの不安を感じていた。そしてどちらのグループも、メンターへの会いやすさとメンターの熱心さを同じくらい高く評価した。

違いが出たのは、帰属感だった。女性のメンターに会っていたグループだけが、その学問分野に居場所があると感じ、工学系でやっていけるという自信を保つことができた。男性のメンターが付いたグループおよびメンターの付かない対照群では、帰属感や自信が大きく下がった。そしてこうした帰属感こそが、成績よりも何よりも、工学系への定着を決定づける要素だった。男性メンターおよびメンター無しのグループの女性は、大学1年の終わりまでに多くが専攻を変え、工学から離れていった。女性メンターが付いたグループの女性は、１００％が工学系に留まり、その分野で学びつづけた。

ダスグプタはこの結果を受けて、ロールモデルは世の中の否定的なステレオタイプに対して「免疫をつける」ための「社会的ワクチン」として働くのだ、と述べている。自分にはどうせ無理なのではないか、という不安から守ってくれるワクチンだ。興味深いことに、この実験の女性メンターは教員ですらなかった。2、3学年しか離れていない学生だ。それでも、この道で成功できるという自己イメージを持つのに充分な効果があった。[38]

２０２０年の夏、ＭＩＴの機械工学部は女性に続いて、人種的マイノリティの教員が少なすぎる問題に対処するためのワーキンググループを立ち上げた。研究によると、黒人のロールモデルは黒人の女子学生の帰属感を高めることがわかっている。ＳＴＥＭ分野に黒人の教員がいると知るだけでも、黒人の女子学生は自分がそこに属していると感じることができる。[39] しかし２０２０年６月の時点で、ＭＩＴの機械工学部の教授陣１１２人のうち、黒人はたった４人しかいなかった。

４人のうちの１人であるアシエグン・ヘンリーは、ロールモデルが自分の人生にもたらしたインパクトを次のように語っている。フロリダで過ごした子ども時代、彼は自分が大学教員になれるなどと夢にも思っていなかった。大学の先生と言われて思い浮かぶのは、革の肘当てがついたコーデュロイの上着を着ているお上品なイメージだった。自分とはまったく違うタイプの人間だ。ヘンリーはやがてフロリダ農工大学に入学し、歴史的に黒人の多いその大学で、工学部の黒人教員と一緒に研究をすることになった。あるとき研究室の前を通りかかると、開いた扉の向こうにその教員の姿が見えた。服装はＴシャツにスニーカー、机の上に足を投げだして、有名ラッパーRakim（ラキム）を聴きながら仕事をしている。それを見た瞬間、ヘンリーは「自分にもやれる」と思った。「俺は大学の先生になれるんだ、そのために自分を曲げなくたっていいんだ」。その光景は決定的だった。「だって、見たこともないものになれと言われても無理ですよね[40]」

ロールモデルの力を示す別のエピソードを紹介しよう。世界で初めて女性がチェスのグランドマスターになったのは、１９７８年、東欧のジョージアでのことだった。チェスは昔からジョージア人女性の生活に溶け込んでいて（伝承によると、チェスのセットは女性が結婚するときの持参品に欠かせないものだったらしい）、それ以降も女性のチャンピオンが続々と登場した。現在、世界の女性チェスプレイヤー上位１００人のうち、６人はジョージア出身の女性だ。国の規模を考えるとかなり大きな数字で、人口比から推測される数の1 2 5倍となっている。[41]

現実に存在するロールモデルは、偏見につぶされない力を与えてくれるだけではない。人々の認識を変えて、世の中の偏見自体を弱めることができる。インドの西ベンガル州では、1 9 9 3年にできた法律で、村議会の議席の3分の1を女性に割り当てることが義務づけられた。対象の村はランダムに選ばれたため、この制度はジェンダークオータの効果をリアルに観測できる絶好の実験場となった。経済学者たちがその効果を分析したところ、女性議員というロールモデルの導入は、それだけで村に住む女の子の学習意欲を向上させた。18歳になっても結婚しないで学校に行きたい、そして学歴を必要とする仕事に就きたいと考える女の子の割合が増えた。親の考え方も変わった。女の子に家の手伝いをさせる時間が減り、父親たちは娘をいずれ村のリーダーにしたいと望むようになっていた。ジェンダークオータが導入される前の村では、男の子のほうが教育レベルが高いのが普通だった。ところが導入後はその格差が消え、なかには逆転する例も出てきた。[42]

ペコ・ホソイにロールモデルの影響について尋ねてみると、彼女は数学のアナロジーで説明してくれた。数学の問題を解くとき、まず議論の前提として、何らかの対象の存在を示さなければならないことがある。「こういったものは存在しうる」という存在証明をするわけだ。実際に存在する例が見つかれば、確実な証拠になる。ロールモデルの役割も同じことだ、とホソイは言う。別にその人の人生をなぞる必要はないが、とにかく存在していることが大事なのだ。そういう生き方は可能なんだ、と教えてくれる証拠が。[43]

＊＊＊

2018年3月、ボストンの街は天から降り落ちた2フィートの大雪に包まれていた。私はロビー7と呼ばれる、巨大な洞穴のようなエントランスの片隅に立っていた。MITに来るのは10年ぶりだ。若い女性が近くのテーブルに屈みこみ、NASAのステッカーに覆われたラップトップを高速で叩いている。キャンパス内の建物群をつらぬく長さ250メートルの「無限の廊下」を、学生たちがよどみなく流れていく。年に2回、陽の光がマサチューセッツ・アベニューに面した入り口側からホールの端まで届き、グレーの大理石の床一面に光の電弧を走らせる。

無限の廊下の中ほどには、もうひとつ光に満ちた広場があり、学内イベントのチケットを販売するブースが並んでいる。その週は劇団シェイクスピア・アンサンブルが「クイーン・リア」を売り出していた。リア王の男女逆転バージョンだ。ロビーの反対側では別の学生たちが、手作りのウーピー・パイを配っている。そういえば今日は3月14日、円周率（パイ）の日だった。学生に勉強や学生生活について聞いてみたところ、たしかに昔とはずいぶん変わった様子だ。女子学生たちは機械工学専攻の女性がとにかく多いことを挙げ、おかげで自分もその分野でやっていける自信がついたと語る。

ある学生は新入生のときに女性ばかりのソーラーカーのチームに入り、機械工学の分野に興味を持ったという。ダスグプタの実験のように、女性の上級生たちが彼女のメンターになったわけだ。別の学生は女性のクラスメイトと一緒に、光学式文字認識（OCR）を使って文字を立体の点字に変換するシステムを開発した。いつも女性に囲まれていたので、特許の準備を進めるとき、特許の世界が男性ばかりで驚いたという。そんな発想すらなかったのだ。ある4年生の学生は、機械工学部でキャップストーン〔大学の学びの総仕上げとして取り組む問題解決型授業〕のプロジェクトを率いた経験を誇らしげに語ってくれた。彼女のチームはパーキンソン病患者のための医療用リストバンド――振動によって神経刺激を調整し、手の震えを抑制する――の開発をやり遂げた。エチオピアと中国をルーツに持つある女子学生は、機械工学部で「しっかりとサポートされている」と感じたと語る。

なかには男子学生のほうが活発に授業に参加しているという意見もあった。積極的に質問をしたり、教官の出した問題に答えるのは男性が多いようだ。ただ、ある女子学生は授業で質問するよりも、オフィスアワーにじっくり教員と話すほうが複雑な議論ができて捗《はかど》ると説明してくれた。「講義のなかですぐに答えが返ってくる程度の質問なら、自分で調べるか考えるかしたほうが早いです」と彼女は言う。[44]

女性教員の話をするとき、女子学生たちの目は輝いた。「女性の先生と日々接することができて、本当に優秀だなというのがひしひしと伝わってきます」とある卒業生は言う。別の学生は、熱流体学の教員の話をしながら満面の笑みをこぼした。「大好きな先生です」と彼女は言う。「すごく熱心で、めっちゃナードなんです。思わず母親に電話して言いました。『熱流体の先生が女性なんだけど、まじで最高』って」

彼女のコメントは、学部の構造的変化が連鎖反応を引き起こしている様子を伝えてくれる。この熱流体学の教員はベーター・ガラント、彼女自身もＭＩＴの出身で、ちょうど女性教員採用の最初の波が来た時期に入学した人だ。子どもの頃はけっして技術系のタイプではなく、トースターやコンピューターをいじって遊ぶこともなかったし、将来は小説家になりたいとすら思っていた。技術者だった父親が亡くなったのが高校生のときで、それをきっかけに父親を近くに感じられる分野への進学を考えはじめた。ＭＩＴで機械工学をやってみることにしたのはそのためだ。そんなある日、ラボで女性教員がふいに彼女のほうを向き、取り組んでいた研究にさらりとコメントをくれた。ホソイと同時期にMITへやってきた、ヤン・シャオ＝ホーンだった。

授業が終わると、ガラントはすぐさまシャオ＝ホーンにメールを書き、研究室に入れてもらえないかと尋ねた。やがてガラントはそのときの研究テーマで修士論文を書き、それがPhDへの道につながった。現在はリチウムイオン電池よりも桁違いに高性能な超軽量・高エネルギー密度バッテリーの研究をおこなっている。今の自分があるのは、あのときシャオ＝ホーンが声をかけてくれたおかげだ、とガラントは振り返る。「教授が自分に目を留めることは普段ほぼなかったんですよね。だから自分を見てくれた、というのが大きかったです。誰かが話しかけてくれたというのが――つまり、自分はそこにいていいし、話をするに値するんだ、と感じられたんです」[45]

話をするに値する。その言葉を聞いて、私はもと同級生のジュナ・コプリー＝ウッズを思いだした。さっさと単位をあきらめろ、と冷たく言われた彼女のことを。尊敬する先生に話しかけたら色目を使っているように言われたときの、焼けるような恥の感覚を思いだした。私は肉体としてしか見られていなかった。コプリー＝ウッズは存在すら見てもらえなかった。私たちのために作られていない文化のなかで、それでも私たちをどこかへ導いてしまう影響の鎖は、なんと繊細で、なんと脆いものなのだろう。

数日後、MITの機械工学部の研究室を見学した。青とオレンジの煙がLEDスクリーン上で渦を巻き、パーティションで区切られた作業スペースには魚のロボットや人工のカワウソの毛皮がぎっしりと並んでいる。案内してくれたのは2人の大学院生だ。テキサス出身のアリスと、サウジアラビア出身のサマール。サマールのラップトップで、2種類の流体が混じり合う様子を捉えたタイムラプス動画を見せてもらう。流体の相互作用はあらゆるところで起こっている。コーヒーの表面でなめらかに広がるクリームから、宇宙の彼方の超新星爆発まで。でもサマールが捉えたのは、今まで誰も動画に収めたことのない形だった。現在の物理学では予測できない動きをしている。数学の法則がたしかに働いているけれど、それがどういうものかはまだ誰も知らない。それを自分の力で解き明かすのは、たとえ孤立した環境でなくても困難な仕事だ。

「先駆者になるというのは、すてきな理想ですよね」とアリスは言う。「でも誰が先駆者になりたいでしょうか？　私はいやです。先駆者のあとに続くほうがいいですよ。『よし、ここは安全みたいだ。進もう！』って[46]」

先駆者になりたくないというアリスの言葉を聞いた瞬間、ピリッと何かに打たれた気がした。言われてみれば当たり前だ。何らかのアイデンティティを持つ集団のなかで最初の人、あるいは唯一の人として学部や研究分野や組織に入っていくというのは、誰もが引き受けたい役割ではない。誰もが向いているわけでもない。人は先駆者を応援するけれど、その道は孤独で心細いものだ。先駆者はつねによそ者である。周囲からのステレオタイプや居心地の悪さ、ときにはあからさまな敵意に立ち向かわなくてはならない。そこで生き延びるためには、他のみんなよりも自分にだけ厳しい環境のなかで、ポジティブな気持ちを維持する力が必要だ。

つまり組織で最初の女性、最初の黒人、最初のネイティブアメリカン、最初のラテン系といった人たちには、仕事に必要なあらゆるスキルに加えて、職務とは直接関係のないさまざまな能力や性格が暗黙のうちに要求されているということだ。多くの組織が排他的な文化を持つなかで、その人たちが仕事をこなすためには、明示されない陰のスキルが必要になる。先駆者のスキルと呼んでもいい。

工学の世界で一般に要求されるスキルは、誰にも負けない技術力や創造性、チームワーク、コミュニケーション力といったものだろう。でも工学の世界に踏み込んでいく先駆者は、それらすべてに加えて、孤独に耐える力、他者からの攻撃や侮辱にも挫けない精神力、敵意に満ちた環境をうまく切り抜ける才覚を持っていなくてはならない。誰からも歓迎されない環境のなかで、それでもチームに貢献しなくてはならない。仕事のスキルと先駆者のスキルはときに対立することもある。研究にはチームワークが欠かせないが、先駆者にはたった1人でも生き延びる力が必要だ。そして日々暗黙の要求に応えつつ、そうした重圧とは無縁な人と同じだけの成果を挙げなくてはならない。

ジュナ・コプリー＝ウッズは機械工学の世界で生き残った。最近では2020年のNASA火星探査プログラムのために、火星ローバー用のカメラを設計した。部署で唯一の女性ということも多いなかで、なんとか生き延びてきた。それは彼女に言わせれば、社会規範に無頓着な「変わり者」だったおかげらしい。眉毛はボサボサでつながっていたし、服にも興味がなかった。見かねた同僚がおしゃれな服を持ってきて、これを着たらどうかと遠慮ぎみに促してくれたこともある。そんな空気を読まない性格のおかげで、敵対的な環境でもなんとかやっていけた。仕事で言われた性差別的な言葉を思いだして笑い話にすることもあるが、その話を聞かされたほうはショックを受けて、何が笑えるのかわからないと困惑するそうだ。でもそんな性格でなかったら、今まで仕事を続けられなかったはずだ、と彼女は言う。変わり者だったおかげで、先駆者の環境に耐えることができたのだ。ほかの女性は一人また一人と組織を去っていった。「本当に多くの人がやめていきました」[47]

同質性の高い組織の危険はここにもある。ただでさえ数の少ない人材を、さらに人為的に減らしてしまうのだ。あまり意識されない問題だが、その根は深い。そもそも組織や分野に入ってくる割合が少ないなかで、さらに通常のスキルに加えて暗黙のスキルまで必要となれば、それを満たす人材の数は必然的にひどく少なくなる。アファーマティブ・アクションへの不満として、マイノリティの合格者や採用者数を人為的に増やすのが良くないという意見も聞かれるが、同質性の高い組織こそがマジョリティに属する人の数を人為的に増やしているとも言えるだろう。マジョリティに求められるスキルのほうがずっと少ないのだから。

ＭＩＴの機械工学部がおこなったような組織改革の影響は、単に多様性の目盛りをひとつ上げるにとどまらない。ひとつの変化が次の変化を引き起こし、連鎖反応が始まるのだ。教授陣の構成が変わると、ロールモデルの数が増えて、より多くの女子学生が機械工学部にやってくる。すると先駆者としての負担がなくなり、アリスのような学生たちのハードルが下がる。こうした連鎖反応が見られるのはアファーマティブ・アクションだけではない。１９９４年に実施された低所得者層のための移住プログラム「Moving To Opportunity」（チャンスへの移住）は、過去から現在に連なる排除と差別の連鎖を食い止めるべく、裕福な地域と貧しい地域の分離をやわらげる試みだった。ヒスパニックや黒人を中心とする数百世帯がランダムに選ばれ、ボルチモアやロサンゼルスやシカゴのさびれた地域から、より裕福で栄えている地域に移り住むことができるバウチャーを受けとった。こうして移住した家庭の子どもたちは、大人になってからの所得が31％上昇した。大学進学率が高く、シングルペアレントになる率は低かった。貧困地域に住む率も低く抑えられた。トップダウン型の介入によって、持続的な変化が起こった一例だ。

インドの西ベンガル州の試みも、同様の結果につながった。村議会の議席の3分の1を女性に割り当てる法律がもたらしたのは、単に議席数の増加だけではなかった。任期が2周するころには、その法律の対象となっていない職についても、女性の数が2倍になった。女性がうまくリーダーシップをとる姿を何年も見るうちに、村の住民は誰に言われなくても、女性に重要な役目を任せたいと思うようになったのだ。２００９年に調査結果の論文が発表された頃には、この村の議員は約40％が女性になっていた。[48]

また女性リーダーを増やしたおかげで、西ベンガル州では政策の傾向も変わっていった。社会的アイデンティティが必ずしも特定の政治的立場や行動につながるわけではないが、西ベンガル州のクオータ制を調査した経済学者らによると、女性リーダーはたしかに以前とは異なる政治的決定を政治の場に持ち込んだようだ。具体的には道路の整備や、地域の医療センターの修繕、衛生関連の設備に多くの予算を割くようになった。飲料水や農業用の水の優先度も上がった。クオータ制がなかった時代にくらべて、住民の要望をよりよく反映する政治が実現されている。[49]

どんな分野であれ、そこに関わる人間の経験の幅が限られていれば、それだけアイデアの幅は狭くなる。機械工学も例外ではない。アシエグン・ヘンリーは多数派と異なる経験が工学への新たなアプローチを可能にしてくれたと語った。黒人という立場だからこそ、白人中心の学術界の伝統に縛られず、それまでのやり方に疑問を突きつけることができる。同僚たちはエレガントな解決法を好んだが、逆境に慣れている彼は、むしろ「力ずくで」問題を解決するほうが性に合っていた。それが功を奏して、彼は最近、固体中の熱の伝わり方について、広く受け入れられているモデルの普遍性を反証してみせた。[50]

歴史的に排除されてきた集団の人たちは、伝統的な学問の境界からも比較的自由でいられるようだ。まだデータが少ないため過度に一般化するわけにはいかないが、女性のほうが学際的な研究に従事する傾向が高く、より広い分野の知識を活用している可能性を示唆する調査結果がある。イギリスでおこなわれたある調査によると、女性研究者の21％が論文の出典で７種類以上の分野にまたがる文献を挙げていた。男性でそれだけの分野を参照している人は８％しかいなかった。[51] 現代の複雑な世界では、伝統的に決められてきた学問分野の境界を飛び越えることがこれまで以上に重要になっている。ＭＩ

Tの機械工学部で教えるリディア・ブルイバの研究分野は、機械工学と疫学、医学の交わる地点だ。具体的には病気が感染するしくみを力学的に研究している。彼女の学際的な研究は、たとえば新型コロナウイルス感染症の理解にも役立つ。世界保健機関（ＷＨＯ）の出しているコロナ対策のソーシャルディスタンス・ガイドラインは、流体に関するかなり古びた理解に基づいている、と彼女は指摘する。ウイルスを含んだ飛沫が、大きい飛沫と小さい飛沫の2種類に分けられるという前提で話をしているのだ。でも実際には、飛沫の大きさはジェンダーと同様、連続的なスペクトラムになっている。ブルイバはそうしたさまざまな大きさの飛沫が雲状になり、空気中を不規則に乱れ飛ぶ様子を示してみせた。このモデルによると、コロナウイルスを乗せたくしゃみは、およそ8メートルも先まで届く場合があるという[52]。

もちろん人材を多様化したからといって、バイアスが自然に消失するわけではないし、周囲の有害な態度が一変するわけでもない。最近のランダム化された実験によると、獣医学のように女性が充分に多い分野であっても、やはり女性に対しては給与が低く提示される。とくにジェンダーバイアスはすでに過去のものだと思っている人ほどそういう傾向が高かった[53]。また私が話を聞いたＭＩＴの学生たちは、女性教員に対する扱いにジェンダーバイアスを感じると教えてくれた。男子学生は女性の教員に対して攻撃的な態度で質問をするし、男性教員と同じ行動をしていても、女性教員だと「あの先生は厳しい」という評価になる。

機械工学部の学生の過半数が女性であるにもかかわらず、学生に対するジェンダーバイアスも依然として存在する。機械工学部に長く勤める男性教員によると、教室でおとなしい女子学生が意見を言ったとき、男子学生がすぐさま上から目線でケチをつける光景が未だに見られるそうだ。実際のところは、その女子学生のほうが優秀なことも少なくない。そういうことがあるので、この男性教員は学期の始まりに学生たちにバイアスの存在を説明し、見下すような行動を慎むよう呼びかけている。[54]

教員によるバイアスも残っている。ある年、学部生の成績上位者10人のうち7人が女子学生だった。この結果を見て、どうせ簡単な授業を取ったんだろう、という声が教員たちから漏れ聞こえた。男性教員はそれを聞いて、本当かどうかを調査してみた。すると、女子学生たちは学部のなかでも最難関の授業でトップの成績をとっていることがわかった。[55] それでも教員の偏見は消えたわけではない。

ペコ・ホソイと同時期にMITにやってきてベーター・ガラントを教育したヤン・シャオ゠ホーンによると、学部生の統計データはすばらしいが、その先に進もうとすると女性は多くの壁に突き当たるのだという。シャオ゠ホーンは、今の機械工学部があるのはメアリー・ボイスのおかげだと語った。ただ残念ながらボイスはもうMITにいない。今はコロンビア大学で工学部長をしていて、私が何度かコメントを依頼しても返信はなかった。MIT初の女性学長だったスーザン・ホックフィールドは在任中にシャオ゠ホーンを重要な委員に任命してくれたが、ホックフィールドもすでにMITを去っている。

いまやシャオ゠ホーンの研究者としての実力を疑う者はいない。それでも意思決定やリーダーシップについては男性ほど信用してもらえない、と彼女は言う。大学のなかで影響力のあるポジションにつくためには、そういった面での評価が不可欠だ。今よりさらに上のレベルでの変化をシャオ゠ホーンは望んでいる。より多くの女性のディーンや、新たな女性学長が必要だ。若い女性科学者が取り上げられて話題になるのはいいけれど、そういったイベントを仕切っているのは未だに男性ばかりだと彼女は指摘する。もっと女性が意思決定に関わらなくてはいけない。「若い女性をステージに立たせるのは、解決策ではありません。それも男性による力の誇示なのです[56]」

人材の多様化は、バイアスのかかった環境を修正するための第一歩にすぎない。公正さや長期的な成功を保証するものではない。多様な人がのびのびと活躍し、その分野に長く留まるためには――そして実力に見合うだけの立場へ上っていくためには――ただトップダウンの組織改革をおこなって終わりというわけにはいかない。

必要なのは、私たちをとりまく文化を変えることだ。

第9章　The Architecture of Inclusion　インクルーシブな環境をつくる

ニューヨーク市ブルックリンのクラウンハイツ〔黒人の多い地域として知られる〕で生まれ育ったウチエ・ブラックストックにとって、医師といえばたいてい黒人だった。まず母親が、キングス・カウンティ総合病院で腎臓専門医をしていた。かかっていた小児科医も黒人だった。母親が所属している黒人医師会や黒人女性医師会のメンバーも、みんな黒人だった。双子の姉妹そろって、よく会合についていったから知っている。小学生の頃は、母親が話すのをじっと見ていた。高校生になると、話の内容をノートに記録した。医学の道に進むのは可能というか、むしろ自然なことに思えた。大学生になる頃には、自分も医師になろうと確信していた。

ブラックストックは母親の出身校であるハーバード大学医学部に入学した。過去の功績者たちの肖像画に見下ろされながら、講堂で授業を受けた。立派な油彩画に描かれた人物たちの人種と性別は、医学部の歴史がいかに排他的であったかを如実に物語っていた。昔だったら、彼女は入学を禁止されていたはずだ。

救急科のレジデントをしていたときには、看護師と良い関係を築こうと頑張った。ただ看護師たちは、男性のレジデントには丁寧で友好的なのに、彼女には無愛想なこともあった。やがて指導医になり、大学で教える立場になってからも、担当の患者からはシーツを替えにきた人か、検査室までベッドを押していく人だろうと勘違いされた。ベッドの横に座り治療について詳細な説明をしたあとで、患者さんが「早く医師と話がしたい」と不満を言うのを耳にしたこともある。医師仲間も例外ではなく、電話で患者の治療について話していたときに、相手の男性医師から横柄に指示されることもあった。あれとあれをベッドサイドに用意しておいて、と、まるで雑用係に言うみたいに。後になって、ブラックストックが医師だとわかると、相手はあわてて謝ってきた。

それでも彼女は、救急医療が好きだった。医療のなかの医療という感じがした。スピードも変化も気に入っていた。子どもの耳の感染症を診ていたかと思えば、次の瞬間には肺がつぶれた成人男性を診ていたりする。大学では超音波診療を教えるカリキュラムを立ち上げて――「超音波は次世代の聴診器になる」と彼女は考えている――出生前検査だけでなく、腹腔内の出血や心臓のまわりに溜まった体液を見るためにエコーを活用する方法を医学生に教えた。ブラックストックは救急科のスターになった。指導した学生たちからはこんな手紙をもらった。「先生に出会えたのは、この学校に入って何より良かったことのひとつです」。そう言って巣立っていった学生たちも、今では立派な医師として活躍している。

そんな充実した日々のなかで、語らずにきたこともあった。たとえば彼女が指導していた白人男性たちが、ちょっと奇妙な速度で昇進していったこと。研修を終えたばかりなのに、医療アソシエイト・ディレクターといった権限の大きなポジションについている。組織としての治療の取り組み方針を決定するような仕事を、そんな新人に任せていいのだろうか。昇進のしくみは不透明で、人事権を握る人の裁量で決まるようだった。不審に思っていたのはブラックストックひとりではない。ほかの白人でない医師や学生も、昇進の公平性に疑問を抱いていた。学生の成績も教員の主観に左右され、非白人の学生が損をしていた。でも声を上げれば厄介者だと思われてやりづらくなるので、誰も表立っては言わなかった。ブラックストックも口を閉ざしていた。面倒ごとは避けて、自分の仕事をしなさい。それが両親の教えだった。「長いあいだ、何も言わずにこらえていました」と彼女は言う。

そんな彼女に、声を上げるチャンスがやってきた。勤めていた医大で、女性および非白人の人事を率いるポジションに誘われたのだ。ブラックストックはその話に飛びついた。「自分にぴったりだ」と確信していた。ところが物事は、思ったようには進まなかった。ほかのスタッフと協力してマイクロアグレッション（日々の小さな、しかし有害な差別的言動）についての研修を企画すると、その用語はきつすぎると言われる。白人男性ばかりの肖像画を撤去するというハーバード大学医学部の決定を擁護すると、上層部からそういう言動は慎んでほしいと文句が飛んでくる。周縁化された人たちへのメンターやロールモデルの重要性は実証されているのに、メンターのプログラムを作ろうとしたり女性の貢献を取り上げたニュースレターを発行しようとすると、それは男性を排除しすぎだとして却下される。

そこは異論も認められなければ、オープンな議論もできない場所だった。大学側は表向きは多様な視点を求めていると言いながら、実際には声を上げることも、行動することも、まともな意思決定に関わることも許さなかった。誰もブラックストックの意見など求めてはいなかった。アイデアを出せば、すぐにつぶされた。彼女の役割は結局のところ、多様性の象徴としておとなしく座っていることだった。それに気づいたとき、腹の底から怒りが湧いてきた。

まったく皮肉なものだ。ブラックストックの部署は多様性推進部という名前で、自分のような非白人の人材を獲得し、定着と昇進を促すのが職務のはずだった。しかしその部署では5年間のうちに、黒人女性が3人と、ラテン系の男性が1人辞めていった。そしてもうひとり、減るときがやってきた。

10年近く奮闘したあと、ブラックストックは辞職を決意した。大学の上司から会って話そうと言われたので、彼女は問題を率直に語った。職場の雰囲気について、報復の不安がはびこっていることについて、検閲されていると感じることについて。「そうは言っても、うちはそういうやり方だからねぇ」と言われた。「うまく順応していただかないと」

彼女は仕事を辞めて、そのまま医学研究の世界を去った。[1]

ブラックストックの経験した歯がゆさや疎外感は、残念ながらめずらしいものではない。アメリカ各地の医学部５校を対象にした調査によると、少数派のバックグラウンドを持つ教員は孤立や不可視化、差別、ステレオタイプ脅威、学問的関心に対する見下し、それに自分がいつも不公正を指摘しなければならないストレスに悩まされていた。* 人種的マイノリティの医師では多いときで44%、そして女性医師では47%が医学研究から身を退いているが、白人および男性医師でその職を離れる人は30%台で推移している。こうしたパターンが見られるのは医学界だけではない。２０２０年にアメリカ法曹協会がおこなった調査によると、法律の仕事を辞めようと思ったことがある、あるいは実際に辞めた人の割合は、非白人の女性では70%にのぼった。なかでも自分が正当に評価してもらえないと感じる人がかなり多かった。２０１７年には大手新聞社ヒューストン・クロニクルに勤務していた非白人のジャーナリスト７人が辞職し、経営陣に対して社内の慣行をあらためるよう要求する請願書を同僚たちに託した。同じ時期にミネソタ州の公共ラジオ放送局を去った10人のうち、７人が非白人だった。女性技術者の４割が業界から去っているという推計もある。さまざまな人口層のうち、もっとも職場で包摂されていないと感じているのは非白人の女性だった。[2]

「日々そういう経験をしています。本当に、毎日です」と中堅技術者のアジリ・ハーディは言う。ハーディは黒人女性で、ＭＩＴで機械工学のＰｈＤを獲得したあと、エネルギー業界や航空業界など「大規模で動きの遅い業界」で働いてきた。問題は多層的に重なっている、と彼女は指摘する。無意識の、またはあからさまな日々のバイアス。それへの対応を怠る組織と、不公正な扱いを見ても知らん顔の同僚。そんな環境で業績をアピールするのも、実に消耗するタスクだ。現場によっては、「なんとかやっていける」だけの同僚に恵まれることもある。「つまり、ぎりぎり1日を乗り切れるという意味ですが」と彼女は補足する。別の現場では、味方が誰ひとりいないこともある。そんなときは苦渋の選択を迫られる。たとえ仕事内容が大好きでも、社風のせいで会社を去らなければならないのだ。ただ仕事をしたいだけなのに、バイアスのせいでそれが困難になる。[3]

私がインタビューしたなかでも、何十人という周縁化されたバックグラウンドを持つ人たちが同様の体験を語ってくれた。才能とやる気とアイデアにあふれ、意気揚々と新たな職場にやってきたのに、力を発揮させてもらえず、消耗しきって、やがては職場を去るしかなくなってしまう。そのなかには自分だけ昇進から外される、会議で意見を無視される、貢献しても認めてもらえない、専門性や判断力を信用してもらえない、といった日々のバイアスもあれば、プロジェクトに入れてもらえなかったり社交の場面に招かれないといった社会的孤立の問題もある。そうした体験は密に絡みあい、強力な網となって人を排除する。とくに組織が多様性尊重の建前を掲げている場合、落胆はいっそう大きい。組織の本音が漏れるのは、たとえば悪質なバイアスやハラスメントに何の対応もしないときだ。あるいはブラックストックが経験したように、いざ現実的な変化を起こそうとした瞬間、立派な建前が一

＊　また裕福な出身でない人たちは医学部の学費で過大な学生ローンを背負っており、大学病院の給与の低い仕事は金銭的犠牲が大きいという指摘もあった。

気に崩れ去ることもある。
　バイアスの少ない環境を作るためには、ただ集団の多様性を高めるだけでは足りない。女性など数が足りない人を何人か取り入れて、あとは結果を待つというだけではだめなのだ。その人たちが評価されない、歓迎されないと感じているなら、多様性は半分しか達成されていない。「あなたには価値がない」と陰に陽に伝えつづけていたら、みんな雇うそばから去っていくにきまっている。
　インクルージョン（包摂）という言葉は最近よく耳にするようになったけれど、その言葉が実際に何を意味するのかはますます不明瞭になるばかりだ。明確な定義がないままに、周囲の人とのつながりだったり、意思決定への参加、あるいは内部情報へのアクセスまで、さまざまな文脈で使われている。人材マネジメントの専門家であるリサ・ニシイ教授は、過去20年間の研究をもとに、インクルージョンには3つの側面があると説明する。公正でバイアスのかかっていない行動、相手をありのままに尊重して歓迎する態度、そしてさまざまに異なる視点を求める姿勢だ。多くの研究で、インクルージョンの程度は次のような質問によって測定されている。あなたは歓迎されていると感じますか？あなたのアイデアは重要ですか？　あなたはそこに属していますか？[4]
　企業のインクルージョン評価も、主観的な報告にもとづいていることが多い。従業員が歓迎されているか、評価されているか、意見を聞かれていると感じるか。ただし経営学者ロビン・イーリーによると、主観的に包摂されていると感じるからといって、実際にその人が包摂されているとはかぎらない。[5]たとえばブラックストックは責任ある立場に就くまで、とくに排除されているとは感じていなかった。医師としても教員としても、敬意を払われていると感じていた。同僚も上長も友好的に接してくれた。でもそれは、彼女が独自の視点を持ち込んで、組織の運営に口を出そうとするまでの話だ。声を上げて変化を起こそうとしたとき――ただそこにいるだけでなく、現実的な影響力を行使しようとしたとき――インクルージョンの限界が目の前に立ちはだかった。

非白人の女性はとりわけそういう壁にぶつかりやすい。MITのヤン・シャオ＝ホーンも、研究能力こそ認められたものの、運営や人事にかかわる戦略的な側面については意見を聞いてもらえなかった。モン〔東南アジアの少数民族〕系のジャーナリストであるデュアリ・サイカオタオは、若きレポーターとして期待されていると感じる時期もあった。しかしより大きな発言力を持とうとすると、うまくいかなかった。上司が彼女に求めていたのは、ただおとなしく決められた役割をこなすことだった。「手のひらの上で踊らされていたんです」と彼女は言う。「そんな働き方したくないですよね。どんな仕事であれ、本気で何かに打ち込んでいたら、そんなの納得できません」[6]

「インクルージョンはふわふわした雰囲気だけのものになってきています」とロビン・イーリーは言う。職場で誕生日を祝ったり、みんなで輪になって考えをシェアするのが世の中ではインクルージョンであるかのように言われる。「でも決定権を持っているのは誰でしょうか？　誰かの見方がそれまでの慣行と異なっていたら、そのとき何が起こるでしょうか」。歓迎されている、居場所があると感じるのは重要だ。考えをシェアするのも大事だろう。でもそれで満足してはいけない、とイーリーは指摘する。「たとえみんなの声を聞いたとしても、やり方が変わらなければ意味がありません」

「誕生日のカードなど要りません」とサイカオタオも言う。「それよりも、物事を動かす力がほしいです」[7]

問うべきは、歓迎されているかどうかよりも、力を与えられているかどうかだ。そしてこれは主観ではなく、実際の意思決定のしくみで判断される。企業なら組織図を見てみればいい。権力の分布の仕方に、誰を本当に尊重しているかがはっきりと表れてくる。

したがって取り組むべき課題は、いかにして深く、構造的なインクルージョンを実現するかということになる。どうすれば、権力構造の最上部にまで、多様な視点を組み込むことができるだろうか？

その答えを探るために、フランスの傾きかけた法律事務所で働いていたイタリア人弁護士の奮闘を見てみよう。

＊　＊　＊

2004年、ジャンマルコ・モンセラートはフランスの法律事務所タージで、優秀なパートナー〔共同経営者〕弁護士として活躍していた。事務所は複雑な税法を強みにしており、そこそこ大手ではあったが業績は先細りだった。その年、CEOにならないかとモンセラートに声がかかった。彼は引き受けた。言うなれば負け続きのサッカーチームのトップ選手が、監督に就任したわけだ。そしてすぐにモンセラートは悟った。もっといいチームが必要だ。

ただし、ことはそう簡単ではなかった。リソースはかなり限られていて、報酬を引き上げるのも難しいし、優秀な新人をどんどん採用するわけにもいかない。とにかく今あるものでなんとかするしかない。これが君のチームだ、さあ勝たせてみろ、というわけだ。

どうしようかと選択肢を検討していたとき、何年か前に見かけた光景をふと思いだした。社内の女性弁護士が、昇進とボーナスの査定を受けていた。その人は育児休暇を半年間とって、残りの半年はフルタイムで働いていた。人事評価の担当者たちは育児休暇の期間を考慮せず、1年間フルに働いた前提で業績を評価した。そして目標達成度は50％と判断した。別の男性弁護士は1年間フルタイムで働き、目標達成度75％だった。そして男性弁護士のほうが目標達成度が高いと評価された。モンセラートの目には、女性のほうがどう考えても優秀に見えた。半年で1年分の目標の半分を達成したのだから、実質的な目標達成度は100%ではないか。でも結局、75%達成した男性弁護士が昇進とボーナスを手に入れた。100%達成した女性は、何も受けとれなかった。

会社側が初歩的な算数もできないせいで、優秀な弁護士が不当に悪い扱いを受けている。高い能力を持つ人たちが、チャンスを奪われている。とりわけバイアスの被害を受けているのが、子どものいる女性だ。「我々は女性に対して、子どもさえいなければ成功できるよ、というメッセージを伝えていたんです」とモンセラートは言う。「父親にはそんなことを言いませんよね。男性が家庭を持つのは何ら問題ないわけです」

そうしたやり方は多くの問題をはらんでいる。優秀な人材を失ってしまうのはもちろんだが、公正な評価がなされない環境では、社員が全力で仕事に取り組まなくなることも研究でわかっている。どうせ不公平なのだから、仕事にコミットする気もなくなるわけだ。[8] 弁護士の仕事はとくに高いコミットメントが必要とされる分野で、つねに自分を向上させるべく努力しつづけなくてはならない。だから不公正な環境は当然、やる気のある人材を遠ざける。正当に評価されない組織では、努力しても何の得にもならないからだ。

モンセラートは実感した。公正さは、経営戦略である。

CEOになって最初に取り組んだのは、社内の不公平な慣習を撲滅することだった。昇進プロセスを一新し、実際に働いた時間を考慮して業績を評価することにした。育休で半年休んだとしたら、半年で出すべき成果を目標値とする。それだけで、すぐに劇的な変化が起こった。数え方を公平にしたとたんに、女性の昇進が増えはじめたのだ。

モンセラートはまた、客観的で数値化可能な評価基準を用いるよう求めた。それまでは主観的な印象で評価を決めるマネジャーもいた。評価委員会に対して、「あまりやる気が感じられません」とか

「どうも仕事ができないんですよね」などと意見を述べていた。しかし今後は、客観的な評価でなければ基本的に認められないことになった。女性と男性で昇進率に偏りがある場合は、マネジャーが理由を説明しなければならない。その説明にモンセラートが納得できなければ、昇進の決定はいったん取り消され、評価プロセスを一からやり直す。給与についても同様に見直した。同じ業務をこなして報酬が異なる場合、マネジャーはその理由を明確にするか、報酬を同じ金額に訂正しなければならない。そういうケースは「例外なく報酬アップにつながりました」とモンセラートは言う。「理由などなかったからです。せいぜいただの屁理屈でした」

こうした構造面の改革に加えて、職場の文化を形づくる日々のコミュニケーションも変えていった。男性が性差別的な発言をしていたら、モンセラートが個別に呼びだして話をする。「学生時代はそんな冗談も許されたかもしれないが、ここは学校じゃない。今後は慎んでください」。特別な任務につくチャンスも、一握りのグループだけでなく、全員に行きわたるようにした。重要な決定をするときは、かならず女性に出席してもらった。子どものいる女性が実質的に出世コースから外れることのないように、誰でも必要に応じてパートタイムで働けるようにし、パートタイムでも関係なくパートナーになれるようにした。評価基準を客観的にしたので、残業ばかりして頑張っている感を出す人が有利になることはなくなった。子どもの送り迎えのために早く帰ったり、遅めに出社したり、在宅で仕事をしても何の問題もない。

もうひとつ、女性リーダーを増やすために、積極的に女性を登用するだけでなく昇進のリスクを最小限に抑える策も講じた。責任あるポジションになって日々の実務を離れると、それまでの実務のスキルが下がるおそれがある。もしもリーダー職で失敗した場合、元の職務にも戻れずに仕事を失いかねない、という心配の声が女性たちから上がっていた。たしかにそのとおりだった。昇進にはリスクがある。現在のポジションを手に入れるために通常より苦労してきた人たちなら、それを手放して未知の領域に入っていくのはいっそうリスクが大きいだろう。

そこでモンセラートは、リーダー職が合わなかった場合は元のポジションへの復帰を保証する方針を打ちだした。女性弁護士に自分のクライアントを引き継がせて、半年経ってもうまくいかない場合はモンセラートがまた担当に戻ることを約束する。しかしモンセラートのもとにクライアントが戻ってくることは一度もなかった。半年経ったクライアントはみな満足そうに、「新しい人のほうがいいですよ」と言うのだった。

こうした改革のなかで、ひとつおこなわなかったことがある。それは女性社員の行動を変えさせることだ。交渉スキルや人脈作りを教えたり、服装や動作や自己主張の研修を実施したりはしなかった。「女性社員に改善すべき点などありません」とモンセラートは言う。「問題は環境のほうですから」[9]

モンセラートが改革に着手してから1年後、タージ社では女性のエクイティ・パートナー（出資をしているパートナー弁護士）が大きく増えていた。アメリカの法律事務所の場合、パートナーの女性比率は一般に20％ほどにすぎない。一方タージでは、女性比率が50％まで増加していた。パートナーのなかには子育て中の女性もいた。幹部レベルでも半数が女性だった。稼ぎの面でも、上位10人のうち半数が女性になっていた。タージはフランスの法律事務所のなかでもトップランクに躍り出た。モンセラートがＣＥＯを務めた12年間で、同社の収益は70％増加した。[10]

クライアントが増えた理由のひとつは、従業員が楽しく働いていることだとモンセラートは言う。人は幸せそうな人と仕事をするのが好きなのだ。社内の信頼感が高まったおかげで、よりオープンな会話ができるようになった。たとえば女性弁護士が上司のところへやってきて、こんな会話が始まる。

「もうひとり子どもを作りたいんです。半年以内には妊娠する予定なので、来年のうちに産休に入ります。仕事の計画について相談させてもらえますか?」妊娠を引け目に感じることなく、率直に伝えて準備できるようになったのだ。

変化の恩恵を受けたのは女性だけではない。ある男性は、家で面倒な問題が起こっていることを上司に相談した。女性上司は彼に、事態が落ちつくまで休みをとればいいと言った。そのあいだの仕事はチームのみんなでカバーするから問題ない。その男性は半年間の休みをとり、そのあと円滑に仕事復帰した。

公平で包摂的な社内文化は、ジェンダー以外の面にも及んだ。ムスリムへの偏見が根強いフランスにあって、タージはムスリムの弁護士をエクイティ・パートナーに昇進させた最初の大手法律事務所となった。マリク・ドゥアウィはフランス生まれで、両親はアルジェリアのカビリア地方出身の民族的マイノリティに属するムスリムだ。パリ郊外で暮らしていたが、子どもの頃はベルベル系の言語であるカビル語を日常的に使っていた。父親は工場労働者だった。母親は読み書きを知らなかった。「自分の名前がヴァンサンではなくマリクでも、この会社では誰も気にしません」と彼は言う。「仕事さえできれば、それで評価してもらえます」[11]

なぜ、モンセラートの改革はうまくいったのだろう?

ひとつの理由は、彼が正しい戦略を使ったからだ。社会学者のフランク・ドビンとアレクサンドラ・カレフは、権力の分布を変化させて異なる人種やジェンダーのリーダーを増やすために、実際どんなアプローチが有効なのかを調査した。そのために米国の企業800社以上から集めた30年間にわたる雇用データを分析し、何百人もの従業員にインタビューをおこなった。

よくある職場の制度のなかには、女性やマイノリティがマネジメント職に就くことをむしろ妨げるものもあった。成績評価の点数をつける制度はたいてい失敗だった。おそらく主観が入りやすく、上司のバイアスを反映してしまうからだろう。求職者のスキルを測るための実務試験も、やはりうまくいかなかった。マネジャーの裁量で採点が決まりやすく、気に入った候補者に甘くなるようだ。また社員の不満を登録できるようにする制度も逆効果になりやすく、マネジメント層の女性やマイノリティは減る結果になった。

一方、効果を挙げている施策もあった。リーダー層の多様性を増やすうえでとりわけ効果的なのは、メンター制度だった。ドビンとカレフによると、上司が部下のメンターになって助言をする制度を取り入れた場合、リーダー層に占める非白人の女性、およびラテン系とアジア系の男性の割合が9～24%増加した。エレクトロニクスなど一部の業界では、メンター制度の導入によって、マネジメント層の黒人男性および白人女性も10%以上増加した。

ほかに効果が高かったのは、情報の透明性を高めることだ。空きのあるポジションと、そのために求められる基準を（一部の人が裏で決めるのではなく）すべての人に公開した場合、白人とラテン系の女性がマネジメント層に占める割合は5～7%増加した。また昇進のための道筋が明確に示されている場合、暗黙で恣意的な場合とくらべて、黒人とアジア系の男性および女性がマネジメント層に占める割合は7～10%増加した。もうひとつ大事なのが、説明責任だ。多様性を監視する責任者や委員会を設置し、必要に応じてマネジャーに判断の根拠を説明することを義務づけた場合、多様性の伸びはいっそう顕著になった。「多様性推進委員会」を導入してから5年後、マネジメント層に占める非白人女性および白人女性の割合は12～30%も増加していた。[12]

モンセラートはタージ社CEOに就任したあと、それらすべてを実行に移した。メンター以上に相談に乗り、とくに女性の昇進については障害がなくなるよう自らが盾になって、不安やリスクを解消した。評価基準の明確化もおこなった。そしてマネジャーたちの行動が公正かどうかをチェックして説明責任を負わせ、差別的な行動には相応の措置をとった。

モンセラートの成功要因は正しい戦略のほかにもある。企業の多様性の議論では往々にして見逃されがちな点だ。それは多様性の戦略を実行するにあたって、どこまでも明確な姿勢と、明確なモチベーションを持っていたことだった。

ハーバード・ビジネス・スクールの経営学者ロビン・イーリーとデイビッド・トーマス（現在はモアハウス大学の学長）は有名な研究のなかで、なぜ多様性への取り組みが成功する例と失敗する例があるのかを分析している。トーマスはコンサルティング会社から苦しい状況を解決してほしいと依頼を受け、力を貸す見返りに研究に参加してもらう約束を取りつけた。イーリーのほうはある法律事務所を研究対象にしていた。また共同で、ある大手の銀行についても調査をおこなった。それらの企業を調べるうちに、意外なことがわかってきた。どの企業も人種的多様性は同じレベルで、非白人の人たちが権力のある立場に就いていたが、そこで働く人の実体験は大きく異なっていたのだ。さまざまな人種の人が尊重され、評価されていると感じている組織やチームもあれば、人種的マイノリティが軽視され、信用されていないと感じている組織やチームもあった。その違いは、どうやら多様性に対する考え方や姿勢に起因するようだった。そもそも何のために多様性を推進するのか、そこにどんな価値を見ているのか、そして多様性にどんな結果を期待するのか、ということだ。

一部の組織は、多様性の倫理的側面を重視していた。多様性を推進する目的は、差別を減らし、歴史的な不公正を正すためだった。たとえばコンサルティング会社の白人マネジャーはイーリーらの質問に答えて、非白人の従業員が「正義と平等という理念の実現を助けてくれる」と語った。そこでは多様性は、ビジネスに影響する要素とは捉えられていない。

他方では、多様性を顧客開拓や市場拡大に役立つツールとして捉えている組織もあった。たとえば調査対象になった銀行の一部の支店では、黒人の多い地域の顧客ニーズに対応するために黒人従業員の力が必要だと考えていた。黒人の顧客は自分たちを深く理解できる従業員を求めているのだ、とある黒人マネジャーは説明した。もしも銀行の従業員が白人ばかりだったら、「地域住民との関係性はぎくしゃくするでしょう」とある白人マネジャーは語った。ここでは多様性は、顧客へのアクセスと評判を確保するための手段となっている。

いずれの立場も、職場の文化としてはうまく実を結んでいなかった。理念を重視するコンサルティング会社では、肌の色など関係ないというカラーブラインドの態度によって、人種的な違いが軽視されていた。それは要するに、全員が「白人の文化的水準」に取り込まれることを意味していた。人種が話題にのぼるのは、誰かが差別的かどうかを判定するときだけだ。ある人はインタビューに応えて、白人従業員が「レイシストだと言われないかびくびくしていた」と語った。「この会社では、人員削減の次に怖いのがレイシストだと責められることなんです」。そしてマイノリティの人たちのほうも、腫れ物に触るような扱いにうんざりしていた。差別的だと言われるのを恐れて、率直なフィードバックさえ与えてもらえない。こうしたチームでは、人種的アイデンティティが「白人にとっては不安の種となり、非白人には無力感をもたらす」とイーリーとトーマスは述べている。皮肉なことに、この会社は公平であろうとするあまり、従業員同士の違いを認められなくなっていた。異なる意見を言えば、道徳的に責められる恐れがある。だから表立って意見が戦わされることはなかった。そして不信と不満が溜まっていった。

多様性を狭い意味でのビジネス目的で推進した銀行でも、黒人従業員の反応はまちまちだった。評価され認められていると感じる人もいれば、矮小化《わいしょう》され抑え込まれていると感じる人もいた。キャリアのために自分の一部を隠して生きているような感覚だ。ある黒人スタッフは、自分がプロの銀行員と見られているのか、それとも「書類がそろっていてファイルが順番に並んでいることを確認する人」なのかわからない、と漏らした。実際この銀行では、従業員が二層に分割されていた。裕福な顧客を取り扱う重要な部署はほとんどが白人で占められ、黒人は地元の支店で二流の待遇を受けていた。

しかしそのどちらとも違う、もうひとつのアプローチが存在した。多様な能力や異なる視点を、単に理念のためでもなければ特定の顧客獲得の手段でもなく、組織の成長に不可欠な要素として捉える見方だ。イーリーが研究していた法律事務所の主要部署では、異なる経験やバックグラウンドを持つ人たちが、戦略から運営にいたるまで企業のあらゆる面に洞察を与えてくれるという考え方で多様性を進めていた。意見の衝突が起こったら、正面から取り組んで解決を図った。それは組織の未来を左右する重要な問題だからだ。

違いこそが重要なリソースであるという見方にもとづき、同社では誰もが組織の一員として発言力を持てるようにした。おたがいの経験から学ぶことに価値が置かれ、新たな視点に好奇心を持つことや、意見や行動を柔軟に変えることが奨励された。企業の側も、過去のやり方にとらわれず、積極的に変化を受け入れていった。その結果、誰も存在を消されることなく、誰もが声を聞かれていると感じられるようになった。マイノリティの人たちの視点は、組織の運営に確実な変化をもたらした。違いを回避したり無視したりするのは、新たな情報や洞察の機会をみすみす無駄にする行為だ。だから多様な従業員のユニークな貢献が尊重され、高く評価された。[13]

経営学者のマーティン・デヴィッドソンは多様性の試みに失敗した企業からの相談をよく受けてい

るが、長期的に包摂が成功するかどうかの鍵は、「学習と成長」の姿勢にあると言う。違いを財産と捉え、異なる人たちから学ぼうという姿勢を持つとき、意見の対立は避けるべき地雷ではなく、成長のチャンスとなる。

「まず前提として『何が起こっているのか自分にはわからない』という仮説から出発することです」とデヴィッドソンは言う。30年間多くの企業を見てきた経験から言って、違いをうまく扱える人は、つねに他者についての知識をアップデートしようとしている人だ。[14] 多様性のあるところには、かならず対立や混乱の可能性がある。他者から学ぼうとする姿勢は、その軋轢《あつれき》を和らげて、有益な素材へと変容させてくれる。

周縁化された側の人たちも、そうしたアプローチを活用できるとデヴィッドソンは言う。「自分が黒人として、非常に解放的だと感じたやり方は、自分の出会う白人ひとりひとりを、けっして同じような人だとみなさないことです」。どの人からも何かを学べるという気づきは、彼の精神を自由にしてくれた。ただし、社会心理学者のエヴリン・カーターが指摘するように、そこには重要な留意点もある。安全な環境でしかうまくいかないということだ。社会的に不利な立場の人がガードを下げようとするなら、周囲の人は彼らに危害が及ばない環境を全力で作らなければならない。[15]

おたがいの違いから学ぶ姿勢がなくても、共に仕事をすることは不可能ではない。タスクをこなすだけなら問題ないかもしれない。しかしそういう状況は、つねに脆弱さをはらんでいる、とデヴィッドソンは指摘する。長期的にはうまくいかないのだ。違いに目をつぶっていると、多様性の豊かな洞察を活かすことができない。そしてひとたび対立が起これば、すぐに崩れ落ちてしまう。研究者サラ・アーメッドの言葉を借りるなら、そういう組織は多様性の「イメージ・マネジメント」に甘んじているのだ。見た目はインクルーシブな雰囲気だが、実際はほとんど誰も包摂されていない。[16]

ウチェ・ブラックストックが大学で働く医師として経験したのも、まさにそういうことだった。価値観の対立が起こるまでは、組織のなかで順調に仕事ができた。波風を立てないでいれば普通に受け入れてもらえた。しかし新たな、変革につながるようなアイデアを出したとたん、脆弱な状況はぼろぼろと崩れた。上司は彼女の視点を、豊かな情報の鉱脈であるとは見なさなかった。彼女から何かを学ぼうという姿勢はなかった。組織が求めていたのは多様な顔であって、多様な考え方ではなかったのだ。

タージ社でモンセラートが起こした変革は、多様な考え方を最大限に活かすための取り組みだった。イーリーとトーマスが調査したいくつかの組織と同様、モンセラートも多様性をビジネスに必須のものであると考えた。会社が傾きかけているのは、きっとチームが社会を反映していないせいだ。それまでのタージ社は「19世紀の男性限定の社交クラブみたいな組織だった」とモンセラートは言う。白人男性ばかりが幅を利かせる昔ながらの組織は、複雑に絡みあい変化していく世界から取り残されようとしていた。

タージ社の成功を耳にした他社の経営者が、「多様性などなくてもうちはうまくやっている」とわざわざモンセラートに言ってくることもあった。そんなときは「それは絶滅する前の恐竜の言い分ですね」と返した。組織のリーダーは多くの場合、面倒を減らしたいので、自分とよく似たクローンをまわりに集めようとする（第7章で述べたホモフィリーもそこには関わっている）。だがモンセラートの考えでは、自分と似ていない人を雇うほうがずっと大事だ。似ていない人は、自分の意見に異議を唱えてくれる。そしてアイデアは批判的に検討されたほうが、よりよい意思決定につながる。「相手のほうが正しいこともあれば、やはり自分が正しいという結果になることもあります」と彼は言う。「いずれにせよ、内部でしっかり論争しておいたほうが、外に出してからの困難が減ります」

多様性を推進したのはけっして優しさからではない、とモンセラートは強調する。「私は男性ですが、『ジェンダー・ダイバーシティは我々の成功を左右する鍵だ』と言っています。世間の流行や評判を気にしてではありません。あくまでもビジネスの問題です」[17]

もちろん組織のヒエラルキーの中にあって、権力や意思決定権を完全に平等にすることはできない。それでも公正な環境を作り、それぞれの違いに価値を置き、影響力あるポジションが多数派の人に占有されないようにすれば、かなりの程度までインクルージョンを実現できる。モンセラートがCEOの座を退いたあと、経営を引き継いだのはパートナーを務めていたソフィー・ブレジャン・デラピーユという女性だった。会社の雰囲気について尋ねると、働きやすくなったことを日々感じていると語った。女性だけでなく、職場の誰もが生き生きしている。公正な環境は、みんなが快適に働ける環境なのだ。「私の考えでは、それがモンセラートの功績の8割を占めていると思います」と彼女は言う。[18]

「ビジネスにメリットがある」という理由で多様性が語られることも増えてきたが、多様性はそこらじゅうに振りまいておけば効果が表れる魔法の粉ではない。メンバー構成を多様にしても、それだけで会社が良くなる証拠はどこにもない。多様性のある集団のほうが判断が的確で、より複雑な思考ができるという研究結果もあるが（たとえば被引用回数の多い重要な特許は男女混合のチームから出されることが多い）、逆に多様性のある集団ではパフォーマンスが落ちるという研究結果もある。組織の多様性に関する40年分の研究をレビューした報告によると、多様性のある集団では同質的な集団よりも創造性が高くなるが、一方で意見の衝突や意思疎通の困難さといった問題を抱えやすいこともわかった。[19]

多様性が吉と出るか凶と出るかは、でたらめに決まるわけではない。経営学者のマーサ・マズネフスキーは多様性に関する数十年分の研究を分析し、多様性のある集団はたしかに同質的な集団よりもすぐれた成果を出せるが、それは特定の条件下に限った話であると指摘した。その条件とは、集団のメンバー同士が理解し合い、相手の考えを建設的に尊重できることだ。それはつまり、おたがいに相手から学ぶ姿勢があることを意味する。イーリーとトーマスも銀行の支店およそ500店舗を分析して、同様の結論に達している。人員の多様性だけでは成果は出ないが、すべての従業員が自由に意見を言えて、相手に好奇心を持てるような心理的安全性が確保されている場合、多様性は実際に業績の向上につながっていた。心理的に安全だと感じられる環境にあるとき、人はリスクをとり、新たな知識を吸収し、成長することができる。そうしてメンバーひとりひとりを活かしている支店の成果は圧倒的だった。白人と非白人の両方の従業員から「安心できる環境」と評価された支店のうち、とりわけ業績がいいのは従業員の多様性が高い支店だった。多様性とビジネスの成果をつなげる鍵は、心を開いて学べる環境にあるようだ。[20]

ここでリーダーの役割が決定的になってくる。「必要なのは文化の変容で、文化のあり方を方向づけるのは組織のリーダーです」とイーリーは言う。[21] リーダーは組織の行動指針を決定し、どんなふるまいが適切なのかをメンバーに示す。リーダーの指針はメンバーの行動に影響を与え、人々のやりとりを形づくる。それが日々の体験や気持ちに影響し、やがては組織の進む方向を決定づける。

日々のやりとりからバイアスを取りのぞくのは、真にインクルーシブな環境を作るために必要だが、十分条件ではない。すべての人を包摂する文化を育むには、違いに価値を置き、違いから学ぶ姿勢が日々のやりとりの基盤になくてはならない。これは職場に限った話ではない。人々が生活したり学んだりするさまざまな場所で、そうした作用が働いている。

本物のインクルージョンの底力を見せてくれる注目すべき事例を、多くの人がちょっと居心地悪く感じる場所に見つけることもできる。そう、たとえば、数学の授業だ。

＊　＊　＊

数学者のフェデリコ・アーディラ・マンティーヤはコロンビアで子ども時代を過ごし、あまり目立たない生徒だったが数学だけは得意だった。コロンビアの首都ボゴタの高校に通っていた頃、ほとんどの科目で落第点をとっていた彼に、ＭＩＴを受けたらどうかと誰かが勧めてくれた。当時のアーディラはＭＩＴなど聞いたこともなかったが、とにかく応募してみた。すると意外にも合格し、奨学金で通えることになった。数学の成績は好調だった。ある教官は――口の悪い理論家で、聴衆をよく牛の群れにたとえていた――宿題のなかにこっそり未解決の問題を入れておく習慣があった。まだ誰も解き明かしていない問題だ。アーディラはその問題をひとつ解いてみせた。彼は数学の学位を取り、そのままＭＩＴでＰｈＤを取得した。

ただし、学生生活は孤独だった。もともと内向的な性格だったのもある（外向的な数学者とは、話すときに自分の足もとではなく相手の足もとを見ている人のことだ、というジョークがある）。大学の雰囲気も孤独に拍車をかけた。数学専攻のなかで、ラテン系である彼はかなりの少数派だった。アメリカの数学の教室は、居心地のいい場所ではなかった。はっきりと排除されたわけではないけれど、いつも一人ぼっちだと感じた。数学の世界でも、他者と協力して新たな学びや発想を得るのは重要だ。でもＭＩＴで過ごした9年間のうち、彼がチームで問題に取り組んだのはたった2回だけだった。

その当時は、何が問題なのかよくわからなかった。でもやがて教員になってから、一定のパターンが見えてきた。アーディラが教えている学生のうち、女性や黒人やラテン系で博士課程に進んだ人たちは、やはり彼と同じように孤立と排除を感じていた。勉強会に参加しようとしても、誰も自分と一緒にやりたがらない。実際、STEM分野の人種的・民族的マイノリティの学生は大学で孤独に陥りやすいという調査結果もある。またSTEM分野の女子学生は、たとえ男子学生より優秀な成績であっても、しょっちゅう見くびられ、馬鹿にされた経験をしている。[22]

数学という学問分野自体も多様性が少なく、白人およびアジア系の男性が大半を占めている。数学者には典型的な男らしさのイメージはないけれど、その文化は実のところマッチョで攻撃的だ。「きつい暴言が当然のように飛んできます」とアーディラは言う。そういう雰囲気を作ってきたのは年長の数学者だが、比較的若い学者にもその悪しき伝統は引き継がれているようだ。アーディラの研究室出身のアンドレス・ヴィンダス＝メレンデスは、カリフォルニア大学バークレー校で学んでいた学生時代、アドバイザー〔学業支援や進路決定などのアドバイスをくれる教員〕の署名をもらいに行ったときに「君はどうせ数学者になれないよ」と言われた。そして部屋を出て行こうとする彼に、教員はさらにこう言い捨てた。「せいぜい醜態をさらさないようにね。うちの学部に恥をかかせるなよ」[23]

アーディラは今ではサンフランシスコ州立大学の教授をしていて、そうした有害な文化をなんとかできないかと考えていた。彼の教える学生の6割は民族的マイノリティの出身だ。そして半数は親が大学を出ていない、第一世代の大学生である。アーディラは数学者が難問を解くように、有害な文化の問題に取り組むことにした。問題を切り分けて、小さな問題に集中するのだ。自分が教える教室の中に、新たな数学の文化を作ろうと彼は思った。

まずは数学の文化がどうあるべきか、新たなあり方を想像するところから始めた。マッチョな攻撃性を受け継ぐのではなく、支えられているという安心感を持てる教室にしたい。そのために、教室でのふるまいに関するルールを定めた。授業に参加する学生は「積極的で、忍耐強く、寛大な役割」を果たすことに同意しなくてはならない。数学について語るときの言葉にも注意を払うようにした。数学者は「これは自明だが」「一見してわかるように」といった言い方をしがちだ。でも学生にとってはまったく自明でないこともあるし、そういう言い方をされたら自信とやる気を失ってしまう。数学を学ぶときには、ひどく困難な問題に立ち向かうことが避けられない。そして「困難な体験は、数学から遠ざかるきっかけになりやすい」とアーディラは言う。だからこそ、初期の段階でやる気をそぐような言い方をしてはいけない。今は難しく感じても、そのうちにたやすく解けるようになるはずだ。アーディラの授業では、学生のやる気をくじくような言い方を極力避けるようにした。

ほかにも課題はあった。授業をしているうちに、発言をするのがごく一部の学生にかぎられていることに彼は気づいた。そこで、質問を投げかけたら、誰かを当てる前に3人は手を挙げてもらうようにした。たいてい最初の手はすぐに挙がり、ときには2番目も勢いよくそれに続く。それからしばらく待っていると、3番目の手がためらいがちに挙げられる。その段階で、手を挙げたのとは逆の順番で意見を述べてもらう。時間はかかるけれど、これをやっていくうちに、誰もが意見を言っていいし、どんな意見も歓迎されているのだという認識が教室に広まっていく。学期の始まりには声の大きい学生が何人か目立つだけだったのが、学期の終わりには全員が話に参加できるようになっている。

「教室に入ったとたん、本当の自分を隠さなければならないと思っている学生が多いんです」とアーディラは言う。とくに数学の世界であまり目立たない集団に属する学生ほどその傾向が強い。だからもっと自分らしく数学ができるように、アーディラは工夫をこらした。たとえば音楽をかけて、リラックスした雰囲気で数学を学べるようにした。やがて学生たちに好きな音楽を選ばせるようになった。

ある微分積分学の授業では、古典的な課題を出して――容量が最大になり、使う素材の量（表面積）が最小になるような缶の形を求めよ――、それを考えるために食品の缶を家から持ってくるように言った。学生が持ってきた缶には、さまざまな文化の違いがよく表れていた。豆のペーストの缶を持ってきた人もいれば、ココナッツミルクの缶を持ってきた人もいる。流行りのココナッツウォーターの缶を持ってくる人もいた。

物質的な観点からいえば、ずんぐりとした豆ペーストの缶がもっとも効率的で、多くの量が入ることがわかった。ココナッツウォーターの缶は背が高く、一見すると量が多そうに見えるけれど、実際はもっとも効率が悪かった。教室は食生活や文化の話題、商品の市場価値の話などで盛り上がった。民族的アイデンティティについての話を促すために、たとえば豆ペーストについての文章題を書きなさい、といった課題を出す必要はないのだとアーディラは気づいた。ただ会話がしやすい空気を作り、オープンな好奇心をもって耳を傾ければいいのだ。学生たちの自由な会話から、しだいに数学の新たなコミュニティが形づくられていった。

このコミュニティはさらに拡大した。アーディラはサンフランシスコ州立大学とコロンビアのロス・アンデス大学を動画でつなぎ、英語で授業をおこなう合同プログラムを開始した。これは両者にとって良い刺激となった。ロス・アンデスの学生は、サンフランシスコの学生の熱心さと勤勉さに感銘を受けた。サンフランシスコの学生は、相手側の数学の知識レベルの高さに触発された。最終プロジェクトは学生同士でペアを組み、「英語とスペイン語のあらゆるスペクトラム」でのコラボレーションをおこなった。米国側の学生の多くはラテン系で、家族と話すときしかスペイン語を使っていなかったが、今ではスペイン語で高等数学の話をすることも多少できるようになっていた。この国際的な共同作業は非常に実り豊かなものだった、とアーディラは語る。真摯な学びの空気のなかで、違いが生産的に作用したひとつの好例だ。

こうして生まれたコミュニティをさらに確かなものにするため、アーディラはコロンビアで数学カンファレンスを立ち上げた。今ではラテンアメリカを中心に、20か国から参加者が集まってくる。ベテランの学者も学生も一緒に問題に取り組み、未解決の問題をシェアし、たがいに励ましあい、ときには一緒にサルサダンスを踊る。アーディラはカンファレンスの目標を次のように明文化した。「有意義で、挑戦しがいがあり、サポーティブで、楽しい経験をすべての参加者に提供する」。参加者はこの目標を声に出して読み、実現のために何ができるかを少人数のグループで話し合ってからカンファレンスに臨んでいる。[24]

「数学は人間的なんです」とアーディラの教え子アンドレス・ヴィンダス＝メレンデスは言う。カンファレンスを見ればそれがよくわかる。「問題を解決したときに巻き起こる拍手、サルサのダンス。みんな人間らしい体験です」。そうした人間味を大事にするアプローチは、当初考えていたよりも広い範囲に届いた。たとえばLGBTQの人たちについて直接の言及はないけれど、あるゲイの男性は「数学のカンファレンスでこれほど居心地がよかったことはない」と感想を述べている。安心できる環境だからこそ、学生は手ごわい難問にも立ち向かっていける、とヴィンダス＝メレンデスは言う。ときには自分の思っていた限界を超えて、遠くまで羽ばたける。[25]

同じ効果が、アーディラの教室でも起こっていた。「優秀な学生とそうでない学生について、我々は一定のイメージを持っていますよね」とアーディラは言う。教育現場では、問題をすばやく解けて、テストで高得点を取れる学生が優秀だと分類されがちだ。でも研究の仕事はそうとはかぎらない。アーディラは評価軸を実践の場に近づけるため、答えがあらかじめ決まっていない問題を出すようにした。すると以前はぱっとしなかった学生たちが、急に頭角を現してきた。深く個人的に数学に関わるとき、「テストでは点数が低い学生も、まったく違った種類の実力を見せてくれる」のだ。

メキシコ系と先住民系をルーツに持つある学生は、ユークリッド・非ユークリッド幾何学の最終プロジェクトで、祖先が使っていた数学のやり方を研究することにした。そのために、彼はマヤ文明の遺跡チチェン・イッツァの模型を作った。チチェン・イッツァは、蛇の姿をした最高神ククルカンをまつったピラミッドで有名だ。年に2回、春分の日と秋分の日の夕暮れ時に、夕日の織りなす光と影が頂上から最下部の蛇の頭まできれいにつながり、うねる蛇の姿を映しだす現象が起こる。学生はこの建築物がどのような数学を使って作られたのかを解き明かし、光の蛇を見事に再現してみせた。この学生が過去に取り組んだプロジェクトと比べても、飛び抜けて高度なものだった、とアーディラは言う。「カリキュラムに自分自身が反映されていると感じるとき、学生たちの取り組みの質は変容します。それを見ると心を打たれますね[26]*」

数学とは個人的で、感情的なものだ。「数学をやる人なら誰でも知っているはずです。ただ、感情を認識し、語り合うための語彙が足りないのだと思います[27]」

学びの場で体験する感情は、職場の体験と同様、人生の軌道を左右する。前章で紹介した心理学者ダスグプタは、居場所があると感じられるかどうかで、マイノリティの学生がその分野に定着するかどうかが分かれることを示した。ほかの多くの研究も、困難を乗り越えて目標を達成するためには、自分が受容され、所属しているという感覚――まさにインクルージョンの指標である――が大切だと示している。そうした感覚はやる気を保ち、そこに居続けることを助けてくれる[28]。

アーディラの教える教室でも、インクルージョンはめざましい効果をもたらした。ロス・アンデス大学との第1期合同プログラムに参加した21人の学生のうち、20人が数学または近い分野の大学院に進んだ。その半数はサンフランシスコ州立大学の学生だった。15人が博士課程に進み、そのうち14人は今では大学教員になっている。名門大学でもこの数字は驚異的だが、ましてや大学内に博士課程を設けていない州立大学でそのような数字が出るのは前代未聞だった。州立大学に入ってくる学生の多くは、もともとＰｈＤを取ろうと思っているわけではない。それでも合同プログラム創設から現在までに参加した学生２００人のうち、50人が博士課程に進んだ。米国側の学生のほとんどは女性や民族的マイノリティなど、歴史的に数学分野に進む割合が少ない人たちだった。

「自慢のように聞こえるかもしれませんが、学生たちが言うんです」とアーディティラは謙遜気味に言う。「この教室にいたおかげで、数学の道に進むことを決意できたと」

学部時代の先生に「恥をかかせるな」と言われたヴィンダス＝メレンデスも、アーディティラと出会って数学への取り組み方が変わったという。以前は難しい問題を見ると、反射的に「自分には無理だ」と思っていた。でもアーディティラは、その決めつけをいったん脇に置こうと言ってくれた。「先生とはもう7年の付き合いになりますが、今でもこんなふうにアドバイスをくれます。『なるほど、これは抽象的な問題だよね、まずは具体的な例をいくつか考えてみようか』と」。ヴィンダス＝メレンデスはもうすぐ数学の博士課程を終え、カリフォルニア大学バークレー校に戻ってポスドク研究員になる予定だ。彼にとってアーディティラがロールモデルだったことはまちがいない。ペコ・ホソイに言わせるなら「存在証明」だ。しかもただ存在するだけでなく、やりやすい環境を用意してくれた。ヴィンダス＝メレンデスは言う。

「彼はＰｈＤのレベルで、僕が成功できるんだと示してくれた最初の人でした」

＊　カリキュラムとの個人的なつながりが重要であることを示した例はほかにもある。アリゾナ州ツーソンではメキシコ系アメリカ人の中高生の成績を向上させるため、メキシカン・アメリカン・スタディーズという学習課程を創設し、メキシコ系アメリカ人の歴史や文学を授業に取り入れた。このコースに参加した生徒の成績は大きく伸び、標準テスト合格率および高校卒業率も高かった。

組織的に誰かを排除しない文化を作るためには、安心して違いを認められることが重要になる。大学生およそ700人を対象にした最近の研究によると、違いを認める態度がバイアスの感じ方だけでなく学業成績にまで影響することがわかった[29]。学生たちはオンラインで化学、物理、数学のいずれかの授業を受け、多様性に関する2種類のポリシーのどちらかを最初の授業で聞かされた（比較のための対照群ではポリシーは聞かされなかった）。一方のグループでは講師（中年男性）の音声が流れだし、おたがいの類似点を心に留めてほしい、それがよりよい共同作業と学びにつながる、と説明された。また授業のシラバスでも同様の点にふれて、教室は学生たちが花開く場所であり、おたがいの類似点を心に留めることでエンパシーとよりよいコミュニケーションが可能になる、と説明された。

もう一方のグループが聞かされたのは、おたがいの違いを心に留めてほしい、というメッセージだった。シラバスの説明も、違いを考慮することでよりよいコミュニケーションが可能になる、という内容になっていた。この「違いを認める」ポリシーを示されたグループでは、類似点を強調されたグループにくらべて、非白人の学生（黒人、ラテン系、東アジア系、南アジア系、ネイティブアメリカン、中東系、ネイティブハワイアンなど）が感じる講師のバイアスは弱かった。ちなみに白人の学生では逆に、違いを認めるポリシーのほうが講師のバイアスを強く感じ、「カラーブラインド」なポリシーのほうが講師のバイアスを感じないという結果になった。

＊
＊
＊

私がインタビューをした人の多くも、自分のバックグラウンドをきちんと認識してもらったときこそ、本当に包摂された感じがすると語った。サンフランシスコ在住のプログラマーでLGBTQコミユニティに属するドミニク・デグズマンは、ゲイの人たちを標的としたオーランド銃乱射事件のあとで、職場のＬＧＢＴＱの従業員たちがひどく不安に感じていたのを思いだす。そのときにとりわけ重要だったのが、職場のリーダーが事件を無視せず、従業員の痛みをきちんと認識することだった。

デグズマンはまた、「見えないマイノリティ」に注意を払うことが必要だと語る。たとえば労働者階級のバックグラウンドを持つ人たちは、裕福な出身の人よりも残業を断りづらいかもしれない。[30]仕事を失う不安が強い人ほど、長時間残業や休日出勤を押しつけられている可能性がある。

アイデンティティを無視されるのは、深く疎外される体験にもなる。レスリー・マイリーは以前ある大手ＩＴ企業に勤めていて、ごく少数の黒人リーダーの一人だった。ところが会社が著名な黒人リーダーを集めてイベントを開催したとき、彼は呼ばれなかったし、イベントがあると知らされもしなかった。ショックだったし、傷ついた。黒人という彼のアイデンティティを尊重すべきその時に、会社の人は誰もそれに気づきもしなかったのだ。[31]

インクルーシブな環境を作るためには、何が適切で何が不適切かをリーダーが示すことも必要だ。ナイジェリア系アメリカ人でエンジニアチームのリーダーをしていたメッカ・オケレケがあるとき会議に出席していると、会社から送信されるメールについての話題になった。誰かが冗談のつもりで、「文面でうちの会社のメールっぽくしないといけませんよね、どこかのナイジェリア人が書いた感じじゃなくて」と言った。部屋の空気が凍りつき、ためらいがちな視線がオケレケに注がれた。みんなどうしていいかわからず、うろたえている。オケレケは深く息を吸うと、深刻にならない調子で言った。「やあみなさん、僕がメールと通知システムを全部まわしているメッカです。残念ながら、当社のメールはナイジェリア人が送信していたんですよ」。部屋の空気がいくらかやわらぎ、それと同時に、有害なコメントを受け流さないというメッセージが伝わった。でも、オケレケがそれで満足だったわけではない。自分でユーモアを使って対処するのはかまわないが、やはりあのとき、チームの誰かが声を上げてくれるべきだったと感じている。[32]

アトランタ出身のソフトウェア管理者ヨランダ・デイヴィスは、以前のマネジャーからインクルージョンの姿勢を学んだ。マネジャーは本当のつながりが育めるようにと、みんなでボードゲームに興じたり、ローカルな食べ物を持ち寄ったりするイベントをよく開催していた。そうやって信頼関係ができると、踏み込んだ会話も怖くなくなる。デイヴィスはそのマネジャーから「うなずき」について尋ねられたのを覚えている。黒人同士ですれ違うときなどに、おたがいを認識していることを示すためのささやかな仕草だ。「存在しないことにされがちな世界で、自分はあなたのことを見ているよ、という意思表示なんです」と彼女はマネジャーに説明した。「あなたの存在を尊重します、というサインです」

そのときの会話を思いだして、デイヴィスは言う。「何かが起こった瞬間でした。私が説明して、彼が理解してくれた」。それはオープンで、誠実な会話だった。言葉が本当に伝わったのがわかった。おたがいの信頼関係がなければできなかったはずだ。そのときのような関係性を、いまデイヴィスは自分のチームで作ろうと努力している。たとえば南インドの農家で育ったインド人の同僚からは、カラーリズム〔同じ人種・民族のなかで肌の色の濃淡で差別すること〕やカースト制度のことを学んだりしている。[33]

もちろん、職場や学校で自分のアイデンティティをどの程度さらけだしたいかは、人それぞれに違う。アイデンティティを尊重する文化があったとしても、やはり違いを開示するのは気が進まないこともあるだろう。ある人は大学のライティングの授業で、韓国系の出自に講師が何度も言及してきたのがいやだった。韓国系アメリカ人であることについて書いてみたらどうかとしつこく言われた。それは自分がよそ者だと思い知らされる体験だった。別に韓国系のアイデンティティについて書きたいわけではないし、その授業で自分が韓国系だと口にしたことすらなかったのに。

それでも、アーディラが食品の缶を使って会話を引き出した例は、繊細な配慮をしながら違いを歓迎することが可能だと教えてくれる。彼は学生たちに語ることを強要したわけではない。ただアイデンティティについて話しても安全だという空気を作り、話しやすい状況を用意しただけだ。言葉づかい、授業のポリシー、互いに対する尊重、好奇心、励ましなどを通じて、その教室では誰もが成功できるのだというメッセージを伝えた。体験を打ち明けるよう急《せ》かすのではなく、話したくなったらいつでも関心と配慮をもって耳を傾ける用意をしていたのだ。

もしもブラックストックの大学の上司たちが、彼女の視点に大きな価値があると信じ、好奇心と開かれた心で彼女の意見を聞いていたなら、何が起こっていただろう？　あなただけの体験を聞かせてください、と言っていたなら。あなたから何が見えるのか教えてください。理解したいのです、間違いを正したいのです、と伝えていたなら。

現実には、彼らはブラックストックの訴えを無視し、彼女は職場を去った。彼女の洞察も、大学から失われた。大学での職を去ったあと、ブラックストックは自分の会社を立ち上げ、健康と医療における人種間格差をなくす取り組みを進めている。今ではアメリカ中で引く手あまたの専門家だ。旧態依然とした大学から拒否された知性が、いまや新たな医療の文化を築こうとしている。ちょうどアーディラが新たな数学の文化を作り、どんどん多様な仲間を増やしているのと同じように。

第10章　Unbreaking Culture　社会の傷を修復する

個人の考えや気持ちや習慣を変化させるのは、バイアスを変えていくためのひとつの方法だ。もうひとつの道は、すでに見たように、プロセスや構造、組織の文化を変えていくことにある。この両者はもちろん、密接に絡みあっている。人が集まってプロセスや構造や企業文化を作り、そうして作られた文化が今度は人の考えや行動を方向づけていく。

ただし私たちが影響を受けるのは、所属する組織や集団の文化だけではない。もっと広い文脈で、私たちが日々生きている環境も、人の考えや行動に大きな影響を与えている。実際、心理学者のグレン・アダムズをはじめとする偏見の研究者は、個人の心理に問題を探すよりも「彼らの心や思考をとりまく社会文化的な環境を変えるべきだ」と呼びかけている。[1] 現実世界を変えることは、バイアスのなかでも「上流」に切り込んで、バイアスが生まれる源を掘り崩すことを意味する。

現実の世の中を変えるのが難しければ、世の中を描いたイメージを変えるという手もある。イメージにも大きな影響力があるからだ。ご存じのように、メディアは周縁化された人々をステレオタイプ化して描きがちだ。『ストレイト・アウタ・コンプトン』〔第2章を参照〕のトレイラー映像に描かれた黒人もそうだし、日々のニュースに出てくるメキシコ系移民もそうだ。テロとの戦いを描いたドラマ

『ホームランド』に描かれた中東の人たちもステレオタイプ的だった。あまりに侮蔑的なので、中東の街並みを再現するために雇われたエジプト出身のグラフィティ・アーティストたちがセットの壁に「『ホームランド』はただの笑えないジョークだ」などとアラビア語で書き、それがそのまま放送されたという逸話もある。[2]

ネガティブなイメージが有害なのはもちろんだが、ポジティブに描けばいいというわけでもない。北アフリカ出身のフランスの心理学者アブデラティフ・エア゠ラフィーとドイツ出身のアメリカの心理学者マーカス・ブラウアーは、メディアが差別的な行動にどう影響するかを数年にわたって調べてきた。とくにフランスにおける反アラブ感情に焦点をあてた研究だ。ネガティブなイメージをポジティブなイメージに置き換えるのは直感的には正しいように思えるけれど、エア゠ラフィーとブラウアーの一連の研究は、別のアプローチのほうが効果的なことを示唆している。

ある実験では、アラブ出身の人たちを映した大判のきれいなポスターを用意した。ポスターにはフランス語でそれぞれの人の名前と年齢、それに性格の特徴がひとつ書いてある。ある女性の写真には〈ヤミナ、59歳、いつも前向き〉。別の女性の写真には〈アイシャ、30歳、ケチな性格〉。そしてポスターの下のほうには、大きなフォントで〈NOTRE POINT COMMUN: LA DIVERSITÉ〉――私たちの共通点は、ひとりひとり違うこと。

エア゠ラフィーとブラウアーは、ポスターをフランス各地の医療施設、高校、大学に張りだした。比較のために、別のポスターが張られた施設と、何も張られていない施設も用意した。たとえば、ある理学療法クリニックには待合室にポスターを張り、別のクリニックには張らなかった。いくつかの高校では教室のドアにポスターを張り、別の高校では張らなかった。

その結果、学校のドアや医療機関の待合室でポスターを目にした人たちは、アラブ系の人に対するバイアス行動が少なくなっていた。理学療法クリニックでは患者さんたちにポスターを見せたあと、数週間後に再診で来てもらった。すでにポスターは剝がしてあり、待合室にはアラブ系の人がひとり座っているというシチュエーションだった（患者のふりをしているが、本当は実験のために来てもらった協力者）。するとポスターを目にしていた人は、ポスターを見ていない人にくらべて、アラブ系の人の近くに座る傾向が見られた。

高校でポスターを目にした生徒は、アラブ系の人に対する差別に抗議する署名を頼まれたとき、ポスターを見ていない人よりも署名をする率が高かった。大学でポスターを見た学生は、アラブ系の人の権利を守るグループに参加する意欲が高まった。また別の現場では、アラブ系の女性（研究者の友人で実験協力者）が目の前でバッグの中身をばらまいてしまったときにどう行動するかという実験もおこなった。ポスターを見ていない群で拾うのを手伝ったのは59％だったが、ポスターを見た群では91％の人がバッグの中身を拾うのを手伝った[3]。

なぜさまざまな性格の人を描いたポスターが、そのような効果を生んだのだろう？

答えはどうやら「違うこと」にあるようだ。アラブ人と非アラブ人の違いではなく、アラブ人のなかでの違いである。アラブの伝統を紹介したりポジティブなロールモデルを紹介するかわりに、実験のポスターはアラブ人がいかに多様であるかを強調していた。そもそもステレオタイプは、ある集団の人がみんな似たようなものだという前提で形成される。相手の集団が同質的だと感じるほどにバイアスが強くなるという研究結果も出ている。逆に相手の集団が一人ひとり大きく違うことがわかれば、ステレオタイプの出る幕は少なくなる。ポスターが効果を挙げた理由のひとつは、アラブ人がみんな似ているわけではないと示し、ステレオタイプ化を難しくしたことだった。論文の著者らは言う。「集団のメンバーがそれぞれ異なるならば、彼らはみんなきまってこうだ、と感じるのはほぼ不可能になる」[4]

ポジティブな人とネガティブな人の両方を見せるのも重要だった。別のバージョンでは「前向き」「心優しい」「誠実」などポジティブな性格特性だけを並べたポスターを作ったが、これにはあまり効果がなかった。

集団の内部での違いを強調するというアプローチは、よくある異文化理解キャンペーンの逆を行くように思える。ふつうは相手のグループの特徴的な文化や風習を取り上げて、自分たちとの違いを学ぼうというのが異文化理解の定番のやり方だ。ただし多元的な社会のなかでは、そのやり方が意図しない結果を招くことがある。異なる集団の違いに注目しすぎると、集団間の壁が強化される恐れがあるのだ。

＊＊＊

2002年、ユニセフ（国連児童基金）は子ども向けテレビ番組「セサミストリート」を制作する非営利法人セサミワークショップに連絡をとった。コソヴォの子どもたちのために、セサミストリートのコソヴォ版を作ってくれないかと依頼するためだ。

バルカン半島内陸部に位置するコソヴォはコネチカット州ほどの面積（日本でいえば岐阜県くらい）で、当時は国連の保護領だったが、セルビア領土の一部とみなす人もいた。激しい民族紛争からようやく脱した時期だった。コソヴォ紛争の死者数と行方不明者数は合わせて1万人を超える。およそ100万人のアルバニア系住民と15万人のセルビア系住民が家を追われ、トラクターの荷台に乗るなどして周辺国に避難した。

ユニセフ職員はコソヴォに住む民族間の敵対意識を緩和するために、セサミストリートが役立つのではないかと考えた。大人を対象にした和解キャンペーンは効果を挙げていなかったが、就学前の子どもを対象にしたプログラムならうまくいくかもしれない。セサミストリートはアメリカで人種差別の緩和に一役買っていた。うまくいけばコソヴォでも、民族間の歩み寄りのきっかけになるのではないか。[5]

その時点で、コソヴォではセルビア人とアルバニア人が地理的に隔離されていた。それぞれ別の地域に住み、子どもたちは別々の学校に通っていた。相手の民族の子どもを見たことがない子も多かった。「どうしてアルバニア人の子どもと別々の学校に通うの?」と尋ねられたセルビア系の女の子は、「だって私たちはセルビア人で、あっちはアルバニア人だから」と答えた。「セルビア人とアルバニア人は、どう違うの?」と尋ねられると、「わからない」とその子は答えた。「アルバニア人の子に会ってみたいと思う?」という問いには、「いやだ」と答えた。[6] どう違うのかはわからないけれど、とにかく民族の違いが重要であることだけは理解していたようだ。

セサミワークショップはコソヴォ版セサミストリートの企画に合意し、アルバニア系とセルビア系のプロデューサーたちを雇って共同制作してもらうことにした。当初はどちらもかなり警戒心が強く、同じ部屋で顔を合わせることさえ難しいのではないかと思われた。それでも続く数か月のあいだに、共同作業は進んでいった。制作作業に使われた小さな部屋は、街頭の暴動から身を守るために窓が格子で覆われていた。実際にプロジェクトの途中で激しい暴動が起こり、作業が数か月のあいだ中断されたこともある。[7]

プロデューサーの一人がまず提案したのは、番組に2種類の名前をつけることだった。アルバニア語のルガ・セサムと、セルビア語のウリカ・セザム。音声もそれぞれの言語で別々に当てた。文字の読み書きを教えるのはセサミストリートの主要コンテンツだが、コソヴォ版には含めなかった。アルバニア系の親はセルビア語とキリル文字を嫌がるし、セルビア系の親はアルバニア語とラテン文字を嫌がるからだ。単語を表示できないので、かわりにビジュアルで単語を示すことにした。「サングラス」という単語を学ぶときには、子どもたちが派手なサングラスをかけて、それぞれの言語でサングラスにあたる言葉を言う。番組名を表示するのも政治的な問題を引き起こす恐れがあるので、プロデューサーらは熟慮の末、文字を表示せずに子どもたちが声をそろえて番組名を言うという形にした。[8]

コソヴォでは就学前教育を受けられない子が多いので、番組のカリキュラムには実践的ですぐに役立つ目標も含めた。数を数えられるようになることや、安全な行動を覚えることだ。しかしメインの目標は、異なる民族の子どもに対する敬意と尊重を学ぶことだった。実際に顔を合わせられなくても、セサミストリートを通じて知り合うことはできる。

制作チームはセルビア系とアルバニア系の子どもたちのもとを訪れ、日々の生活の様子をそれぞれ動画に収めた。祖父母と料理をする姿、休日を楽しむ姿、家族と一緒にいる姿、ゲームをする姿。それがマペット劇やアニメーションの合間に流される。現実の子どもたちの暮らしを見せる目的は、相手の民族について知り、できれば親近感を持ってもらうことだ。あの子たちも、おばあちゃんとケーキを焼くんだね。私もきょうだいとたくさん遊ぶよ、いっしょだね。

プロデューサーたちはまた、民族間の違いを強調しすぎない形でおたがいのことを学んでもらえるよう気を配った。あまり違いを強調すると、ステレオタイプにつながるからだ。相手を知らなすぎると、恐怖や憎しみが生まれやすい。でも相手を「違う人」として認識すると、今度は偏見が生まれやすい。

セサミワークショップの国際教育部門を率いるシャーロット・コールは、そのバランスをとるのに苦労したと語る。民族集団間の区別を描きながら、同時に民族のなかでの多様性も見せるように心がけた。また対立し合う民族のあいだに共通点があることも伝えたかった。そのために、できるだけ数多くの子どもの映像を含めるように心がけた。あるエピソードでは、セルビア人とアルバニア人とロマの子どもたちの映像が次々と映しだされ、子どもの声で歌が流れる。〈みんな子ども、ひとりひとりは違うけど〉〈誰だってどこか特別なんだ〉。歌はさらに続く。〈きみは元気いっぱい、きみはとっても静か〉、だけど〈みんな怒るし、みんな笑うね〉。子どもたちは個性ある存在として描かれている。日々の体験は違っても、本質的には変わらない存在だ。[9]

　コソヴォ版セサミストリートの効果を検証するために、外部の研究グループを雇って客観的な調査がおこなわれた。数を数えられるか、数字を覚えたか、安全に道路を渡れるか。そして何より、おたがいの民族に対する見方がどう変わったか。番組を見ることで、相手と交流するような効果は得られたのだろうか。ワッツの警察官と地域住民が出会っておたがいを知ったように、相手の民族を画一的ではない存在として理解できただろうか?

　調査には5歳から6歳の子ども500人以上に参加してもらった。それまでは番組を見たことがなかった子どもたちだ（調査以前に番組を見ていたのは、セルビア系の子どもではわずか2%、アルバニア系では23%だった）。番組を見せる前に、異なる集団への見方を調べるアンケートに答えてもらった。〈違う言葉を話す子と遊んでもいいと思いますか?〉〈ロマの子はどうですか? ロマの子がいたら近くにいきますか?〉〈アルバニア人の子が助けを求めていたら、助けてあげますか?〉〈セルビア人の子が助けを求めていたら、助けてあげたほうがいいですか?〉それから半数の子どもに、セサミストリートを自分の言語で12話以上見てもらった。残りの半数の子どもは、セサミストリートを見なかった。

　その結果、アルバニア系とセルビア系の両方で、セサミストリートを見た子どものほうが異なる集団に対して心を開いているという結果になった。ロマの子と交流する意欲が高まり、異なる言語を話す子どもと遊んでいいと答える子も多かった。セルビア系の子どもでは、相手の集団を尊重する率が37%から68%に上昇した。アルバニア系の子どもでは、23%から33%に上昇した。またセサミストリートを見たあとでは、自分と違う民族の子どもを助けてあげたいという子が増えた。どうして助けてあげたほうがいいのかと尋ねられると、子どもたちは相手の気持ちになって答えた。「すごく困ってるから」。ほかに理由はある？　と尋ねると、さまざまな答えが出てきた。

何も持ってないから。
ひとりぼっちだから。
道に迷ってる。
悪い人に連れていかれるかもしれない。すごく遠くに。
どんなときでも、子どもは助けるべきだと思う。
夜のうちに犬に食べられちゃうかもしれないから。

子どもたちは少しずつ、敵対する民族の子どもに自分を重ねているようだった。[*10]
〈みんな怒るし、みんな笑うね〉

＊　オルポートの「接触仮説」にあるように、番組を作る過程で制作側の大人にも変化が生じた。子どもたちのよりよい未来という共通の目標に向かうなかで、両サイドの制作スタッフはおたがいに寛容になっていった。[11]

テレビや映画で描かれる表象は、異なる集団のイメージに影響する。しかもそれだけでなく、自分たちの集団に対する見方が変わることもある。それがどのように起こるかを知るために、凄惨を極めた差別の余波のなかでおこなわれた実験に目を向けてみよう。

1994年、ルワンダではツチ系住民とフツ系住民の対立が激化するなか、フツ系政府とそれに同調するフツ過激派による大量虐殺が起こった。死者数はおよそ80万人と推測されている。殺された人のうち75％は少数派であるツチの人たちだった。フツ系の政府に支援された組織だけでなく、一般人も虐殺に手を染めた。

紛争の根はかなり複雑だ。フツとツチの分断を強化したのはヨーロッパ人による植民地支配だった。それ以前にフツとツチがどう区別されていたかについては諸説あるが、一般には民族的区別というよりも、職業や社会的な役割や地位に関するものだったと考えられている。その線引きはあいまいで、人々はツチからフツへ、フツからツチへと移動することもあった。しかしやがてルワンダを支配下に置いた国々が、ツチをエリートに祭り上げて植民地支配の手先にし、民族的区別を強調するステレオタイプを広めた（ツチは「誇り高く」「上品な」人々で、対するフツは「開けっぴろげで、やかましく、陽気な」人々とされた）。1930年代には宗主国ベルギーが民族的アイデンティティを示すIDカードを導入して区別を固定化した。どちらの民族に属するかは、口伝えの来歴によって決められた。なかには所有する牛の数によって、牛が10頭以上ならツチ、それより少なければフツと決めたという噂もあったが、これは後の研究によって否定されている。[12]

1959年にフツが蜂起し、1962年にルワンダがベルギーからの独立を果たすと、多数派のフツが政権を握り、ツチの多くが近隣の国に逃げだした。その後の数十年間は暴力はありながらも、フツとツチはたがいに通婚し、同じコミュニティで生活するなど共存が進んでいた。1993年にフツ系政府とツチ系反政府組織との3年間にわたる紛争が停戦に持ち込まれたのだが、翌年フツ系の大統領が暗殺され、これが大量虐殺への引き金となった。

その当時、ルワンダではRTLMという新しいラジオ局の放送が広く聞かれていた。1993年に開局したRTLMは、表向きは民営のラジオ局だが、フツ系大統領の邸宅の中にある発電機から電力を得ていた。放送内容は音楽やお笑いのほかに、視聴者参加番組やツチに対する反感を煽るような意見番組があった。ツチのことを「イニェンジ」（害虫）と呼び、「権力に飢えた」集団だというイメージを繰り返し植えつけた。あるパーソナリティは番組のなかでこう語っている。「熊手で何度追い払っても必ず戻ってくるのだ。奴らの権力欲は自然の道理を外れている」[13]

虐殺が始まると、ラジオ局はフツの視聴者に「害虫を駆除せよ」と呼びかけた。ときにはツチの人たちの居場所をラジオで教えて殺しに向かわせた。暴徒化した人々は片手にマチェット（山刀）を持ち、もう片方の手にはラジオを持って街をうろついていた、とあるジャーナリストは報告している。RTLMについて研究する専門家らによると、RTLMの放送が受信しやすい環境にある人ほど虐殺に参加する傾向が高かったらしい。ラジオが受信しやすい場所の近くにある村落にも暴力は波及した。この虐殺でラジオの果たした役割はあまりに大きく、後に設立されたルワンダ国際刑事裁判所も、ラジオのプロパガンダこそが虐殺を可能にしたという見解を示している。[14] RTLMの創設者は大量虐殺の罪で有罪判決を受けた。

それから10年後、ルワンダの人々のグループが、オランダの非営利団体およびホロコーストを生き延びたユダヤ系アメリカ人の心理学者と協力して、ラジオを嫌悪の源泉ではなく回復の手段にするための取り組みをはじめた。彼らは共同でムセケウェヤ（新たな夜明け）という連続ラジオドラマを制作した。あの暴力と和解に対するルワンダの人々の見方を変える目的で作られたものだ。虐殺後の法律で民族について論じることは禁じられていたため、「新たな夜明け」では丘の上にある2つの架空の村を舞台にした。2つの村の住民は仲良くやっていたのだが、あるとき一方を優遇する指導者たちが現れて、おたがいの反感と暴力を焚きつける。そのあと劇中で起こる暴力は、ルワンダで現実に起こった虐殺の再現だ。やがて一部の住民が対話と和平のために動きだし、指導者たちに対抗して声を上げる。対立するそれぞれの村出身の若者が恋に落ち、ロマンスを繰り広げながら若者主導の平和同盟を立ち上げる。2つの村は最終的に和解し、力を合わせて地域を運営していく[15]。

「新たな夜明け」のストーリーには、偏見が生まれるしくみや、ごく普通の人が暴力に引き寄せられる経緯が織り込まれている。また第三者の介入の重要性や、境界を越えた愛が偏見を弱める可能性も語られている。制作者たちはそうした物語を通じて、ルワンダの人々の見方や態度が変わっていけばと願っていた。

しかし実際に起こったことは少し違っていた。心理学者のエリザベス・レヴィ・パラックは1年間にわたって毎月ルワンダの人にこの連続ラジオドラマを聞いてもらい、影響を調べる実験をおこなった。実験の対象となるグループは月に1度「新たな夜明け」を聞き、比較のためのグループは健康に関する別のドラマを聞いた。ルワンダの人は大勢で集まってラジオを聞く習慣があるので、実験でも40人のグループで一緒に聞いてもらった。そして1年後、参加者たちの考え方を調べる詳細なアンケートを実施した。異なる民族で結婚するのはいいことですか？　揉めごとに第三者が介入するべきですか？

ラジオドラマの効果は、ある意味では期待外れだった。1年間ドラマを聞いても、実験に参加した人たちの通婚に対する見方や第三者の責任に対する考え方は変わっていなかった。民族間の通婚によって平和が促進されるというメッセージは聞いたはずなのに、実際にそう信じる人の割合は増えていない。第三者の介入が重要であるという内容を聞いたはずなのに、それに同意するようになったわけではない。

ただし、変化は別のところで起こっていた。どう考えるかではなく、どう考えるべきかという認識が変わっていたのだ。「新たな夜明け」を聞いた人たちは、たとえばこんなふうに言うようになった。「うちの子に別の民族の人と結婚してほしいとは思わないですが、でも応援するべきですよね」。また有害なメッセージに反論するのが重要だとは思わないが、それでも声を上げるべきだという回答もあった。ラジオドラマは聴衆に、民族間の寛容さが今は人気なのだというメッセージを伝えていた。それによって、どんな意見や行動が「望ましいか」という意識が変化したのだ。[16]

「新たな夜明け」は人々の信念までは変えられなかったが、行動規範を示すシグナルとして機能したと言えるだろう。パラックはこうコメントしている。「メディアはあなたがどう考えるかを伝えるのではなく、ほかの人がどう考えるかを伝えるものです。それは世の中の声を発信しているのです」[17]

そして世の中の声は、実際に人の行動を変化させる。特定の行動が一般的で、みんながそうしていると知ったとき、人はその行動をとることが増えるのだ。たとえばホテルのバスルームに2種類の張り紙をした実験がある。一方のグループでは、タオルを再利用すると環境保護に貢献できます、と書かれた紙を張った。もう一方では、宿泊客の75%が環境保護のためにタオルを再利用しています、と書かれた紙を張った。その結果、単に環境保護を呼びかけるよりも、多くの宿泊客がタオルを再利用していると伝えたほうが再利用率は大きく上がった。[18]

別の実験では、省エネのためにエアコンではなく扇風機を使おう、という呼びかけをおこなった。各家庭にはさまざまに異なるメッセージが届けられた。扇風機のほうが電気代が安くなります。社会的責任のために扇風機を使いましょう。扇風機で温室効果ガスを減らしましょう。この地域の多数の人が省エネのために扇風機を使っています。そのなかでもっとも電力削減効果が高かったのは、多数の人が扇風機を使っているというメッセージだった。[19]

社会規範の影響力は強く、たとえ否定的な内容でも人の行動を促進することがある。「こんな悪い行動をする人が多くて困っています」というメッセージが、逆にその行動を増やす結果になってしまうのだ。たとえばアリゾナ州の化石の森国立公園では、貴重な木を勝手に持ち帰る観光客がいて困っていた。そこで「木を盗む人が多く、森の環境が壊されています」という看板を立てた。ところがこの看板によって、木の盗難はむしろ増加した。心理学者のロバート・チャルディーニによれば、『多くの人が望ましくない行動をしています』というメッセージのなかには、『みんなそうしていますよ』という強力な規範的メッセージが刻み込まれている」のだ。[20]

多数派の規範がそれだけの影響力を持っているなら、「新たな夜明け」のメッセージが人の考えまでは変えなくても、行動を変えることができたのは驚くにあたらない。実験をおこなったパラックは1年間の視聴セッションのあと、それぞれのグループに小型のオーディオ再生機器をひとつと、「新たな夜明け」の録音をプレゼントした。オーディオ再生機器を誰がどう使うかを話し合っているとき、「新たな夜明け」を聞いたグループの人たちは、健康に関するドラマを聞いた人たちよりも協力的な態度をとった。活発な話し合いがおこなわれ、うまく共同利用できるように多くの提案が出された。会話の内容もより率直になっていた。「新たな夜明け」は協力やコミュニケーションや寛容さについての考え方を変えることはなかったが、それでも人々は実際に協力し、コミュニケーションをとり、たがいに寛容に行動するようになっていた。

パラックが指摘するように、こうした考えと行動の不一致は、ちょうど民族間の暴力が起こったときの様子と重なっている。「暴力は雨のように降ってきた」とルワンダの人たちは語った。どこからともなく現れたかのように。それは長年にわたる偏見の蓄積ではなく、「殺しは容認されている、殺すことは望ましい行動だ」という文化的なメッセージによって引き起こされたものだった。ラジオ放送は偏見を共通認識として広め、殺しが正常であると繰り返し主張した。人々はそれを世の中の総意として受けとり、虐殺を行動に移した。

「偏見は社会的なものです」とパラックは言う。「自分の行動が世の中の総意と一致していると思ったとき、そこでは多くのことが起こり得ます」[21]

「新たな夜明け」やコソヴォ版セサミストリートは、差別が悲惨な暴力に行きついた先で導入された。しかし表象を使って社会規範を変えていくやり方は、もっとささやかな日々のバイアスにも役立つ可能性がある。

ニューヨーク西部の大学で、白人学生を対象におこなった実験がある。社会集団についての簡単なアンケートに答えてもらったのだが、そのうち半数の学生には近隣に住む人の傾向を紹介し、ほとんどの人は黒人に大きな敬意を払っていると教えた。残りの半数にはその情報は与えられなかった。そのあと、アンケートを終えて立ち去る学生とすれ違いざまに、黒人または白人の学生が書類をバサッと床に落とした。このとき、黒人の学生が紙を拾うのを助けたのは、人々の態度を教えられなかった学生では36％だった。一方、多くの人が黒人に敬意を払っていると教えられた学生では、86％が立ち止まって黒人学生を助けた。[22]

心理学者ステイシー・シンクレアのチームによると、周囲の人に同調したいという気持ちは、偏見のとても微かな表れにも影響をおよぼすことがある。シンクレアたちの実験では、黒人に対する人種的バイアスを測定するIAT（潜在的連合テスト）を参加者たちに受けてもらった。一部の参加者では実験スタッフが無地のTシャツを着ていたが、残りの参加者では実験スタッフがERACISM（人種差別をなくそう）のロゴがついたTシャツを着ていた。その結果、反差別のTシャツを着たスタッフのもとでテストを受けた学生は、そうでない人よりも潜在的バイアスの値が低くなった。無意識的な偏見を測るとされているテストでさえ、周囲の人の考えに影響されるのだ。[23]

「普通はこうだ」という規範の伝え方を変えれば、自分たちの集団がどう考えどう行動するかの理解を書き換えられる。また他の集団の描き方を変えれば、相手の人たちがどう考えどう行動するかの理解を書き換えられる。ただ難しいのは、メディアの表象という文脈でそれをやろうとするときに、誰が「我々」で誰が「他者」なのかが見る人によって違うことだ。セサミストリートのシャーロット・コールはそれを次のように言い表す。「私が自分について学ぶとき、別のグループの人は他者について学んでいます。私が他者について学ぶとき、そのグループの人は自分たちについて学んでいます」[24]

誰が仲間で誰がそうでないかという意識は、私たちをとりまく文化の産物だ。誰がカテゴリーの内側で誰が外側なのかを、私たちは文化的なメッセージから学んでいく。人間をカテゴリー分けする傾向がバイアスを生むのなら、カテゴリーのほうを変えてみるのはどうだろう。カテゴリーのあり方をもっと柔軟にできないだろうか？

この問いに導かれて、私はスウェーデンのストックホルムに向かった。あるプレスクール〔保育園と幼稚園を兼ねた幼児教育機関で、1歳から5歳の子どもたちが通う〕の校長に会うためだ。そこではもう20年以上、ジェンダーの区別に縛られない新たな幼児教育の試みがおこなわれていた。

ロッタ・ラヤリンがその試みを始めたのは、1998年のことだった。この年、スウェーデン政府はすべてのプレスクールに対し、男の子と女の子に平等な機会を与えるよう法律で義務づけた。当時ラヤリンはストックホルムにあるニコライガーデンというプレスクールの校長をしていたのだが、同僚と一緒に子どもたちを観察していると、子どもたち同士が不公平な行動をとっていることに気づいた。男の子が女の子を遊びに入れなかったり、女の子がお絵かきのテーブルに男の子を寄せつけなかったりする。そんな行動の原因を探るため、子どもたちの日々の活動を動画に撮ることにした。バイアスの瞬間を捉えて、対処しようと思ったのだ。教員たちもただ観察するわけにはいかないので、子どもと一緒にお絵かきをしたり、泣いている子をなだめたり、ケンカを仲裁したり、昼寝をさせたりしながら、交代でその様子をビデオに撮った。それから教員みんなで集まって、子どもたちのバイアス行動を見つけようと動画を再生した。

ところが動画に映っていたのは、子どもたちの問題行動ではなかった。

高度な教育を受け、善意に満ちた教員たちが――ジェンダー平等ランキングで世界4位に入り、ジェンダー平等を表す独自の単語（jämställdhet）まである国の大人が――男の子と女の子で異なる扱いをしていたのだ。たとえば子どもが泣いたとき、教員は男の子よりも女の子のほうをしっかりとなぐさめた。子どもを抱き上げて移動するとき、女の子は自分のほうを向かせて抱き寄せるのに、男の子は外を向かせて少し体から離して抱いていた。同じように騒いで走りまわっていても、男の子は許されて女の子は注意される場面が次から次へと出てきた。教員たちは女の子にだけおとなしく、お行儀よく、親切であるように求めていた。女の子が衝動的な行動を見せると我慢しなさいと言われるのに、男の子が同じことをしても咎められなかった。みんなで輪になって話をするときも、教員は女の子よりも男の子の発言を歓迎していた。

「ショックを受けました」とラヤリンは言う。「学校としても非常に悩んだ時期でした」

政府の要求に応えて公平な学びの環境を用意するためには、まず教員たち自身が変わらなければならないようだった。[25]

それからの数年間、教員たちは少しずつ、自らのふるまいを変えていった。泣きたいときは男の子でも泣かせてあげたし、女の子にするのと同じくらい優しくなぐさめてあげた。抱っこするときも同じやり方にした。女の子が荒っぽく騒いでいても嫌な顔をせず、元気に遊ばせておいた。また、絵本の読み聞かせをするときに、キャラクターの性別を逆にする試みも始めた。いたずらっ子が女の子だったり、おとなしくて可愛らしい子が男の子だったりする。朝のあいさつをするときも男の子と女の子を呼び分けるのをやめた。特定の子どもについて話すときは「彼」「彼女」の代名詞を使わず、単に名前で言及するようにした。

やがて教員たちは、ヘン（hen）という新しい代名詞を使いはじめた。この代名詞が最初に登場したのは1960年代で、2015年にジェンダーニュートラルな代名詞として正式に辞書に登録された。教員は性別が特定できない人に言及するとき、たとえば調理師のポジションに応募してくる人の話をするときなどに、ヘンという代名詞を使うようになった。特定の職業が男性的だとか女性的だという印象を子どもに与えないためだ。物語を読みきかせるときにもヘンを使った。やんちゃなクマやネコは「彼」でも「彼女」でもなく、ヘンと呼ばれるようになった。

こうしたニコライガーデンの取り組みが広く知られるようになると、反感を持つ人も現れた。校舎に嫌がらせの落書きがされるようになった。子どもたちを洗脳して男女の区別がつかなくさせるディストピア教育だ、と批判する人たちもいた。ラヤリンは当時送られてきた大量の嫌がらせの手紙を今でもスクラップブックに保存している。

心理学者たちもニコライガーデンを調査しにやってきた。このプレスクールは、子どもたちからジェンダーの概念を取りのぞいたのだろうか？　子どもたちはかなり早い時期からジェンダーの区別を感じとることが知られている。まだ歩けない赤ちゃんでも女性の顔と男性の顔を区別できるし、3歳になる頃には自分と同じ性別の子どもと遊びたがるようになる。[26] 心理学者レベッカ・ビグラーの実験〔第2章を参照〕が示すように、子どもたちが社会的カテゴリーにどのように順応するかは、周囲の環境や文化によるところが大きい。だとしたら、ジェンダーを強調しない環境で育った子どもは、「男性」や「女性」というカテゴリーが存在しない世界を目にしているのだろうか？

心理学者はニコライガーデンの子どもたちに知らない子どもの写真を見せて、男の子だと思うか、女の子だと思うかを尋ねた。その結果をストックホルムにある通常のプレスクールの子どもと比べたところ、ジェンダーを識別する能力にはとくに差がないようだった。

違ったのは、男の子と女の子をどう捉えているか、という部分だ。同年齢の子と比べて、ジェンダーニュートラルな教育を受けた子は、女の子が好むおもちゃと男の子が好むおもちゃの区別をあまりしなかった。また、知らない子たちの写真を見せて誰と遊びたいかを尋ねたとき、自分と異なるジェンダーの子を選ぶ割合が高かった。つまりジェンダーによって何かを判断する傾向が少ないということだ。男の子と女の子の区別は認識しているけれど、それに対するステレオタイプがあまりないのだった。[27]

これは当初の計画にはなかったことだ。当初の目標は子どもたちを公平に扱い、同じ成長の機会を与えることだったが、そのなかでニコライガーデンはもうひとつの、より繊細なゴールにたどりついた。子どもたちのおたがいに対する見方を変えたのだ。男女の二分法に当てはまらない人たちに対する見方も、今後は研究されていくかもしれない。現時点でわかっているのは、子どもたちが社会的なカテゴリーを認識しつつ、そのカテゴリーに付随するステレオタイプにとらわれていないという事実だ。

違いの認識が、そのまま差別につながるわけではない。ニコライガーデンで起こったのは、ジェンダーという概念の消滅ではなかった。そうではなく、ジェンダーの持つ意味合いが変わりはじめたのだ。

ロッタ・ラヤリンは、ニコライガーデンと同じ教育方針の新たなプレスクールを立ち上げた。プレスクールの名前は「エガリア」、スウェーデン語で平等という意味だ。その名のとおり、エガリアではジェンダー、階級、セクシュアリティ、人種、民族などの、あらゆる差別をなくすことを目指している。

私が到着したのは、ちょうど外遊びの時間が終わる頃だった。3歳から5歳の子どもたちが駆け足で建物のほうに向かっていた。ラヤリンが楽しそうに笑いながらそれを出迎える。校内を歩いていると、子どもたちがジグザグに走りまわってラヤリンの脚にぶつかってくる。まるで窓にぶつかるコガネムシみたいに。

ラヤリンはたくさんの皺が刻まれた顔で、表情豊かに語る。今の自分があるのは、この国が子どもを大事にするおかげだ、と彼女は言う。ラヤリンの両親はフィンランド出身だが、第二次世界大戦の戦火のなかでスウェーデンに住む親戚のもとに逃れてきた。スウェーデンで過ごした子ども時代、ラヤリンは無鉄砲でやんちゃだった。いつも落ち着きがないと叱られ、おとなしくしなさい、いい子でいなさいと言われていた。「小さな女の子に『おとなしくていい子ね』と言うと、その子はいい子でいなければと思いますよね」とラヤリンは言う。「大きくなってから思いきった冒険をしたいと思っても、罪悪感を覚えてしまう。おとなしいのがいいことだと大人にすり込まれているからです」。エガリアやニコライガーデンの教員は、子どもに伝えるメッセージに自覚的だ。批判的な人からは、子どもに大人の思想を吹き込むな、と言われることもある。「でも誰だって子どもに思想を吹き込んでいるんですよ」とラヤリンは言う。「問題はそのことに自覚的であろうとするかどうかです」[28]

子どもたちにジェンダー期待を押しつけないというエガリアの方針は、現場に行けばひと目でわかる部分もある。キラキラしたマイリトルポニーのTシャツを着た男の子が駆け寄ってきて、ポニーの名前を教えてくれると、あっという間にどこかへ駆けていく。スカートをはいた女の子もいれば、スカートをはいた男の子もいる。髪の短い男の子もいれば、髪の短い女の子もいる。お人形の家と建設車両のおもちゃが「家を建てる」という同じカテゴリーに置かれている。工作の部屋には本物ののこぎりが並び、その上にはヒョウ柄の大きなタペストリーが飾られている。ほかのプレスクールと比べて、男性の教員がかなり多い。子どもをグループ分けするとき、男の子と女の子で分けない。性別で呼び方を変えることもない。彼や彼女という代名詞は使わず、どの子もファーストネームで呼ぶ。

その他の部分では、エガリアはほかのプレスクールと変わらない。お昼の時間になると、私も小さな椅子になんとか腰掛けて、子どもたちとランチをご一緒させてもらった。栄養たっぷりの茶色いパンと、ひどくあっさりした野菜スープが回ってくる。英語を話す子が何人かいたので、5歳の子に「誰と遊ぶのが好き?」と聞いてみた。するといろんなジェンダーの子の名前を次々と挙げてくれる。ひと息ついてパンを口に入れると、「みんなと遊びたい」ともぐもぐしながら言う。「あなたも遊ぼ!」ちなみにいちばん好きなのは、紙をハサミで切る遊びだという。

昼食が終わると、男の子が3人、木の枝で作った小屋のなかで子犬みたいに転がって遊んでいる。別の子どもたちは「お仕事部屋」を歩きまわっている。パソコンにつながっていないキーボードや、コート掛け、人工観葉植物などが置かれたモダンな子ども用オフィスだ。輪になって座る時間には、物静かなティーチングアシスタントのマーティンが算数を教えている。でも話は感情のことに移ったり、自分らしくいていいんだよ、というメッセージになったりする。印象深いのは、子どもが一人前に扱われていることだ。木工をするときにはもちろん大人がついているけれど、子どもたちはおもちゃの道具だけでなく、大きな刃のついた立派なのこぎりを喜んで使っている。

子どもたちの様子を見ているうちに、ジェンダーニュートラルという表現は的確ではないことに気づく。単純に、ジェンダーの「矯正」をやめただけなのだ。子どもたちはジェンダーニュートラルにふるまうよう言われているわけではない。ピンクのドレスを着た女の子もいるし、トラックで遊ぶ男の子もいる。どんなジェンダーでも、うるさい子もいれば、おとなしい子もいる。どんなふうにふるまおうと、その子の自由だ。壁に掛かっているピンクのチュチュは、誰が着てもかまわない。このプレスクールの目標は子どもたちにジェンダー観を押しつけることではなく、ただ自分らしくいられるようにすることだ。

それが本当に難しいんです、と教員は口々に言う。アナ・ロドリゲス・ガルシアはスペイン出身の教員で、エガリアで働きはじめたときには、ジェンダー役割が自分のなかに深く刻み込まれている事実を思い知らされた。ほとんど自動的に、つい偏った反応をしてしまう。たとえば女の子に「可愛いドレスだね」という褒め言葉をかけるのも、特定のジェンダー観を反映した行動だ。女の子は可愛いのがいいことだ、という価値観が含まれているし、可愛いことが大事なんだよ、という暗黙のメッセージにもなる。これはけっして些細な問題ではない。ラヤリンがいつも教員たちに言うように、子どもは大人に褒められることをしようとするからだ。

ガルシアは最初のうち、習慣的な反応を解きほぐすのに苦労した。それでも徐々に、異なる反応ができるようになってきた。「子どもに『ドレス見て』と言われると、褒めるかわりに『着心地はどう？』とたずねます。あるいは『そのドレスのこと教えて』と言ったりしますね。『可愛い』とばかり言われる必要はありませんから」[29]

ジェンダーを前提とするコミュニケーションがあまりに当たり前だったため、普段の反応が使えなくなって初めて、自分がどれだけそれに頼っていたかに気づいたとガルシアは言う。男の子か女の子かわからない名前の子に出会うと、脳が性別の情報を渇望しているのを感じる。その情報がないとコミュニケーションできないみたいに。「本当はどうでもいい情報なんですけど、脳が知りたがるんですよね」

ガルシアがそう言うのを聞いて、20代の頃に参加した実験のことを思いだした。まだジェンダーのスペクトラムという捉え方がアメリカで広まる前の話だ。会議室で男性か女性かわからない人に出会ったのだが、私は急にうまく話せなくなり、終始口ごもってばかりいた。その居心地の悪さの原因は、あとから考えると、コミュニケーションのモードをどう設定していいかわからないことにあったようだ。女性と男性で接し方を変えているつもりはまったくなかったけれど、実際にどちらも使えない状況になって初めて、自分がモードを使い分けていることに気づいたのだった。

時が経つにつれて、ガルシアは性別を知りたいという欲求が弱まっていくのを感じた。ただし完全に消えたわけではない。「ステレオタイプに対抗するというと、おもちゃの車や人形をとりあげればいいんだと考える人が多いですよね。でも実際は、自分自身を見つめて、自分の傾向にたえず抗っていくことが必要なんです」。今でも心の奥深くに染みついた考えが頭をもたげてくるのを感じる、と彼女は言う。たとえばマイリトルポニーのTシャツを着た男の子は、乱暴に騒ぐのも好きでスカートをはくのも好きなのだが、その両者のイメージが彼女の頭のなかでうまく結びつかないときがある。別の教員は、子どもの性別を知りたくないと語った。知らなければ対応の偏りも出てこないからだ。また別の教員は、自分の子どもが通うプレスクールで「女の子、男の子」という言い方をされるのが気になっている。エガリアに来る前は、彼自身もそんな言葉づかいをしていた。「5年間ここで働くうちに、子どもに対する話し方がだいぶ変わりました」と彼は言う。「男の子も女の子も関係なく、『おともだち』でいいですよね[30]」

ラベリングをしない試みは、ジェンダーだけにとどまらない。ガルシアによれば、スペインの教員はすぐに子どもの特徴を分類していた。いばりやさん、あばれんぼ、助けが必要な子。でも子どもを「いばりやさん」とラベリングすると、その子の行動を個人の性格のせいにすることになる。エガリアではそういう見方はせず、どんな経緯でその行動が出てきたのかに目を向ける。そして今その子に何が必要なのかを考える。また、最近では育児のアドバイスでも言われるようになったけれど、子どもの才能を決めつけるようなコメントはしない。大人の承認を求めようとする子どもたちを、その方向に誘導してしまうからだ。子どもが一生懸命描いた絵を見せにきたら「すごいね、絵の才能があるね！」と言いたくなるけれど、かわりにその子自身の考えを尋ねるようにしている。「どうしてこのリンゴを描こうと思ったの？　お絵かき楽しかった？」

こうした教育がスウェーデンから出てきたのは自然なことかもしれない。子どもを大事にし、子どもの成長を気にかける国だからだ。スウェーデンは国連の子どもの権利条約を最初に批准した国のひとつでもある。子どもの権利条約は54条からなり、意見を表明する権利、意見を尊重してもらう権利、プライバシーの権利など、さまざまな子どもの権利が明文化されている（ちなみに国連加盟国のなかで米国だけが、いまだに条約を批准していない）。ストックホルムの旧市街でシャーベットカラーの素敵な街並みを歩いていたとき、大人と子どもが手をつないでいる標識をよく見かけた。街中の階段にはベビーカーで昇降しやすいように小さなスロープがついている。そうした街の設備は、20世紀に出生率を上げる政策の一環として作られた部分もある。その後も引きつづき法制度が整備され、働きながらの子育てが広く支援されてきた（子どもの具合が悪いので仕事を休んで看病をする、という状況を一言で表せる「vabba」という単語まであるくらいだ）。そうしたお国柄のなかでも、とくに子どもの自主性を尊重する態度にはハッとさせられる。スウェーデンは世界でも最初に、子どもへの体罰を犯罪と定めた国だ。法律にはこう書かれている。

「子どもはその人格と個性を尊重して扱われなければならない」[31]

ラヤリンのプレスクールで印象的だったのも、ジェンダーの取り組みがより広い理念へと自然につながっていたことだった。子どもは意味のある存在で、自分の人生を自分で決められる。大人をちょっとへんてこにしたミニチュア版ではなく、そのままで尊重されるべき人間だ。ある教員は、子どもが真面目なつもりでおかしなことを言ったとき、けっして笑わないようにしていると話していた。真剣な意見を笑われたら、誰だって傷つく。「自分の言うことには価値がないんだ、という一種の刷り込みにもなりますから」

エガリアの教員が子どもたちと接する様子を見るうちに、ジェンダー平等の取り組みの先にはもっと大きなゴールがあるのだと理解できた。子どもへの偏見を減らす、というゴールだ。子どもを大人より劣ったものと見なし、雑に扱って尊厳を傷つけるのは、それ自体が一種の偏見だ。１９７２年、精神科医のチェスター・ピアスとゲイル・アレンは、あらゆる社会的な抑圧の根底にあるのは子どもに対する偏見である、と提言した。子どもを支配し抑圧するとき、私たちは「どうやって他人を抑圧するか」をまさに教え込んでいるのだ。こうした「子ども差別」（childism）の状況を変えることは、世の中の差別をなくすための土台になる。

もちろん発達の途上にある子どもが、大人の導きを必要としているのはまちがいない。しかし子どもをサポートするはずの大人が、いつのまにか子どもを所有物とみなし、自分の財産あるいは自分自身の延長のように扱うことがあまりにも多くないだろうか。子どもを軽んじる言動は、そのまま「あなたは劣った存在だ」というメッセージになる。たとえば「あれを取ってきなさい」と子どもに命じる場面は、支配の４つの側面をすべて満たしている、とピアスは指摘する。支配者が被支配者の空間と動作と時間とエネルギーを意のままに操っているのだ。その命令に屈するたびに、子どものストレスは増大する。[32] 大人が子どもを支配する場面は、私たちが支配というものに出会う最初の体験であると言えるかもしれない。

スウェーデンのプレスクールの取り組みは、それとは反対に、子どもが自己決定できる環境を作ろうとしている。大人が慎重に言葉を選ぶのも、反応を注意深く制御するのも、子ども自身のあり方を尊重するためだ。もしもあの子たちが思想を吹き込まれているとするなら、それはおそらく「自分はひとりの人間で、誰にも権利を侵害されない」という思想だろう。

プレスクールで過ごしたあいだ、自分がどれほど子どもたちにステレオタイプを押しつけてきたかを実感させられた。友人の娘に「可愛らしいドレスだね」と言ってしまったとき。別の友人の息子を「えらいね、強い子だね」と褒めたとき。さすがに個別の男の子や女の子に「ねえ男の子、女の子」と呼びかけたりはしない。でも子どもの集団を前にして「男の子たち、女の子たち」と言ってしまうことはある。そうすることで、男の子と女の子というカテゴリーはどんどん強化されていくのに。あるいは小さい子が意図せずおかしなことを言ったとき、思わず笑ったことが何度あっただろう。その子は何を笑われているかわからず、呆然とこちらを見つめている。相手を軽んじる言葉づかいで、まともに取りあわない態度で、自分には価値がないのだと子どもたちに思わせてしまった。いや、子どもだけではない。自分に都合よく相手を決めつけた幾多のやりとりが頭に浮かぶ。怒っているんでしよう。そんなふうに思うのはよくないよ。こうすべき。こうに決まってる。あなたってこういう人だよね。

ラヤリンと教員たちは、自由に2つの意味があることを知っている。何かからの自由と、何かをする自由だ。何かをする自由——成長する自由、試す自由、選ぶ自由——を手にするためには、他人のさまざまな押しつけや期待から自由でなくてはならない。それは広い意味でいえば、バイアスからの自由だ。この自由を子どもたちに与えるチャンスは、日々のあらゆるやりとりのなかにある。どんなちっぽけな会話のなかにもひそんでいる。そんなささやかな瞬間に大人が真剣に向き合ってはじめて、子どもは複雑で型にはまらない自分のまま、この世界に飛び込んでいくことができる。

同じことは私たちみんなに言える。他者とのあらゆる出会いの場。現実や想像の、大小さまざまな出会いのなかに可能性はある。相手を理解するのに、世の中のイメージや固定観念、統計やステレオタイプに頼るのはたしかに便利で手っ取り早い。私たちはそうしてきたし、そうするように教えられてきた。でもその便利さを、目の前の相手のために犠牲にすることはできないだろうか。おたがいのために、知り合うために、便利さを手放してみてもいいのではないだろうか？

プレスクールで過ごした最後の日、私は中庭に座り、お迎えを待つ子どもたちが大声ではしゃぎながら追いかけっこをするのを眺めていた。中庭の真ん中には馬の形をしたベンチが2つあり、使い込まれて塗装が剥がれかけている。パトカーのTシャツに青いスカートを身につけた子どもが金切り声を上げて遊び小屋に駆け込んでいく。ちっちゃな子どもがふいにやってきて、私の手に絵本を握らせた。動物たちが出てくる言葉の絵本で、身近なもののイラストと一緒に、スウェーデン語の単語が書いてある。じどうしゃ。ひこうき。でんしゃ。とらっく。その子にも私にもちょうどいい難易度だった。私たちはたどたどしく言葉を交わし、動物や食べ物の名前をおたがいに教えあった。なんという素敵な、そして重大な任務なのだろう。子どもに世界の分類のしかたを教えるなんて。

絵本を読み終わると、教員がやってきて私たちに声をかけた。そのときに、話していた相手が女の子だと知った。最初からわかっていたら、私の接し方は違っていただろうか。何か女の子だとわかる印があったなら、バイアスが割り込んできていただろうか？

その子の人生はまだ始まったばかりで、世界の区切り方を学びはじめたところだ。世界のほうも、その子に意味の覆いをかぶせるプロセスにとりかかったばかりだ。それは幾重にも巻かれた首飾りのように、ときには本人とは無関係の意味を帯びながら、人生の強みや弱みを授け、背中を押したり足を引っぱったりするだろう。

でもあの日の中庭で、その子の名前を知る前に、一緒に絵本のページを繰りながら、言葉を読み上げたひととき。

私たちを囲む中庭の塀の上には、どこまでも続く空が広がっていた。

おわりに

自分でも意図しない無意識のバイアスは、克服できるのだろうか？

このプロジェクトに取り組もうと思ったのは、答えが知りたかったからだった。

今ならこう言える。答えは、イエスだ。

本書で紹介したエピソードや研究のなかに、私はその証拠を見た。幼稚園の教員や大学教授に、クリケット選手や田舎の村の住民に、もう二度と「古いやり方」には戻らないと誓ったワッツの警察官にそれを見た。自分の家族や友人のなかにそれを見た。自分自身にそれを見た。この種の変容には——何百年も何千年も受け継がれてきた思い込みや誤った反応を手放すためには——多大な努力を要するし、努力以前に、変わろうという意志が必要になる。それでもオープンな心さえあれば、知識が増えるにつれて変わろうという意志も強くなることがわかった。ちょうど陽光と雨をたっぷり浴びた苗木が、たくましく枝を伸ばしていくように。

考え方の癖を変えるのは、けっして楽な道のりではない。どんなに善意に満ちた人でも、つまずきながら進むことになる。それはまた、万能薬でもない。個人のバイアスを減らしたところで、社会の不平等や格差がなくなるわけではないからだ。昔から続く排除、不平等なチャンス、搾取的な経済政策。社会の不当なシステムは、腐敗した基礎の上に成り立っている。長い歴史を持つ社会の不公正を解消するためには、警察や刑務所の制度改革から経済の立て直しまで、大がかりな構造的変化が必要になるだろう。

それでも、人が本心から変わることができたなら、それはけっして小さな変化ではない。法律や制度は、人の意識や感情から出てきたものだ。人が制度を作り、人がそれを実行し、人がそれに従う。システムを解体したとしても人の考えは残り、そこから次の制度が作られる。内面の変化をともなわない政治的・社会的なアクションは、そもそもの過ちを生みだした抑圧的で階層的な思考をふたたびなぞるだけに終わるかもしれない。それを避けるためには、自分の心にひそむ有害な思考の癖を解きほぐし、新たな目で相手と自分を見つめると同時に、人の変容を支えられる文化を作っていく必要がある。そうやって地道に基礎を固めれば、より大規模で根本的な修復が可能になるはずだ。

本書で見てきたアプローチは、そのための足がかりだ。まずは自分自身の持つバイアスに気づくことから始めよう。当たり前すぎて見えにくいかもしれない。でもいったん見えてきたら、それを検討し、変えていくことが可能になる。マインドフルネスを実践すれば、自分の反応をより正確に見つめ、心を穏やかに制御してバイアスにふりまわされにくい状態を手に入れられる。自分とは異なる人たちと有意義で協力的な関係を築けば、他者を見る目の解像度が上がっていくだろう。

さらに組織の意思決定の手順をしくみ化すれば、日々の活動にバイアスが入り込む隙間を減らすことができる。職業や教育への入り口をクリエイティブに設計し直せば、それまで見下され排除されていた人たちの参入機会を広げられる。それと同時に、組織があらゆるメンバーを尊重し、隅に追いやられていた人たちの声を不可欠な価値として受け入れることも大切だ。大人だけでなく子どもたちにどんなメッセージを伝えているかを慎重に検討し、有害なイメージを強化しないようにメディアのあり方を再考しよう。バイアスに頼らないのが普通で自然なことになるように、人との接し方について新たな規範を広めていこう。日々の実践を、大きなうねりにつなげていこう。

それらすべての根底にあるのは、ミクロなレベルの変化、すなわち人の心の変容だ。この本に取りかかったとき、私はサイエンスの本を書くつもりでいた。文献を読み、調査をおこない、確かな証拠を集めて、その結果を読者に提示しようと思っていた。とくにややこしいことはないはずだった。科学的に、外の世界を調査すればいいのだ。でも実際は、そんなに単純な話ではなかった。世界について調べるとき、私たちはみんな何らかの形で、自分自身を探求しているものなのだ。私が見つけたものは、私自身の心の内をむきだしにした。

自分の外と内にあるバイアスと支配のしくみが明らかになるにつれて、当初の計画は瓦解した。調査のプロセスはより深く再帰的になっていった。新たな事実を知るたびにそもそもの前提を問い直し、自らの認識を再調整してコミュニティに出ていき、また同じことを繰り返す。自分に刷り込まれた古くさい条件反射や思い込みが、何度も何度も顔を出した。まるで打ち寄せる波がそのたびに海洋ごみを砂浜に残していくように。それでも練習を重ねるうちに私の神経は研ぎ澄まされ、ごみをうまく捕らえられるようになってきた。

その道のりの肝心な部分は、失敗から学ぶことだった。尊敬する人たちから自分の記事をレイシストのパターナリズムだと批判されたとき、自分のなかに未知の何かが現れてくるのを感じた。初めは自己防衛的になり、批判をはねつけた。哲学者のマリリン・フライが「白人しぐさ」(whitely)と呼ぶ特徴をまさに地で行っていたと思う。「我々〔白人〕は批判されるのを嫌う。我々は修復する者でありたいのだ。助ける者でありたいのだ。我々は良く見られたい。自分たちの善良さを回復し、そこに関心を集め、目立たせるためなら何だってする」[1]

でもやがて、私は不慣れな、しかし確かな謙虚さに身をゆだねていった。自分の正しさにしがみつくことをやめたとき、恐れや過ち、実力不足やバイアスなど、他人を傷つけた数々の原因が見えてきた。同じようなことは何度も起こり、そのたびに無数の（自分のものを含めた）社会的アイデンティティに対する思考の癖に直面しなくてはならなかった。

それは居心地の悪い、苦痛でさえある体験だった。この道のりの感情的な側面こそ、まだ充分に研究されていない領域であり、絶対に取り組まなければならない部分なのだと思う。強い感情は人の理性を奪い、不毛で極端な方向へと駆り立てるからだ。#MeToo 運動のさなかに、もう絶対に女性と2人でミーティングなどするものか、と誓った男性たちのように。

バイアスに加担していることに気づいたとき、人は強い恥を感じ、自分を責めたあげく、感覚を麻痺させることがある。とくにその人が善くあろうと努力しながら、それでも意図せず誰かを傷つけてしまったとしたら、恥辱と罪悪感に耐えきれずに改善の努力をすっかり投げだしてしまうかもしれない。社会心理学者のエヴリン・カーターは組織の人種問題に取り組んでいたとき、白人のメンバーがうっかり失敗をしたあとで活動から離れていくのをあまりにも多く目にした。そのため彼女は、失敗しても続けられるかどうかが鍵だと考えるようになった。マインドフルネスや自分を慈しむスキルは、この感情的な逆境を乗り越える助けになるだろう。[2]

もうひとつ、バイアスに対抗する運動で見逃されがちなのが、歴史を学ぶ重要性だ。過去を知れば差別への感度が高まるというマーリー仮説〔第4章を参照〕を検証した研究でも、歴史認識が変化の推進力になる可能性が示唆されている。私にとって、社会的偏見をその発端まで遡るのは、血流感染症の原因をたどって原因菌を排出している膿《うみ》の塊を見つけだすような作業だった。

歴史をひもとけば、たとえば男性優位の考え方が特定の文化でいつどのように展開したかを知ることができる。ひとつの流れとして、女神のイメージが男性の神に置き換えられていった歴史があった。

ギリシャの女神デメテルだったものが聖女デメトラとなり、やがて聖ディミトリオスという男性に受け継がれる。そうして少しずつ、聖なる権威は男性の顔をまとうようになる。ちなみに現在、神という言葉で白人男性を思い浮かべる人は、世俗の権力も白人男性のものだと考えがちな傾向がある。[3]

家父長制を不変の事実ではなく歴史のなかで出現したものと捉えるのは、目が開かれる体験だった。とつぜんの稲光に景色全体がぱっと照らし出されたような感覚だ。繰り返し語られる嘘は真実にはならないが、目に見えにくくなる。歴史的な進展を知ることで、私の目は自分たちの文化の奥底に刻まれた女性蔑視を捉えられるようになった。文化に、モチーフに、言語に、シンボルに、それはあたかもひとつの公理のように埋め込まれていた。

フェミニスト作家のシュラミス・ファイアストーンは精神を病んでいく合間の冴えたひととき、妹にこう尋ねた。「あなたは私の味方なのか？　自分自身の側に立っているか？」[4]

家父長制の歴史を学ぶうちに、過去の自分が自分自身の味方でなかったことにも思い至った。家父長制の嘘を内面化し、自分やほかの女性を低く見ていた。その考えが作り物だとわかるにつれて、自分を縛る鎖がゆるんでいくのを感じた。またジェンダーの捉え方の歴史を知るうちに、人間の複雑さを無視してジェンダーや性的指向を2つの箱に押し込めるのが、いかに野蛮で歴史を欠いた慣習であるかを思い知った。祖父の世代は左手で字を書くと罰せられたというが、それと同じくらい馬鹿げている。

レイシズムの歴史を知ることも、レイシズムの支配から自分の心を徐々に解き放つ助けになった。白人は「自分たちの知らない歴史に閉じ込められている」とジェイムズ・ボールドウィンは言う。「それを理解しないかぎり、彼らが解放されることはないだろう」と。私に理解の瞬間がおとずれたのは、たとえば19世紀の医学雑誌に蔓延していた人種に関する妄言について読んだときだ。アフリカ系アメリカ人は病んで衰えており、このままいけば「自然に」滅ぶだろう、などと当時のアメリカの医学界は考えていた。シカゴに住むある医師は、白人が「彼らの滅びの過程を手助けするべきだ」と主張していた。新たな理解は私をフィジカルに突き動かし、思わず立ち上がって部屋の外に出なければならなかった。黒人女性で詩人のオードリー・ロードが「私たちは死ぬはずの者たちだった」と書いたのは、誇張でも何でもない。レイシズムの嘘や、ある人々の絶滅を良しとする狂った認識は、社会の集団的な意識にしっかりと練り込まれているのだ。誰にも危害を加えたくないと思っている人でも、そこから逃れられるわけではない。この情報は私の身体に刻まれた。何世紀にもおよぶ支配と抑圧、隔離、暴力、その延長としての現代のバイアスと差別。すべてはたちまち、白人の心の病のように見えてきた。

本書はバイアスがその対象の人たちに及ぼす害のことを主に描いてきた。肉体的に、物理的に、経済的に、心理的に、その魂に受ける傷のことを。その裏側、つまり特権を持つ側の人がどれほどの物質的な便益やその他のリソースを享受しているかについては、あまり触れていない。そうした特権自体のはらむ有害性についても論じていない。しかしボールドウィンが言うように、チケットにはコストがかかるものだ。抑圧する側の人は、その行為によって――それが露骨な人権侵害であれ、日々のバイアスや偏見であれ――自分自身をも傷つけている。もちろん抑圧する側とされる側の傷つきを同等に並べるつもりはない。それは比べものにならない。私が言いたいのは、何も考えずにバイアスに加担するとき、その人自身もどこかで損なわれているのではないかということだ。もっとも強い立場にある人たちが自分の傷つきを真正面から見つめないかぎり、理解は部分的なものにとどまるだろう。変化は人間相互の依存関係という現実に根付いたものではなく、「他人に優しくしよう」といった浅はかな方向に歪められてしまうだろう。理解を半分欠いたままでは、多くの正義の活動が陥っているような救世主願望の発露に終わってしまいかねない。

何が損なわれるのか？　バイアス行動は信頼を蝕む。人とつながるための基礎を揺るがし、疎外と分離を加速させる。「支配のありふれた悪弊」と呼ばれるものもある。哲学者のサマンサ・ヴァイスはその特徴を次のように列挙する。「無関心や冷淡さ、臆病や不誠実、想像力と共感力の欠如、あるいは単なる怠惰」。[6] 特権を持つ人たちは今も誤った考えにとりつかれている。あなたは誰なのか。どこから来たのか。安全や安心やチャンスやケアは誰のものであり、誰のものでないのか。

「道徳的傷つき」と呼ばれる現象も無関係ではないだろう。哲学者のナンシー・シャーマンによると、それは人として許されないことをしたという感覚から来る内的な葛藤だ。自分が「善良な人にふさわしい」基準を踏み外したという認識がその人の心を傷つける。[7] ひょっとすると「白人の心の脆さ」（ホワイト・フラジリティ）や「男性の心の脆さ」と呼ばれるものも、その他あらゆる文脈で自分の加害性を知らされたときの強い動揺も、この道徳的傷つきにつながっているのかもしれない。ときには自分の祖先が加害をした事実さえも、心の奥底でじくじくと痛んでいるのではないか。特権を持つ人たちが自分の加害性の話になると急に泣きだしたり、むきになって否定したりする様子は、まるで傷ついた獣がその傷口を誰にも触らせまいとしているかのようだ。傷口は顧みられないまま、どんどん悪化し、膿をためていく。

この本を書いている途中で、自分の先祖に奴隷主がいたことを知った。私はいつも父方の家系になじみがあり、そちらに自分を結びつけていた。ユダヤ系の移民で、19世紀末から20世紀初めに迫害を逃れてアメリカにやってきた人たちだ。母方の先祖についてはよく知らなかったのだが、キリスト教徒で１６００年代からアメリカに住んでいたらしい。19世紀にカリフォルニアに移住して、工事現場や缶詰工場で働いていたという話は聞いたことがある。先祖の記録を詳しく調べてみると、もともとはアーカンソー州やミズーリ州、バージニア州の出身だとわかった。そのうち少なくともひとつの家系は、奴隷を所有する人たちだった。彼らが家族の話題に上ることは一度もなかった。

両親の家で段ボール箱を漁り、ティースプーンや書類が雑多に詰まった箱の奥から、その先祖の写真を見つけだした。色白で厳格な顔つきの男性。黒髪の妻はクリノリンで固めたスカートをはいていて、その表情は読みとれない。後ろに立っているのが娘のアダ、私の祖父の祖母にあたる人物だ。私は写真をしっかりと握った。自分が生きることを可能にした人たち。彼らが他人に加えた危害を思い、それがいかにその身に跳ね返ってきたかを思った。彼らの内側で何かが壊れたのだ。それは広く人間の仲間であるという感覚だったかもしれない。そのとき壊れた欠片《かけら》は、判別しがたい形で下の世代にも受け継がれたのだろう。病院のベッドに横たわる祖父が、私の手を強く握ったときの感覚を思いだした。長年の飲酒でぼろぼろになった祖父。その手は私たちみんなをひとつの鎖に結びつけていた。

私は写真を置いた。家の外に出て、地面に横たわった。この歴史は私の歴史なのだ。自分の内にあり、自分を作った歴史なのだ。そのとき私が地面に注いだ悲しみは、理解でもあり、解放でもあった。

一人の人や家族が道徳的傷つきを抱えることがあるのなら、国やそこに住む人々もそれを抱えているのかもしれない。アメリカ合衆国はまだその罪の重さに向き合っていない。先にこの土地に住んでいた人々への残虐行為にも、奴隷制に対しても。この国はまだそうした暴力が市民に残した傷を清算できていないし、国の道徳の軸が損なわれたことにも対応できていない。ここにおいて歴史は心理学になる。過去の儀式が現在の反射的な行動となる。過去に向き合わなければその傷は理解できないし、修復するための行動を起こすこともできない。

国や家族の本当の姿を引き受ける作業と、自分自身の思考の癖に立ち向かう作業には、同じスキルが必要とされる。それは現実をあえて直視する姿勢であり、いやなものが見えても目をそらさずに見続ける覚悟だ。人が成長するのに避けては通れない不快感を切り抜ける感情的スキルであり、行動する勇気だ。自分自身のバイアスを精査し、それに立ち向かったとき、私と世界との関係性は変わりはじめた。友情はより深く豊かになった。社会的アイデンティティが重なる人はもちろん、ほとんど重ならない人たちとも関係を深めることができた。難しい話題に触れるのもいくらか上手になった。そうして自信がつくと、他者との関係をうまく修復できるようになり、未知の領域に足を踏み入れるのも以前ほど怖くなくなった。社会的に異なる立場の人が友情や信頼を持ちかけてきたら、迷わず飛び込んでいった。異なる相手との交流のなかに、自分に必要な情報がきっとあるからだ。

このプロジェクトのかなりの期間、私はある厄介な矛盾を感じていた。違いについて語れば、本質主義的なステレオタイプを強化し、偏見や差別をかえって強化してしまう。一方で違いをなかったことにすれば、抑圧された人たちを不可視化し、ないがしろにしてしまう。しかしやがて、その二項対立自体が誤っていることに気づいた。どちらかを選ぶことなど不可能なのだ。私たちはそんなふうに切り分けられる存在ではない。

　私たちは似ている。みんな居場所が必要で、きれいな空気や野菜や人とのつながりを必要としている。私たちは違っている。異なる祖先から生まれ、遠い昔に死んだ人たちの作った文化を受け継いでいる。そして私たちは個人である。ひとりひとり瞳の虹彩の模様が違うように、それぞれが独自のあり方をしている。

「異なる人間が対等に関わるための行動様式を、私たちは持ちあわせていない」とオードリー・ロードは言った。[8] 問題は違いを見ることにあるのではなく、違いに意味や価値を付与するやり方にある。もしもバイアスの問題に本気で取り組み、おたがいのあらゆる面を複雑なまま見つめられるようになったなら、ロードが思い描いたような行動様式を作りはじめることも可能になるのではないだろうか。

そこからおたがいの体験を手探りで知っていくこともできるかもしれない。そうした想像力が他者へのケアにつながり、うまくいけば、愛につながるのではないか、と南アフリカの学者プムラ・ゴボド＝マディキゼラは言う。アパルトヘイトの過去と向き合うための真実和解委員会の委員でもある彼女は、デカルトの有名な「我思う、ゆえに我あり」という一節が、他者から独立して存在する個人の概念を反映したものだと指摘する。でも本当は、私たちはおたがいのなかに、おたがいを通じて存在している。私たちの人間性は、他者に人間性を認めるときに初めて可能になるのだ。[9] この真実を通して見たとき、バイアスを終わらせることは単にビジネスの問題ではなくなる。それは文化の問題であり、正義の問題である。私たちは他者のために、そして自分のために、バイアスを終わらせるのだ。

幻想や否認を手放したとき、私たちはどうなるのだろう？

私たちは人間になるだろう。信頼できる人になるだろう。

そして私たちはみんな、自由になるだろう。

訳者あとがき

本書は、私たちの社会に蔓延するバイアスや偏見を克服するための、本格的な探求の書です。

原書は『The End of Bias: A Beginning』というタイトルで、2021年にアメリカで刊行されました。王立協会科学図書賞、J・アンソニー・ルーカス賞、ヘレン・バーンスタイン・ジャーナリズム優秀図書賞、米科学著述者協会科学ジャーナリズム賞の最終候補に選ばれ、2022年度ノーチラス図書賞銀賞を受賞しています。

無意識のバイアスはどうやって生まれ、どのように私たちの行動を左右し、人々や社会にどれほどの影響を及ぼすのか。社会心理学や認知科学、発達心理学、さらにはコンピューターサイエンスを駆使してそのしくみを解明し、個人・組織・社会の各レベルでポジティブな変容をうながすための多彩な取り組みを紹介していきます。

著者ジェシカ・ノーデルは、米国で活躍する科学ジャーナリストです。ハーバード大学で物理学の学位を取得後、ウィスコンシン大学マディソン校で詩の創作を学び、芸術修士号を取得。厳密な科学的アプローチと、深い人間的共感を融合させた文体が魅力です。

これまでニューヨーク・タイムズやアトランティック、ワシントン・ポスト、ニュー・リパブリックなどの各紙誌に寄稿し、偏見や差別の問題に一貫して取り組んできました。本書はその10年以上にわたる取り組みの集大成となる一冊です。

内容は3つのパートで構成されています。最初のパート「バイアスを理解する」では、心理学や認知科学の研究をもとにバイアスのしくみを読み解き、独自のコンピューターシミュレーションを用いて日々の些細なバイアスが重大な格差につながっていく様子を可視化します。次に「思考を書き換える」と題されたパートでは、認知行動療法やマインドフルネスを活用してバイアスを軽減するための、実践的で科学的な取り組みを紹介します。最後のパート「新たな場所にとどまる」では、組織や社会のデザインに目を向け、大学の男女格差からルワンダの民族間対立まで幅広い実例をもとにバイアスのない文化や環境を構築する方法を探っていきます。

偏見をなくす取り組みとしてダイバーシティ研修を取り入れる企業も増えていますが、そうした研修の多くは科学的な効果測定がされておらず、かえって害になる場合もあると本書は指摘します。著者は本当に効果的なアプローチを見つけるため、膨大な数の文献を読み、さまざまな専門家の話を聞き、各地で効果を上げている取り組みを取材します。バイアスの知識と克服法をこれほど正確かつ広範に論じた一般書は他に類を見ないでしょう。読み物としても美しく、思わず引き込まれる内容になっています。

遺憾ながら紙幅の都合で、数十ページにわたる原註は紙の本から省略し、出版社のウェブサイトに掲載させていただきました。原註のほとんどは論文など出典を示したものですので、本文を読むときは無視していただいてかまいません。出典を知りたい場合は、お手数ですが河出書房新社のウェブサイトにアクセスして原註を閲覧またはダウンロードしてください（www.kawade.co.jp/np/isbn/9784309231334）。

本書を翻訳するきっかけとなったのは、エミコヤマさん（@emigrl）による読書記録のツイートでした。この場を借りてお礼申し上げます。かねてよりバイアスとソーシャルデザインに興味を持っていたこともあり、ツイートを拝見してさっそく原書を読んでみたところ、一気に心をつかまれました。「これはぜひ日本で紹介したい！」と、担当編集の渡辺真実子さんに思いを語ったのが一昨年の末。個人的な話ですが脊椎の手術を受けた直後の、まだ痛みで長く座っていられない時期でした。体力が気持ちに追いつかない訳者を寛大に見守りつつ、手際よくプロジェクトを進めてくださった渡辺さんに心から感謝いたします。

ツイッターのおかげで本書の翻訳が実現したわけですが、同じSNSがさまざまな対立の舞台となり、差別的な言動の温床となっていることも事実です。問題はあからさまな「差別者」だけではありません。意図しない偏見を含んだ言葉に傷つくこともあれば、自分が軽率に書いた文章で人を深く傷つけてしまうこともあります。どうすればこのような現状を変えられるのか。対立から対話へ、そして連帯へと進んでいくことはできないのか。ときには壁があまりに厚く、とてもおたがいの声が届かないように感じられることもあります。

それでも希望はある、と著者は言います。そして私たちを囲むさまざまな壁の上に広がる空を見上げます。私たちがおたがいに関心を持ち、学び、変わろうと努めるなら、社会はより包摂的で公正な場所になるはずです。成果はすでに現れはじめています。

本書が見せてくれる確かな希望を、私たちの手で次の行動につなげていきましょう。

［著者略歴］

ジェシカ・ノーデル　Jessica Nordell

サイエンスライター、科学・文化ジャーナリスト。バイアスと差別の問題に長年取り組み、ニューヨーク・タイムズ、アトランティック、ニュー・リパブリックほか多数の有名メディアに記事を寄稿。初の著書である本書で、王立協会科学図書賞をはじめ数々の賞にノミネートされた。本書は世界経済フォーラムで年間ベストブックに挙げられるなど注目を集め、スタートアップ企業から大学や医療機関まで様々な組織でバイアスの問題を解決するために活用されている。ハーバード大学卒業、ウィスコンシン大学マディソン校修士課程修了。ミネソタ在住。

［訳者略歴］

高橋璃子　Rico Takahashi

翻訳家。京都大学卒業、ラインワール応用科学大学修士課程修了。カトリーン・マルサル『アダム・スミスの夕食を作ったのは誰か？』、クリステン・R・ゴドシー『あなたのセックスが楽しくないのは資本主義のせいかもしれない』（共に河出書房新社）、オリバー・バークマン『限りある時間の使い方』、グレッグ・マキューン『エッセンシャル思考』（共にかんき出版）など訳書多数。

無《む》意《い》識《しき》のバイアスを克《こく》服《ふく》する
個《こ》人《じん》・組《そ》織《しき》・社会《しやかい》を変《か》えるアプローチ

2023年5月20日　初版印刷
2023年5月30日　初版発行

［著　者］ジェシカ・ノーデル
［訳　者］高橋璃子
［装　幀］大倉真一郎
［発行者］小野寺優
［発行所］株式会社河出書房新社
〒151-0051
東京都渋谷区千駄ヶ谷2-32-2
電話 03-3404-1201（営業）
03-3404-8611（編集）
https://www.kawade.co.jp/
［組　版］株式会社キャップス
［印　刷］三松堂株式会社
［製　本］三松堂株式会社

Printed in Japan　ISBN978-4-309-23133-4